DANIEL COSTELLE

Historien et réalisateur de documentaires, Daniel Costelle est l'auteur de nombreuses œuvres télévisuelles marquantes. Depuis *Verdun* (Grand Prix de la critique), jusqu'à *Apocalypse* et *Apocalypse Hitler*, réalisés avec Isabelle Clarke, en passant par *La Traque des nazis*, il a mené à bien nombre de documentaires et séries documentaires, toujours avec ce même souci de dévoiler l'histoire par les archives filmées.
Daniel Costelle a également publié une quinzaine d'ouvrages parmi lesquels *L'Histoire de l'aviation*, couronné par l'Académie française.

Retrouvez toute l'actualité de l'auteur :
http://www.cccprod.com/clarke-costelle.php

PRISONNIERS NAZIS EN AMÉRIQUE

DANIEL COSTELLE

PRISONNIERS NAZIS EN AMÉRIQUE

Préface de Jean-Paul Bled

Postface de Frédéric Guelton

ACROPOLE

MIXTE
Issu de sources responsables
FSC® C003309
FSC www.fsc.org

Pocket, une marque d'Univers Poche,
est un éditeur qui s'engage pour
la préservation de son environnement
et qui utilise du papier fabriqué à partir
de bois provenant de forêts gérées
de manière responsable.

Acropole | un département **place des éditeurs**

place
des
éditeurs

ISBN : 978-2-266-23406-1

Pour Isabelle Clarke

Préface

Chacun connaît Daniel Costelle, l'auteur, d'abord avec Henri de Turenne, puis avec Isabelle Clarke, de documentaires historiques plébiscités par le public. Enquêteur inlassable, chercheur insatiable de documents d'archives photographiques et cinématographiques inédits, il a produit une œuvre immense dont l'audience est aujourd'hui internationale. On connaît peut-être moins l'autre versant de cette œuvre, son volet littéraire. *Prisonniers nazis en Amérique* entre dans cette catégorie. Daniel Costelle y emploie la même méthode que dans ses films, sauf que les témoignages oraux y remplacent l'image. L'utilisation du témoignage oral par l'historien a certes fait débat. Une affirmation appuyée sur un seul témoignage peut être contestée ; fondée sur plusieurs, elle devient crédible. Pour écrire ce livre, Daniel Costelle a, en bonne méthode, rencontré dans les années 1970 un grand nombre de survivants des camps de prisonniers allemands aux États-Unis et pu ainsi réunir et croiser un large corpus de sources. Dans l'œuvre de Daniel Costelle, ce livre n'est pas un moment isolé. Il s'inscrit dans la continuité de la grande série *Apocalypse* dont il écrit ici un autre chapitre.

Le livre traite un sujet peu connu en France, même si, pour beaucoup de ces prisonniers allemands, leur période de détention y a connu son épilogue. Bien que les États-Unis soient entrés en guerre en décembre 1941, la question du sort de ces prisonniers ne se pose réellement pour eux qu'à partir de mai 1943 avec la reddition de l'Afrikakorps, fort encore de 150 000 hommes, au cap Bon en Tunisie. Puis viennent les soldats faits prisonniers en Italie, au rythme de 20 000 par mois. Après le débarquement en Normandie, les chiffres passent à 30 000 par mois. Ils augmentent encore dans les derniers mois de la guerre, alors que le système militaire allemand entre en voie de décomposition. Confrontées à ces masses de prisonniers, les autorités américaines écartent d'emblée la solution d'une détention *in situ*, ne serait-ce qu'en raison du danger qu'il y aurait à garder des prisonniers dans des zones qui peuvent être encore à proximité de théâtres d'opérations. Elles tranchent pour une option radicale : les prisonniers de guerre allemands, mais aussi italiens, seront transférés aux États-Unis. À cette fin seront utilisés les *Liberty Ships* qui revenaient auparavant souvent à vide de leur trajet vers l'Europe. À la fin de la guerre, les États-Unis détiennent sur leur sol 425 000 prisonniers, parmi lesquels une forte majorité d'Allemands. Le chiffre est considérable, mais doit cependant être relativisé au regard des masses de prisonniers aux mains de l'Armée rouge. Rien que durant la bataille de Berlin, ce sont quelque

500 000 officiers et soldats allemands qui sont faits prisonniers par les Soviétiques.

À ces prisonniers, l'arrivée aux États-Unis fait l'effet d'un choc. La distance les en séparant n'était pas seulement celle d'un océan. La propagande de Goebbels avait dressé un véritable mur entre la population allemande et les États-Unis, systématiquement et continuellement dénoncés comme une ploutocratie dont le président était un triste sire aux mains des Juifs. Les prisonniers ne découvrent pas seulement des horizons nouveaux. Il n'avait certes pas été prévu de leur faire partager l'*American way of life*. Pourtant beaucoup y goûtent, même marginalement, ne serait-ce que lors des sorties pour travailler dans des fermes. Ils ont la révélation d'une société d'abondance dont ils n'avaient aucune idée dans l'Allemagne du Plan quadriennal tournée vers les industries d'armement, et non vers les biens de consommation. Certains seront tellement fascinés par les États-Unis qu'ils souhaiteront y rester, sans, il est vrai, que l'autorisation leur en soit accordée.

Les camps entre lesquels les prisonniers sont répartis sont au fil du temps en nombre croissant. Au sommet de la vague, on compte 55 camps principaux et 511 installations secondaires. Les responsables militaires les implantent sur une grande partie du territoire américain, du Nouveau-Mexique au Massachusetts, leur choix privilégiant les zones rurales, voire la proximité de villes petites ou moyennes, mais excluant celle de grandes agglomérations. De tous les États américains, le Texas, avec près de 79 000 prisonniers, est celui qui de loin en accueille le plus. Les camps sont généralement organisés selon des caractéristiques standard. Ils se composent de baraquements militaires recouverts de papier goudron ou de tôle ondulée, à l'intérieur desquels s'alignent des rangées de lits de camp. Ne seraient les miradors, les doubles clôtures de fils de fer barbelés et les projecteurs, ils ressembleraient à s'y méprendre aux installations de formation de l'armée.

La plupart de ces prisonniers ne restent pas inactifs. Leur force de travail est employée à des travaux, le plus souvent agricoles, pour lesquels, conséquence de la guerre, les bras manquent cruellement. Cette utilisation explique l'installation de nombreux camps dans les États du Sud où les prisonniers travaillent dans les champs de coton et de tabac ou à la récolte des fruits. Toute peine méritant salaire, ils touchent une paie même modeste pour ce travail.

Le plus étonnant reste à venir. Comme dans tout camp de prisonniers de guerre, l'organisation interne relève des officiers. En réalité, ces camps sont soumis à l'autorité d'une hiérarchie parallèle qui va jusqu'à s'arroger des pouvoirs de justice, une justice expéditive s'entend. En clair, les nazis en prennent le contrôle et y font régner leur loi. Il y a d'abord les doutes qui pèsent sur les conditions dans lesquelles certains prisonniers sont tombés aux mains de l'ennemi. Ont-ils été réellement contraints à la reddition ? Ou bien leur capture dissimule-t-elle une désertion camouflée ? L'augmentation régulière du nombre des prisonniers à mesure de la dégradation de la situation militaire suscite les soupçons des irréductibles.

Certains de ces hommes ne cachent d'ailleurs pas leur soulagement, voire tiennent des propos défaitistes. D'autres, comme le lieutenant von Arnim, aide de camp du dernier gouverneur de Paris, sont accusés d'avoir désobéi au Führer. Contrairement aux ordres d'Hitler, Paris n'a pas brûlé. On n'oubliera pas ces « Malgré-nous », Alsaciens et Lorrains incorporés de force dans la Wehrmacht dont l'odyssée se poursuit jusqu'aux États-Unis. Rares sont ceux qui ont pu faire comprendre la particularité de leur situation à des militaires américains peu au fait des subtilités européennes. Reste le cas de ceux qui sont soupçonnés d'avoir livré à l'ennemi des informations dont il a pu ensuite se servir contre les intérêts du Reich, notamment pour cibler des bombardements. Le compte de ces suspects est vite réglé. Des tribunaux secrets, les « Kangaroo Courts », prononcent la sentence. On retrouve ensuite les victimes mortes dans des conditions qui ne cherchent même pas à camoufler l'assassinat. Chacun doit savoir ce qui l'attend s'il dévie de la loyauté due au Reich. Ces crimes ne restent pas tous impunis. Dans un camp de l'Oklahoma, l'exécution d'un prisonnier soupçonné d'avoir fourni des renseignements sur le camouflage de Hambourg destiné à tromper les pilotes de bombardiers alliés est suivie de la pendaison de cinq de ses codétenus accusés d'avoir décidé, puis perpétré l'assassinat. Dans d'autres camps, en revanche, les autorités choisissent de fermer les yeux. Elles vont d'ailleurs souvent très loin dans le souci de ne pas s'immiscer dans les affaires internes des prisonniers. Lors de défilés organisés à l'occasion de fêtes nazies, comme l'anniversaire du Führer ou la commémoration du putsch du 9 novembre 1923, ceux-ci peuvent chanter le *Horst Wessel Lied* sans que personne ne s'en émeuve. Le tableau devient proprement surréaliste lorsque la swastika peut flotter au-dessus des camps au su et au vu de tout le monde.

Pour éviter la multiplication des meurtres, l'administration américaine finit cependant par décider d'ouvrir des camps où les antinazis pourront trouver refuge. Force est de constater que seule une minorité des prisonniers de guerre allemands opte pour cette solution. Les autres restent jusqu'au bout sous l'emprise du régime nazi et de son idéologie. C'est dire aussi le peu de succès rencontré par les programmes de rééducation mis en place par les autorités américaines pour les purger de ces miasmes et leur enseigner les vertus de la démocratie.

Avec la cessation des hostilités à l'Ouest en mai 1945, les prisonniers de guerre allemands ont fini, au propre comme au figuré, de manger leur pain blanc. Les autorités américaines n'ont plus à redouter des mesures de rétorsion d'un pouvoir qui a disparu. Mais, peut-être plus encore, les prisonniers sont victimes du choc subi par les Américains lorsqu'ils découvrent en avril et en mai 1945 les horreurs des camps de la mort nazis. C'est l'époque où prévaut la thèse de la responsabilité collective. Tous les Allemands, quels qu'ils soient et où qu'ils soient, seraient coupables de ces abominations. Dès lors doit cesser le traitement somme toute douillet dont les prisonniers avaient bénéficié depuis leur arrivée aux États-Unis. Traduction immédiate de ce nouvel état d'esprit, les rations alimentaires quotidiennes sont amputées de manière drastique. D'un avis unanime, partagé par tous les détenus aussi bien des camps nazis que des camps antinazis, les derniers mois sont très durs.

Car le départ approche. Les États-Unis n'ont aucune raison de garder sur leur sol des centaines de milliers de prisonniers. À la différence de leurs alliés européens, ils ne sont pas confrontés à un programme de reconstruction pour lequel ils pourraient être employés. Le transport de centaines de milliers d'hommes mobilisant une logistique lourde, l'opération prend plusieurs mois. Pour la majorité d'entre eux, le départ des États-Unis ne signifie pas le retour immédiat en Allemagne. Beaucoup rejoignent en France les centaines de milliers de prisonniers de guerre allemands occupés à la reconstruction du pays, mais aussi au déminage des anciennes zones de combat, un travail éminemment dangereux où plus de 2 500 d'entre eux laisseront la vie.

Le livre de Daniel Costelle se lit comme un roman. Mais il est beaucoup plus qu'un roman. Il a doublement la force d'un document d'histoire. D'abord parce qu'il éclaire un épisode de la Seconde Guerre mondiale laissé le plus souvent dans l'ombre. Ensuite parce qu'il montre comment une idéologie fanatique peut tenir sous son emprise des esprits endoctrinés. Une leçon du passé à méditer aujourd'hui plus que jamais !

JEAN-PAUL BLED
Historien,
professeur émérite d'histoire contemporaine
à l'université Paris-Sorbonne

1

Prélude (et fugue)

5 septembre 1940. Le lieutenant baron Franz von Werra, bien calé dans son Messerschmitt 109, observe comme un vautour la campagne anglaise, trois mille mètres plus bas. Avec ses treize victoires aériennes, il est le septième as de la Luftwaffe. D'autres pilotes de chasse allemands ont plus de victoires à leur actif, comme Werner Mölders (29) ou Adolf Galland (24), mais il s'est juré de les rattraper. Werra est célèbre pour avoir descendu, pendant la campagne de France, deux Potez à sa première sortie. Il fait la couverture de tous les magazines d'Allemagne : un peu trop petit à son goût, mais très costaud, blond et bronzé, il parade avec sa mascotte, un lionceau apprivoisé baptisé Simba, comme l'animal préféré de son idole, le chef de l'aviation du Reich, le maréchal Goering. Il est le parfait pilote de chasse nazi de la grande époque, qui, pourtant, commence à tourner au vinaigre. Après leurs brillants succès en France, des groupes entiers de *Stukas* et de bombardiers Heinkel disparaissent dans la fournaise

de la bataille d'Angleterre. Le 13 août 1940, Goering mobilise toutes ses unités pour anéantir la Royal Air Force. Nouvel échec. Les Spitfire et les Hurricane sont toujours là pour repousser les attaques allemandes. Mais Franz von Werra garde son éternel sourire. C'est alors qu'il encaisse une rafale d'obus de 20 mm et se retrouve, hébété, mais miraculeusement vivant, dans les débris de son avion, disloqué sur le sol de la campagne anglaise. Son vainqueur, le lieutenant John Webster, vient faire un tonneau de victoire au-dessus de lui, puis repart au combat qui maintenant fait rage dans le ciel. Il est tué aussitôt.

Franz von Werra est le premier as de la Luftwaffe capturé par les Anglais. Il a donc droit à un traitement de faveur : trois semaines d'interrogatoires continuels au fameux 8 Kensington Place, à Londres, où les meilleurs spécialistes des renseignements tentent par tous les moyens possibles de soutirer des informations à leurs prisonniers de marque. Mais l'oiseau est coriace, assez malin pour déjouer tous les pièges. Les officiers de renseignements de la RAF n'en obtiennent rien, mais lui, en revanche, en apprend beaucoup sur les méthodes d'interrogatoire britanniques, et cela aura une grande importance par la suite. Werra est frappé par ces interrogatoires longs et subtils, au cours desquels les Anglais recherchent des détails apparemment insignifiants mais susceptibles de donner des indications sur les emplacements des unités, par exemple. Désormais obsédé par l'idée que la Luftwaffe ne prépare en rien ses pilotes à ce genre d'interrogatoire, il se sent investi d'une mission : avertir ses chefs. Cela, ajouté à son tempérament et à son énergie débordante, le conduit très vite à ne penser qu'à une chose : l'évasion.

Début octobre 1940, le lieutenant von Werra est transféré au camp des prisonniers allemands de Grizedale Hall, dans le Lake District, au nord-ouest de l'Angleterre. Un beau pays, entre l'Écosse et la mer d'Irlande, pour les touristes qui aiment cette nature si verte et si variée, avec ses lacs sublimes qui s'allongent au milieu des collines.

Werra fait connaissance avec le premier camp de prisonniers allemands de la guerre. Le camp n° 1 est alors un château anglais tout à fait typique où la pierre le dispute au lierre, décor parfait pour un film d'Hitchcock.

À l'intérieur de ce château, en cette année 1940, il n'y a pas encore foule : surtout des officiers de la Kriegsmarine – des sous-mariniers pour la plupart – et des aviateurs abattus. Selon l'usage, l'officier allemand le plus élevé en grade est responsable, vis-à-vis des autorités britanniques du camp, de la bonne marche et de la discipline. Comme dans tous les camps de prisonniers de toutes les nations qui ont signé la Convention de Genève [1]. Mais, sous couvert de la stricte observation de cette convention internationale qui institue la réciprocité (vos prisonniers seront traités comme vous traitez les nôtres), les Allemands ont aussitôt créé dans

1. La Convention de Genève du 27 juillet 1929 relative au traitement des prisonniers comporte 97 articles. Elle pose le principe général que les prisonniers doivent être traités, en tout temps, avec humanité. Voir le texte intégral en annexe à la page 283.

ce château une sorte de tribunal permanent, camouflé sous le nom d'Ältestenrat (Conseil des Anciens), dont la mission est de veiller à ce que la bonne parole nazie ne soit oubliée par personne. Ce groupe d'officiers supérieurs – deux commandants de la Luftwaffe et deux commandants de sous-marins – censure le courrier et interroge tout nouvel arrivant sur la possible trahison dont il aurait pu se rendre coupable lors des interrogatoires britanniques. Des punitions sont d'ailleurs prévues, qu'un « commando » aux ordres de cet Ältestenrat est chargé d'exécuter, les sentences allant de la mise à l'écart à la peine de mort.

Tel sera le cas du lieutenant de vaisseau Bernhard Berndt, qui s'était rendu avec son sous-marin à sa première sortie, en 1941. Il va mourir au cours d'une « tentative d'évasion ».

Tel n'est pas le cas, on s'en doute, de Franz von Werra, fêté par le camp tout entier et par son administration nazie fantôme. De toute façon, il a une manière inimitable de saluer en claquant les talons et en hurlant « *Heil Hitler* » qui ne peut laisser de doute à personne.

Le 7 octobre 1940, une semaine seulement après son arrivée, Werra, dont la seule idée est de s'évader, enjambe le mur de clôture et court à travers la campagne. Tentative folle, en tenue de prisonnier, sans vivres, dans la pluie glaciale du nord de l'Angleterre, avec aussitôt une meute de poursuivants à ses trousses. Quatre jours plus tard, il est rattrapé, il s'échappe de nouveau, et continue de courir. Vers où ? Vers la mer d'Irlande, qu'il ne pourrait tout de même pas franchir à la nage ? Il est capturé après six jours de fuite éperdue dans la campagne, pas vraiment épuisé. Il écope bien entendu de vingt et un jours de cachot – mais à Grizedale, ça n'est pas très dur.

Il est ensuite transféré plus au sud, à Swanwick, dans les Midlands, un camp plus facile à surveiller, plus éloigné de la mer. Il entreprend aussitôt, avec quatre autres pilotes prisonniers, de creuser un tunnel, de quinze mètres de long, à trois mètres de profondeur. Des prisonniers de guerre creusant un tunnel pour s'évader, ce n'est pas extraordinaire en soi. Ce qui l'est plus, c'est ce que l'esprit fertile de Werra a imaginé ensuite. Sa première escapade lui a servi de leçon : ça n'est pas le tout de sortir, il faut aussi rentrer en Allemagne, ce qui est une autre affaire. Alors Werra imagine de s'emparer d'un avion sur un terrain de la RAF. Mais comment ? Quel terrain ? Pendant qu'il creuse avec ses camarades, il échafaude son plan, avec une minutie de maniaque. Et quand, au matin du 20 décembre 1940, le tunnel est achevé, Werra est prêt, lui aussi. Les cinq Allemands s'évadent le soir même, au beau milieu d'un raid de la Luftwaffe, dans le tintamarre effroyable de la DCA qui tire tout près. Et, comme si cela ne suffisait pas, la chorale du camp, prévue pour couvrir les bruits et attirer l'attention, répète à tue-tête des chants de Noël…

Sur les cinq évadés, deux n'ont absolument aucune notion d'anglais, ce qui est un détail inquiétant. Ils n'iront pas loin. Deux autres sont repris un peu plus tard.

Franz von Werra, à la sortie du trou, se débarrasse de sa tenue de prisonnier. En dessous, grâce à l'aide de l'organisation fantôme du camp, il a pu mettre une splendide combinaison de vol, des bottes fourrées, un foulard écossais pour faire chic, endossant ainsi une nouvelle identité : il est devenu le capitaine Van Lott, pilote hollandais engagé dans la RAF. Cela doit justifier son léger accent allemand. Werra parle très bien anglais. Il prétendra s'être posé en catastrophe, demandera qu'on l'amène à une base de la RAF. Là, il sautera dans le premier avion, et hop ! en route pour Calais. Un plan qui, bien entendu, ne résiste pas à l'analyse parce que, à supposer que dans l'atmosphère d'espionnite aiguë qui règne en Angleterre à l'époque, il puisse passer les innombrables contrôles et vérifications, il n'est pas sûr que ses compatriotes occupant la France eussent laissé s'approcher un avion anglais aussi facilement.

Les plans les plus fous sont ceux qui réussissent le mieux, et le charme et la persuasion de von Werra sont tels que successivement, le chef de gare de Codnor Park près de Derby, et les gendarmes qu'il a alertés, marchent dans la combine. Non sans, évidemment, quelques instants de doute profond qui font couler une sueur froide dans le dos de Werra. Mais, après tout, son histoire tient debout. On lui permet donc de téléphoner à la base de la RAF de Hucknall, et il tombe sur le commandant en second, qui lui aussi a l'air de marcher et qui envoie une voiture le chercher. En fait, cet officier, le *Wing Commander* Boniface, se méfie, comme il se doit. Et, d'abord, de ce que le « Hollandais » parle si bien l'anglais. Habituellement, en 1940, les Français, Belges, Polonais, etc. engagés dans la RAF baragouinent abominablement l'anglais. Aussi la meilleure manière de vérifier l'histoire du « Hollandais » est-elle de l'avoir en personne dans son bureau. Et voici Franz von Werra dans une voiture de liaison de la RAF, escorté par un garde imperturbable, puis entrant dans l'enceinte de la base de Hucknall. Il éprouve une joie intense. Le long des pistes, des avions d'entraînement et, plus loin, des Hurricane tout neufs. « Arrêtez-moi ici », demande Werra au garde. Mais la voiture continue, jusqu'au bureau du *Wing Commander*. Celui-ci le scrute, l'observe intensément : curieuse combinaison de vol, non réglementaire… mais par les temps qui courent ! Et puis, il semble bien sympathique, ce Hollandais. C'est pourquoi, après lui avoir fait raconter son histoire, il le laisse aller aux toilettes, et demande au standard le numéro de l'escadrille à laquelle Werra prétend appartenir. Werra file aux toilettes, en sort à toute vitesse, et court vers le hangar. Le standard, encore endormi, met du temps à passer la communication. À 8 h 50 du matin, Franz von Werra arrive devant un Hurricane appartenant à la société Rolls-Royce – qui fabrique des moteurs d'avions – et entreprend de le mettre en marche. Il n'y arrive pas. Le temps qu'il s'escrime avec les manettes, et la réponse est arrivée au *Wing Commander* Boniface. Alors, sirènes, affolement, cris, et toute la base converge vers l'avion dans lequel Werra, affolé, appuie sur tous les boutons, manœuvre comme un désespéré toutes les commandes. Trop tard. Le *Wing Commander* Boniface, revolver au poing, le fait descendre du Hurricane qui, de toute manière, ne pouvait pas démarrer sans son groupe de piste, le démarreur extérieur.

Et on ramène le lieutenant Franz von Werra à son camp. Triste... Avoir été pendant cinq minutes dans le cockpit d'un Hurricane...

Quinze jours de cellule. Punition surprenante puisque inférieure à la première. Werra ne comprend pas. C'est que, cette fois, l'alerte a été chaude et que son histoire a fait le tour des états-majors, de la presse et du gouvernement britanniques. Les consignes de sécurité sur les bases sont renforcées, les gardes des camps doublés, mais l'oiseau rare ne se voit infliger que quinze jours de cellule parce que c'est le temps minimum qu'il faut à l'administration militaire pour préparer son transfert au Canada. Là, même s'il vole un bombardier, il n'ira pas loin. Et Franz von Werra apprend, la mort dans l'âme, qu'il part pour le Canada. Il ne part pas seul. Le 10 janvier 1941, 1 000 prisonniers, dont 200 officiers, embarquent à bord d'un paquebot réquisitionné.

Ainsi commence la grande migration des prisonniers allemands vers les Amériques. Pour les Britanniques, seuls en guerre à ce moment-là, c'est d'abord le meilleur moyen de prévenir les évasions, puis de trouver de la place, parce que les victoires, en Afrique du Nord surtout, gonflent les contingents de prisonniers, principalement italiens.

Sur le bateau, Franz von Werra observe avec un intérêt morose la formation impeccable du convoi de navires militaires pour se prémunir des attaques des sous-marins ennemis. Il discute avec les marins allemands prisonniers comme lui des difficultés que ces nouvelles dispositions des navires anglais peuvent procurer aux commandants des U-Boote. Toujours obsédé par l'évasion, il tente, mais sans succès, de les convaincre de s'emparer du navire et de le convoyer jusqu'à Bordeaux. Que faire, disent, résignés, les sous-mariniers captifs, contre toute cette force déployée autour d'eux, cuirassés, croiseurs, destroyers ?…

Après ses rêves insensés de capture du paquebot, Werra se met à songer à l'évasion du Canada, mais ses camarades de cale lui répètent, pendant les longues veillées de la traversée, que ce pays est si vaste et enneigé que s'en évader n'est même pas envisageable.

Le 21 janvier 1941, le convoi arrive au port canadien de Halifax. Il fait un froid terrible. Les prisonniers reçoivent des manteaux civils, tous de petite taille, qui les rendent grotesques. Sauf Werra qui n'est pas très grand. Au sortir des cales, affublés de leurs manteaux, chargés de paquets et de cartons, les prisonniers défilent devant des badauds assez hostiles et des cameramen. Ils montent rapidement dans un train, qui se met en marche au milieu d'une vraie tempête de neige, avant de longer le Saint-Laurent, et la frontière américaine. Franz von Werra saute par la fenêtre.

Il se relève, étourdi, endolori, transi de froid, marche jusqu'à une route, et fait tout simplement du stop jusqu'à la frontière. Il faut dire que dans cette partie du monde et à cette époque la possibilité de rencontrer un prisonnier évadé n'est guère envisagée. Alors les histoires qu'il peut raconter aux camionneurs ont toutes les chances d'être crues. Pour eux, c'est juste un vagabond, avec son manteau trop court et son air frigorifié.

Enfin, il a de la chance, sans doute. Il atteint le Saint-Laurent, vole une barque, passe la maigre partie du fleuve non gelée, et se retrouve, le 23 janvier 1941, aux États-Unis. Pays neutre, possédant par conséquent une ambassade d'Allemagne, un consulat à New York, qui, prévenu par la police, envoie immédiatement un fonctionnaire et un avocat pour récupérer le pilote.

Celui-ci, les oreilles gelées, trépigne d'impatience et de joie. En vingt-quatre heures, il devient célèbre dans le monde entier, grâce aux manchettes des journaux américains – et anglais – et à une foule d'admirateurs et d'admiratrices – dans ce New York où est projeté *Sieg im Westen* (« Victoire à l'Ouest »), le film de propagande allemand sur la campagne de France.

Après quelques semaines d'hésitation de la part des autorités américaines – les Canadiens réclamant furieusement son extradition –, le consulat d'Allemagne estime plus prudent de faire fuir Werra au Mexique, puis au Pérou, enfin au Brésil où un avion italien à long rayon d'action l'emmène à Rome, et de là, un appareil de la Luftwaffe, à Berlin.

Le 18 avril 1941, le lieutenant Franz von Werra atterrit, dans la joie, à Berlin. Il a réussi à s'évader d'Amérique ! Mais il est d'abord mis au secret et longuement interrogé. Pendant un mois, il raconte tout (ce qui est d'une importance incalculable) : les convois, l'Angleterre, la base, et surtout les méthodes d'interrogatoire des Britanniques.

La Luftwaffe édite ensuite un manuel à l'intention des pilotes. La Kriegsmarine change de tactique. Hitler remet lui-même à Franz von Werra, à la Chancellerie du Reich, la Croix de chevalier de la Croix de fer. Puis c'est le tourbillon : les soirées en son honneur, la presse, le cinéma, les projets de livres, de films, la gloire. Il se marie et part en voyage de noces en Pologne : Hitler a promis qu'après la victoire les détenteurs des plus hautes décorations auraient droit à des terres en Pologne.

Rien de plus naturel donc pour le héros de l'évasion du siècle que d'aller choisir avec sa jeune épouse une rivière ou un château en pays conquis.

Pour cette histoire des prisonniers allemands en Amérique, nous aurions bien aimé interviewer Franz von Werra, le seul qui ait réussi à s'en évader et à regagner l'Allemagne. Mais cela n'a pas été possible. Six mois après son extraordinaire odyssée, il reprit du service, monta dans son Messerschmitt, partit pour la Russie, et se fit tuer.

2

L'Amérique

Les États-Unis entrent en guerre le 7 décembre 1941, dans l'impréparation la plus totale. Tout a été dit sur ces premiers mois de la guerre : une suite tragique de revers, les Japonais s'emparant des Philippines, de l'Indonésie, des trois quarts du Pacifique. Les Américains sont loin d'envisager l'idée, à ce moment-là, de faire des prisonniers, et l'expérience de la Première Guerre mondiale explique aussi le manque d'intérêt pour cette hypothèse. En 1917-1918, pendant les vingt mois que dura la guerre pour les États-Unis, les troupes américaines en France avaient fait 48 000 prisonniers, mais seulement 1 346 furent détenus outre-Atlantique, en majeure partie des marins.

En mai 1942, cinq mois après la déclaration de guerre, les forces armées des États-Unis tiennent entre leurs mains 32 prisonniers, 31 Allemands et 1 Japonais. Ce chiffre monte à 33 en juin, 32 Allemands et toujours 1 Japonais, à 49 en juillet (cette fois-ci 39 Allemands et 10 Japonais), à 65 en août (55 Allemands et toujours

10 Japonais) et à 177 en septembre (130 Allemands, 47 Japonais).

Pourtant les Américains ont commencé dès le début de la guerre à construire des camps d'internement, destinés en premier lieu aux étrangers – Allemands ou Italiens non encore naturalisés et Japonais émigrés aux États-Unis, un triste scandale déjà relaté dans notre série *Apocalypse La Seconde Guerre mondiale*.

Un vaste camp, prévu pour 3 000 personnes, a été construit dès janvier 1942, dans un coin perdu de l'Arizona appelé curieusement Florence. Dix autres camps ont suivi, tous aménagés en prolongeant des camps militaires déjà installés. La capacité de ces camps atteint 100 000 places en novembre 1942. Mais le nombre des internés civils restera toujours très inférieur à ce chiffre et, après onze mois de guerre, le total des prisonniers n'est que de 431 (380 Allemands, 51 Japonais).

Cependant les Américains sont prêts à toute éventualité, et croient en la victoire. Dans les dizaines de camps vides, l'organisation est au point, les MP, les durs de la Military Police, veillent. Il ne manque que les prisonniers.

Dans cette année noire de la guerre, alors que les Allemands avancent partout – en Russie vers Stalingrad, en Afrique vers Le Caire – et que dans l'Atlantique les U-Boote dévastent les marines alliées, les Anglais eux aussi font preuve d'optimisme. En août 1942, le chargé d'affaires britannique remet une note de son gouvernement demandant aux Américains s'ils peuvent recevoir, sous préavis d'un mois, 50 000 prisonniers, et 100 000 de plus sous préavis de trois mois, au cas où, les possibilités d'hébergement de l'Empire (essentiellement au Canada) n'étant pas illimitées. Le chef d'état-major adjoint de l'armée US, le lieutenant-général Joseph T. McNarmey, ordonne alors l'étude de nouveaux camps, en recommandant qu'ils soient situés dans les forêts (camps de bûcherons), dans les régions agricoles (travail dans les fermes) et près des chantiers de routes, d'aérodromes, etc.

Alors, du Missouri à l'Arkansas, du Tennessee à la Floride, donc principalement dans le Sud, équipés de longs baraquements blancs, de tours, de miradors, de barbelés, plus de trente camps de prisonniers sortent de terre. De quoi loger confortablement – car tous ces camps sont construits à l'américaine, avec l'espace et le confort – près de 150 000 hommes. Mais les Anglais n'envoient pas les 50 000 prisonniers prévus, enfin, pas tout de suite, et les camps restent vides.

En revanche, ce qui est important, c'est que la décision est prise : les prisonniers allemands et italiens seront dorénavant tous expédiés aux États-Unis, où tout est prêt pour les accueillir.

3

L'Afrikakorps

Le 8 novembre 1942, les Américains débarquent en Afrique du Nord. Ils commencent par faire main basse sur les agents allemands et italiens des « commissions d'armistice » qui depuis 1940 infestent l'Algérie et le Maroc, ce qui porte l'effectif des prisonniers en Amérique à 1 880 hommes, 512 Allemands et 1 317 Italiens (et toujours 51 Japonais).

Mais les hésitations des Alliés, les manœuvres et les divisions des Français ont permis, dès la mi-novembre, aux Allemands d'envahir la Tunisie. Commence alors une campagne très dure, marquée par le retour au combat de troupes françaises mal équipées et mal armées qui vont subir de lourdes pertes et repousser, à peu près seules, les assauts allemands. Les blindés de Patton vont entrer pour la première fois dans la guerre et se faire massacrer à Kasserine par les Panzer de Rommel. Dure découverte pour les Américains que celle de l'Afrikakorps, qui, bien que battu à El-Alamein et en retraite depuis des semaines, reste un ennemi très dangereux. Mais le ravitaillement, l'essence, les munitions ne passent plus à travers la Méditerranée. Pour Rommel, c'est bientôt la fin. Montgomery et sa 8e armée attaquent au sud depuis la Libye ; au nord, les renforts, le matériel arrivent à flots et les Américains attaquent sans discontinuer. Le 9 mars, Rommel quitte l'Afrique. Et l'Afrikakorps, sans munitions, sans ravitaillement, pris dans la nasse du cap Bon, se rend, le 13 mai 1943.

130 000 hommes sont ainsi capturés. Ils sont tous dirigés vers l'Amérique. Les camps de Louisiane ou du Texas vont enfin pouvoir servir. Avec l'invasion de la Sicile, en août 1943, et de l'Italie du Sud en septembre, la population des camps américains passe de 5 000 prisonniers en avril 1943 à 36 000 en mai, 53 000 en juin, 80 000 en juillet, 130 000 en août, et plus de 163 000 en septembre : 115 358 Allemands et 48 253 Italiens exactement (et 95 Japonais).

Ces quelque cent mille prisonniers allemands conduits pendant l'été 1943 en Amérique sont donc, pour la plupart, des soldats de l'Afrikakorps. Eux aussi sont surnommés « les Renards du désert ». Les hommes de Rommel. Des soldats de métier, souvent. Des durs entre les durs, rescapés de Tobrouk et d'El-Alamein. Ils ont parcouru, avec leur char ou leurs pieds, le désert dans tous les sens. Partis fin 1940 d'une Allemagne en pleine victoire, ils ont fini à Tunis, dans l'honneur, pensent-ils. Ils n'ont plus de munitions, plus d'essence, plus de ravitaillement. La seule chose qui leur reste, c'est le moral, le fanatisme nazi, la certitude de la victoire. Ils croient toujours en leur Führer qui les a pourtant plongés dans cette galère. Ils y croient dur comme fer. Cela va compter beaucoup pour la suite de cette histoire.

Comment ces hommes-là vont-ils découvrir l'Amérique ? Comment vont-ils se comporter ? Ici commence vraiment l'aventure des prisonniers.

Écoutons leurs témoignages.

Willibald Bergmann, Afrikakorps

« J'avais 22 ans. J'étais caporal-chef, d'abord à la 10e Panzer en Russie, j'ai fait la France, Moscou, Dieppe, enfin le 1er novembre 1942 j'ai rejoint l'Afrikakorps. Le 12 mai 1943, j'ai été fait prisonnier, au cap Bon, par les Anglais. Ils nous ont mis dans un petit camp, on était bien traités. Comme ils n'avaient pas assez de matériel, on avait amené notre roulante, on allait même faire des courses chez les Arabes. Ensuite, départ pour l'Algérie et le Maroc. Là, les Anglais nous ont remis aux gaullistes, et à partir d'Alger on était gardés par des Marocains. Ah, les gaullistes… ils nous jetaient des pierres. Après, c'étaient les Américains qui nous faisaient stationner des heures près de grands réservoirs qui débordaient, avec interdiction d'y toucher, et rien à boire. Et rien à manger. On est restés comme ça quelques semaines. On avait un petit pain pour seize hommes, par jour. On passait notre temps à agrandir le camp et à construire des miradors. Un jour, ils ont choisi mille prisonniers par ordre alphabétique, j'étais dans le lot. On nous a vaccinés, tous avec la même aiguille, vous savez, on a tellement été vaccinés en captivité… moi je crois que j'ai été vacciné cinquante-deux fois. Ensuite, on a embarqué. »

Alfons Heilmann, Afrikakorps

« J'avais 22 ans. J'étais caporal, volontaire pour l'Afrikakorps. La campagne de Libye, l'Égypte, retour en Libye et prisonnier en Tunisie. D'abord les Anglais, ensuite aux mains des gaullistes, enfin les Américains. L'Anglais était un soldat comme nous. Correct. Tandis que l'Américain n'était pas un soldat. Négligé. L'Anglais promettait et tenait. L'Américain, non. On nous a interrogés. Ça n'avait pas de sens. Nous étions une armée battue et ce qui se passait en Allemagne ou sur le front de l'Est, nous n'en savions rien. On tenait bon, tous ensemble. Mais vous voyez, il y a eu un type qui a parlé des emplacements de la Flak [1], la DCA de sa ville, Hambourg. Il y a des types qui disaient tout bas : "Faut s'en débarrasser." À l'appel suivant, il était "parti".

On nous a embarqués à Oran. »

Horst L., Afrikakorps

« J'avais 24 ans. J'étais sous-lieutenant, volontaire pour l'Afrikakorps. Il faut vous dire que mon père avait été chasseur de fauves à Dar es-Salaam en Tanzanie et que l'Afrique, c'était depuis toujours un rêve pour moi. J'ai été fait prisonnier à Enfidaville, en Tunisie. Les Anglais étaient complètement dépassés par la quantité de leurs prisonniers. Pas de ravitaillement, pas d'organisation, pas d'interrogatoires. Enfin les Américains, et le bateau pour l'Amérique. Sur le bateau, il y en avait qui rêvaient de sauter par-dessus bord, de nager vers

1. Flak est l'abréviation en allemand de *Fliegerabwehrkanone*, signifiant « canon antiaérien » (DCA).

l'Espagne… Ils ne l'ont pas fait. Le moral était intact. D'ailleurs, si quelqu'un avait osé tenir des propos défaitistes, il aurait été roué de coups. »

Willibald Bergmann, Afrikakorps
« Nous étions jeunes, et l'Afrikakorps était vraiment un corps d'élite. Savez-vous que, si vous aviez fait seulement trois jours de prison dans le civil, vous ne pouviez pas y être incorporé ? Un jour, on nous a fouillés. On était tous nus sur le pont. J'avais dans mes affaires un petit couteau de poche, souvenir d'une amie, et j'ai supplié le garde américain qui l'avait trouvé de me le rendre. Il m'a répondu : "Un Allemand nu, c'est plus dangereux que cent Italiens !" On tenait bon. On était très soudés. »

Quelle représentation ces hommes de l'Afrikakorps peuvent-ils se faire de l'Amérique ? Pour en avoir une idée, il est utile de lire la presse de l'Allemagne nazie à ce moment précis, où ils sont vaincus.

Le plus grand journal de Vienne, le *Wiener Volkszeitung*, titre le 27 novembre 1942 :
« Les "victorieuses troupes américaines" – des lâches, qui ont acheté l'Afrique avec leur or ».

Le *Lokalanzeiger* de Berlin, à la même date, écrit :
« Les Américains n'ont pas remporté cette victoire en combattant, mais en achetant. C'est un fait que beaucoup de soldats américains n'avaient même pas un fusil quand ils ont débarqué en Afrique ; à la place des fusils, ils portaient des sacs remplis de dollars en or. »

L'*Ostdeutscher Beobachter* de novembre 1942 :

« Ça n'est pas toujours facile pour nous de comprendre la mentalité des Américains. Seul le manque total de civilisation qui caractérise l'Amérique peut nous fournir une explication. »

Enfin, le *Hamburger Fremdenblatt* :

« La production américaine est loin derrière les vantardises de l'instrument des Juifs, Roosevelt. Nous devons réaliser que l'Amérique d'aujourd'hui ne peut plus construire de gratte-ciel, mais seulement vivre une vie de débauche à l'intérieur de ses gratte-ciel... Les usines américaines ne sont plus que des endroits pour réunions politiques, comme les camps militaires américains ne sont plus que des endroits où garçons et filles peuvent s'amuser ensemble... »

Horst L., Afrikakorps

« De New York, je n'ai rien vu. On est arrivés de nuit, très gardés, par des types apeurés, méfiants, qui nous ont vite mis dans des trains. Au petit jour, on a commencé à regarder. Ce qui m'a le plus frappé, tout de suite, c'est ce que j'ai d'abord pris pour des usines d'automobiles. On se disait : c'est extraordinaire, le nombre d'usines d'automobiles qu'il peut y avoir. En fait, c'était les parkings devant les usines. On n'avait jamais vu ça. Des masses de voitures dans les parkings... »

Willibald Bergmann, Afrikakorps

« L'arrivée à New York. Ah, ça a été très impressionnant. Les gratte-ciel ! On nous a débarqués presque en face de Manhattan. On regardait… Pas longtemps parce que, tout de suite, désinfection. Avec une poudre blanche pour tuer les poux, le DDT. C'était tout nouveau pour nous. Et le crâne rasé. Un copain à côté de moi s'est énervé parce qu'un Noir lui avait mis trop de DDT. Il s'est retrouvé avec une croix gammée taillée dans les cheveux. Après, ça a été le grand événement : des douches chaudes, un grand savon pour chacun, une serviette de bain, après toutes ces semaines de saleté et de poussière… »

Alfons Heilmann, Afrikakorps
« On a débarqué à New York. On a regardé la statue de la Liberté. Après, départ pour l'Ohio. En camion. Les distances étaient énormes. Mais on était habitués, on avait déjà traversé l'Afrique comme ça. »

Horst L., Afrikakorps
« Le train roulait jour et nuit. Quand on s'arrêtait dans une gare, les gens nous regardaient comme des animaux dans un zoo. Certains nous jetaient des bonbons ou des cigarettes, d'autres nous faisaient le signe de nous couper la gorge. Enfin, on s'est arrêtés dans un grand pays, très plat, très chaud, le Texas. On nous a fait sortir : c'était le camp de Mexia, à cent cinquante kilomètres de Dallas. »

Willibald Bergmann, Afrikakorps
« Moi, je suis arrivé au camp Sheridan, près de Springfield, dans l'Illinois. La première chose qui m'a frappé, c'est que les sentinelles passaient leur temps à vomir les Juifs. Incroyable. Pire qu'en Allemagne. Il y

avait un garde qui, chaque fois qu'il voyait passer un Juif dehors, jurait une demi-heure en serrant son fusil. J'ai dit à un copain : "On dirait Streicher[1] !" »

Werner Baecker, Afrikakorps
« J'avais 25 ans. J'étais *Feldwebel*, adjudant. Moi, ce qui m'a le plus frappé en arrivant au camp de Roswell (Nouveau-Mexique), ça a été les *ice-creams*. Les gâteaux. La cuisine. L'organisation. L'eau courante, chaude et froide. Le chauffage central. »

Cette première réaction, pour presque tous les soldats et officiers de l'Afrikakorps, est identique. Heinz Pächter, un Allemand antinazi, est réfugié politique aux États-Unis depuis 1933. Pour lui, ce premier contact avec les États-Unis marque les Allemands, mais pas dans le sens qu'ont imaginé les Américains.

Heinz Pächter
« Les prisonniers ont instantanément pensé que tout cela était un signe de faiblesse. Ils n'avaient pas été transportés dans des wagons à bestiaux, ils avaient reçu du pain blanc, ce pain blanc américain qu'ils appelaient "gâteau". Ils venaient d'un pays où il n'y avait que du pain noir, du "pain de munition". Alors, ils ont pensé : si vous nous donnez de ce pain, c'est pour nous amadouer,

1. Julius Streicher, un des antisémites les plus radicaux du régime nazi, fut membre du NSDAP dès sa création, et participa au putsch de Munich en 1923 aux côtés d'Hitler. Directeur du journal antisémite *Der Stürmer*, il fut condamné à mort au procès de Nuremberg.

nous corrompre. Si vous nous traitez si bien, c'est que vous avez peur de perdre la guerre. »

Déjà, à cette époque, la presse américaine n'apprécie pas le pain blanc.

Le *Philadelphia Daily News* du 14 juin 1943 s'indigne :

« Vous savez que les Japonais n'ont que mépris pour l'ennemi qui les traite décemment. Les nazis pensent aussi que c'est un signe de "dégénérescence américaine" que leurs geôliers puissent se montrer "mous". »

Et l'*Atlantic Monthly* écrit :

« Un prisonnier de l'Afrikakorps déclara à un interprète que les Américains pouvaient se féliciter de donner la meilleure nourriture et les plus beaux baraquements aux Allemands. "Parce que, annonça-t-il, quand l'Allemagne gagnera la guerre, ça fera au moins un bon point pour vous !" Si nous les traitons avec respect, ils acceptent ça sans la moindre surprise. Pour eux, c'est tout à fait naturel que la "race des Seigneurs" soit accueillie de cette manière par ces mous d'Américains. »

Mais là-dessus les consignes du gouvernement américain sont très fermes et très précises. Ainsi qu'en témoigne cette note officielle, largement diffusée, y compris en français, comme ci-dessous dans le *Bulletin hebdomadaire américain* (Légation des États-Unis, Tanger, 16 septembre 1943) :

« Les officiers et soldats allemands vivent tout aussi bien, matériellement parlant, à l'intérieur des barbelés, que les officiers américains à l'extérieur.

L'armée ne suit pas cette politique pour faire du sentimentalisme ou par bonté de cœur, mais bien pour observer strictement les clauses de la Convention de Genève qui a été signée par notre gouvernement, ainsi que par la plupart des autres gouvernements du monde, y compris l'Allemagne, en 1929. Au cours des dernières guerres, les prisonniers eurent à subir toutes sortes de cruautés et de privations. C'est pourquoi les nations essayèrent, en ces jours paisibles de 1929, d'établir des lois détaillées et complètes ayant pour but de protéger les prisonniers des guerres futures.

Le principe général est celui de la règle par excellence : "Traitez les prisonniers ennemis comme vous voudriez que l'ennemi traite les vôtres."

Ce qui fait que les prisonniers ennemis qui sont entre nos mains reçoivent des aliments, des soins et des quartiers d'habitation qui sont exactement semblables à ceux des troupes américaines. »

Carl Amery, Afrikakorps

« J'avais 21 ans. Soldat de deuxième classe. La première chose qui m'a frappé, en arrivant au camp Hood (Texas), c'est qu'il y avait, à la base, une situation favorable aux nazis dans les camps. L'Afrikakorps était une force disciplinée où tout le monde obéissait comme un seul homme. Comme, par ailleurs, les Américains respectaient anxieusement la Convention de Genève, ils ont laissé se développer tout de suite une hiérarchie parallèle qui a pris en main les prisonniers.

Les officiers supérieurs nazis chez les officiers, chez nous les adjudants-chefs. La discipline allemande s'est recréée tout de suite, avec ses ordres, ses cris, ses hurlements. Le côté politique de l'affaire a très vite occupé le premier rang, avec des nazis fanatiques. »

Werner Baecker, Afrikakorps

« Après les repas, j'étais chargé de faire une revue de presse. Un soir, j'ai dit que les Américains avaient débarqué en Sicile. Il y eut un silence pénible. Après, un jeune aspirant est venu vers moi. Je vois encore la scène, comme si ça s'était passé il y a une heure. Il m'a dit : “Vous savez bien que vous êtes un traître.” Estomaqué, je lui dis : “Pourquoi… ? – Parce que vous donnez des informations qui ne sont pas vraies.” J'ai aussitôt laissé tomber la lecture des journaux. Après, c'est eux qui transmettaient les informations. On sait ce que ça pouvait être : reconquête de Stalingrad, débarquement à Londres, etc. »

4

La terreur

Printemps 1944. Américains, Anglais et Français se battent devant Monte Cassino. L'Italie a capitulé, puis, pour une partie, a rejoint le camp des Alliés. Les Allemands se battent toujours comme des Allemands, mais dans les unités le moral n'est pas tout à fait le même. On monte au front en s'apostrophant souvent par la formule : « À bientôt au Canada », et la discipline est devenue féroce. Les *Feldgendarmes* tirent sur les fuyards. Les velléités de reddition entraînent aussitôt la pendaison au premier arbre. Dans un trou, au flanc du mont Cassin, un jeune caporal. Il s'appelle Hans Werner Richter et deviendra écrivain après guerre.

Dans son livre *Les Vaincus* [1], il se met en scène sous le nom de Gühler :

« — Ils avancent…

— Ils seront là demain matin.

1. Première édition en langue française en 1950, aux éditions de Flore/Pierre Horay.

— Penser qu'une poignée d'hommes est chargée de tenir la passe ! C'est du délire.

Ils se turent. Loin en bas, dans la vallée, on entendit le bruit d'une voiture.

— L'Amérique… chuchote Gühler

— Qu'est-ce que ça veut dire, l'Amérique ?

— Un pays libre. »

Hans Werner Richter avait été membre du Parti communiste allemand, au début des années 1930.

Hans Werner Richter

« J'avais une vingtaine d'années, j'étais fonctionnaire du Parti communiste en Poméranie. Et puis j'ai été exclu, pour trotskysme. Ensuite, je suis parti pour Paris. En novembre 1933. À Paris, ça s'est très mal passé. Nous manquions de contacts, nous n'avions pas d'argent, c'était tragique. J'ai préféré rentrer en Allemagne. Mais je rentrais surtout pour continuer le combat dans mon pays. J'étais persuadé qu'il fallait se battre à l'intérieur, pas à l'extérieur. Il fallait lutter contre Hitler en Allemagne même. J'ai vécu dans une semi-clandestinité, à Berlin. J'ai été arrêté deux fois par la Gestapo, parce que j'avais eu des contacts avec des émigrés en Suède. Mais ils n'ont rien pu prouver contre moi, et ils m'ont relâché avec un sérieux avertissement. Mais on était de plus en plus isolés et de plus en plus surveillés. Ensuite, j'ai été mobilisé. Au moins, dans la Wehrmacht, on nous laissait tranquilles. »

Les Vaincus

« On entendait des pas. Quelques pierres roulèrent, des voix montèrent et les pas reprirent.

— Ils sont là, dit Gühler.

— Allez ! souffla Maeder. Sortons et résistons !

Il rafla son casque et saisit le pistolet-mitrailleur.

— On se rend, dit Gühler, sa main appuyée sur le bras tendu de Maeder.

— S'ils nous entendent, ils vont nous jeter des grenades ! fit Pöhler.

— Qui est-ce qui sait l'anglais ? demanda Grundmann.

— On devrait les appeler, dit Gühler.

Ils tendaient l'oreille. On entendait toujours le bruit des pas et des voix.

— C'est de l'anglais, dit Grundmann à voix basse.

— Comment dit-on “ne tirez pas” ? demanda Pöhler.

— *No shoot*, répondit Grundmann.

Gühler le regarda et lui donna une légère poussée.

— Vas-y, dit-il, appelle-les !

— *No shoot !* cria Grundmann.

C'était faible, lamentable. Aussitôt les voix, les pas s'arrêtèrent.

— Camarades !

La réponse vint enfin, en allemand.

— Oui ! répondirent-ils tous d'une seule voix. »

Pour ces soldats allemands du printemps 1944, vaincus, démoralisés, épuisés, cette capture est plus qu'un soulagement. C'est un véritable cri de joie que Gühler-Richter ne peut s'empêcher de pousser, quand il est bien en sécurité, de l'autre côté des lignes, chez les Américains :

« — Nous sommes libres, enfin ! Prisonniers et libres !

— Je ne comprends pas.

— Nous sommes sortis de la machine ! de cette saloperie de machine à tuer !

— Et nous entrons dans une autre.

— Non, dit Gühler. Jamais ! De l'autre côté, nous aurons notre vie personnelle, même derrière les barbelés.

— Tu es optimiste, dit Grundmann. »

Hans Werner Richter

« Mon image, notre image de l'Amérique était relativement floue. Bien sûr, celle d'un pays libre, démocratique. Mais l'image ne correspondait nullement à la réalité. »

Les Vaincus

« — L'Amérique ! murmura Grundmann.

Gühler ne disait rien. Il regardait le pays qui s'étendait au loin, vide et monotone.

Ils se tenaient sur le pont, serrés, rangés d'après le numéro attaché à leur cou, glacés dans le vent matinal. Mais tous, ils regardaient ce pays plat, étendu, qui leur semblait sans fin, mystérieux.

— Et maintenant, les nazis, on les emmerde, dit Buchwald. »

Hans Werner Richter

« Sur le bateau, il y avait un aviateur, qui s'appelait Pips, très gentil, très jeune. Il avait gueulé devant tout le monde "la guerre est perdue" et des plaisanteries contre Hitler. Détail important. Ensuite nous sommes arrivés au camp Ellis, dans l'Illinois. Un grand camp. Trois mille prisonniers. »

Les Vaincus

« Devant la porte du camp, des officiers américains les comptèrent. L'une derrière l'autre, les colonnes entrèrent.

Pressés sur un étroit trottoir bordant la rue, les prisonniers du camp les regardaient passer. Ils portaient tous la même veste et le même chapeau bleu qui, dans l'obscurité, ressemblait à un suroît. Pas un mot de bienvenue, aucune manifestation de joie, pas d'appels, rien. Un mur.

— Déserteurs !

Le mot résonna aux oreilles de Gühler. Étonné, il regarda les visages hostiles, sans répliquer. Une impression de menace se dégageait de ce bloc silencieux. Ils pressèrent le pas.

— Traîtres ! Déserteurs ! Bandits !

Les injures sifflaient.

— Ils sont cinglés ! dit Buchwald qui marchait à côté de Gühler.

— Tous de l'Afrikakorps, dit Pips, derrière lui.

— D'où viens-tu ?

— D'Italie.

— Des déserteurs, quoi ! On va vous dresser !

— Tiens, ta gueule ! jeta Pips, furieux.

Le mur sombre les enserrait, froid, hostile, suant la haine.

— Qu'est-ce que ça veut dire ? demanda Grundmann.

— Ils nous prennent pour des déserteurs, répondit Gühler.

Ils avançaient, fatigués, courbés, apathiques. À côté des larges silhouettes en veste bleue, ils faisaient figure de mendiants affamés.

— Déserteurs ! Bandits ! Traîtres !

— Bel accueil ! dit Buchwald. Ils sont tous nazis ici. »

Hans Werner Richter

« Le soir même, nous avons fait connaissance avec ce qu'on appelait la Lagergestapo, la Gestapo du camp. »

Les Vaincus

« Ils entraient. Des cous de taureau, des épaules carrées, des yeux glacés. Leurs manteaux ouverts, leurs poings au fond des poches. À pas lourds, ils avançaient en file. La terreur planait, Gühler la sentait. La crainte accélérait sa respiration. Il eut froid subitement, très froid. Il les compta. Ils étaient vingt.

Assis sur son lit, blême, les yeux exorbités, Pips les fixait. Ils faisaient cercle maintenant autour de lui.

— Est-ce vrai que tu as dit qu'Hitler ne valait pas une charge de poudre ? hurla un des hommes, sa figure à toucher celle de Pips.

La tête penchée, Pips ne répondit pas.

— L'as-tu dit ?

— Non, gémit Pips, non !

— On te forcera bien à dire la vérité !

Il leva le poing, frappa en plein visage Pips qui chancela.

— Alors, ça vient ?

— Non, fit Pips, non !

De nouveau, l'autre le frappa sur le nez d'abord, puis au menton. Pips commença à pleurer.

— Le salaud ! fit un autre. Règle-lui son compte !

Un coup sur le côté de la tête envoya Pips rouler sur son lit.

— Est-ce que tu as dit qu'Hitler ne vaut pas une charge de poudre ? vociférait l'autre.

Pips ne répondit pas. Le sang lui coulait sur le nez et par la bouche.

— Qu'est-ce que cela signifie ? s'interposa Gühler.

D'un même mouvement, les brutes se retournèrent.

— Si tu ne te tiens pas tranquille, on t'en fait autant, mon gars !

Maintenant, ils frappaient tous Pips. On l'entendait hurler.

— Laisse-moi lui taper dessus, fit l'un d'eux, il y a longtemps que j'en ai pas eu l'occasion.

On lui fit place. Il avait un coup de poing américain. Il leva la main, frappa Pips qui s'effondra. À chaque chute, on le relevait et la correction continuait. Le sang ruisselait sur son visage. Sa tête pendait, sans vie, sur sa poitrine, oscillant à chaque coup comme séparée du corps. Ils frappèrent tous, l'un après l'autre. Enfin ils l'attrapèrent, le jetèrent sur le sol.

— Finissons-le ! hurla un des forcenés en lui assenant un coup de botte.

— C'est assez, fit celui qui avait parlé le premier.

Saisissant Pips par les jambes, il le tira hors de la baraque. La pauvre tête sanglante rebondissait sur le sol.

— Tu en fais partie ? demanda alors un des hommes qui entouraient Gühler.

Il avait une face large et plate aux yeux dénués de toute expression. Gühler le regarda sans rien dire.

— Vous y passerez tous ! On vous nettoiera tous !

La porte claqua. Gühler s'assit sur son lit, fixant le vide devant lui. Il avait froid. L'air lui semblait chargé de terreur, de haine, de sang, d'angoisse. Par terre, à ses pieds, de grosses gouttes de sang séchaient. Il ne bougeait pas. "Un camp de concentration, pensait-il. Exactement un camp de concentration."

— C'est à devenir fou, dit-il. Mais ils ne comprennent pas. Ils ne comprendront jamais ! »

Hans Werner Richter

« Pips (je lui avais donné son vrai nom dans mon livre) a été emmené, enfin ce qu'il en restait, dans un hôpital. On ne l'a plus jamais revu. Et la terreur a continué. Nous, les antinazis, nous ne dormions pas souvent la nuit.

C'était pire que ce que j'avais connu en Allemagne. Je veux dire qu'en Allemagne la terreur vous touchait au moment où vous étiez immédiatement concerné, où elle vous tombait dessus. Autrement on pouvait ne pas la sentir. Dans une ville, on peut toujours se cacher, trouver des amis, il y a des rues, des portes, des fenêtres, on peut toujours s'enfuir. Dans un camp, on ne peut pas s'enfuir. Et la terreur, elle est continuellement présente, dans chaque baraque. On ne peut pas s'enfuir. On ne peut pas bouger, on est doublement pris au piège.

— *Mais il n'y avait pas de réactions ?*

— Non, la lâcheté générale, comme en Allemagne.

— *Vous ne pouviez pas prévenir les autorités du camp ?*

— Ça n'aurait servi à rien, à rien d'autre qu'à nous attirer des représailles. Pour les Américains c'était très simple. Tout ça n'avait pas, au fond, une grande importance. Il faut toujours en revenir à la Convention de Genève. Ce que les soldats prisonniers font entre eux, la puissance détentrice, elle, n'a pas à s'en mêler, sauf dans le cas d'assassinat, bien entendu. La version officielle pour Pips, par exemple, c'était : "est tombé en jouant au football…" De toute manière, pour les Américains, nous étions tous des soldats allemands, antinazis ou pas. »

Le *New York Times* du 24 février 1944 titre : « Des "démocrates" exécutés dans nos camps par d'autres prisonniers ».

« Baltimore, 23 février (AP). Les organisations nazies, Gestapo incluse, sont actives dans les camps de prisonniers américains et ont déjà exécuté cinq prisonniers non conformistes. »

Le *New York Times* du 14 mars 1944 titre : « Un prisonnier d'un camp nazi mort par pendaison ».

« Phoenix, Arizona, 13 mars (UP). Werner Dreschler, prisonnier de guerre allemand, a été découvert pendu aujourd'hui au camp d'internement de Papago (Arizona). »

Dreschler avait été découvert étranglé dans les lavabos du camp six heures après son arrivée.

D'autres victimes de cette terreur nazie dans les camps de prisonniers ont pu être recensées.

Le capitaine Felix Tropschuh, 30 ans, a été trouvé en possession de notes montrant clairement sa haine d'Hitler ; il a été pendu par la Gestapo du camp de Concordia (Kansas) le 18 octobre 1943.

Le caporal Johann Kunze aurait donné des informations importantes sur sa ville natale, Hambourg (le malheureux, un caporal). Il a été battu à mort à coups de matraque et de bouteille cassée au camp Tonkawa, Oklahoma, le 4 novembre 1943.

Le caporal Hugo Krauss, 25 ans, avait émigré en 1928 avec ses parents à New York. Ses parents avaient été naturalisés américains, mais en 1939 il s'était laissé convaincre par le Bund (organisation pronazie aux États-Unis) de repartir pour l'Allemagne. Pour avoir exprimé des sentiments pro-américains, et s'être montré déloyal envers Hitler, il a été battu à mort à coups de matraque, le 17 décembre 1943, au camp Hearne, Texas.

Le soldat Franz Kettner, 39 ans, opposant autrichien aux nazis, a été trouvé mort, les deux poignets coupés, le 11 janvier 1944 au camp Concordia, Kansas.

Hans Geller, 21 ans, parachutiste suspecté de s'être plaint de la Gestapo du camp, a été battu deux nuits consécutives ; il est mort le 25 mars 1944 au camp Chaffee, Arkansas.

Le caporal Horst Günther, 24 ans, a été étranglé le 6 avril 1944 au camp Gordon, Géorgie.

Hans Werner Richter

« Impossible d'en parler à la Croix-Rouge. Je crois que j'ai vu une fois un délégué de la Croix-Rouge, mais il passait tellement loin… Et d'ailleurs, si on avait pu le rencontrer et si on avait osé lui dire quelque chose, vous imaginez les conséquences… Abattu dans la nuit. »

Voici un extrait du rapport de M. Maurice Perret, délégué du Comité international de la Croix-Rouge, adressé au CICR à Genève.

Visite au camp de Gordon, Charleston, Caroline du Sud, 5 juillet 1944

Page 3, chapitre : Discipline

« Le commandant du camp nous a dit que la discipline était généralement bonne.

Un incident pénible, néanmoins, est arrivé le jour de notre visite.

Deux hommes, deux prisonniers allemands, qui s'étaient plaints au commandant du camp d'avoir été menacés par d'autres prisonniers, ont été placés dans une tente, à l'écart. Il y avait déjà dans cette tente un prisonnier puni de trente jours d'arrêts, pour avoir refusé d'obéir à un sous-officier allemand. Cet homme exprima son mécontentement d'être dans la même tente que les deux autres, qu'il traita de déserteurs et menaça. Les gardes américains lui mirent les menottes, ce qui provoqua une réaction très vive des autres détenus. Ils refusent désormais de travailler et ont été mis au pain sec et à l'eau.

Conclusion : Nous avons parlé avec le porte-parole des prisonniers, le sergent-major Kinzel, et un médecin allemand, et avec les responsables de chambrées et divers autres prisonniers : jusqu'à l'incident ci-dessus mentionné, ils nous ont dit qu'ils n'avaient jamais eu à se plaindre. »

5

Les normandistes

À partir du 6 juin 1944, se déroule la bataille de Normandie, un combat meurtrier d'une rare violence, où Américains et Britanniques, sur les plages d'abord, puis à Saint-Lô, Avranches ou Caen, se heurtent à une résistance partout acharnée. Le nombre de prisonniers dans les camps américains augmente, comme il se doit. De 196 948 en juin, il passe à 224 863 en juillet, et à 243 870 en août 1944.

Parmi eux, il y a 192 868 Allemands, toujours le même nombre d'Italiens depuis un an, 50 000, alors que l'Italie est désormais « cobelligérante ». Les Italiens ont changé de dénomination, ils ont un vague statut de « travailleurs », mais ils restent dans les camps de prisonniers. Étrange. Le nombre des Japonais capturés vivants est de 300…

L'un de ces nouveaux arrivants, surnommés avec mépris par les nazis les normandistes, s'appelle Heinrich Severloh. Il est l'un des premiers à avoir vu la flotte du Débarquement, il a subi le bombardement naval, la première attaque et il a échoué, blessé, épuisé, au soir du 6 juin, dans une infirmerie de campagne, avec quatre prisonniers américains, dont l'un, d'origine allemande, parle le patois de son village.

Heinrich Severloh nous a raconté la suite de son histoire.

Caporal Heinrich Severloh, 352e régiment d'artillerie

« J'avais 21 ans. Le 7 juin au matin, je suis parti vers l'intérieur des terres avec mes quatre Américains. J'ai dit à celui qui parlait mon patois : "Vous avez de la chance, vous allez en captivité, nous on doit continuer toute cette saloperie." Ils étaient à bout, après cette journée infernale qu'ils avaient passée, et nous aussi. À mi-chemin entre Colleville et Hauteville, on a suivi une carriole à cheval qui transportait des blessés, et d'un seul coup on a été pris sous un tir extraordinaire. On s'est tous jetés dans le fossé. Je voulais repartir, mais un vieil adjudant m'a dit : "Reste, on va être faits prisonniers." Moi, ma première idée ça a été de le faire taire.

Je trouvais qu'on n'en avait pas encore fait assez. Je n'arrivais pas à admettre que c'était la fin. Malgré tout ce qu'on venait de vivre. Alors l'adjudant m'a dit : "Explique en patois à ton Américain qu'on va se rendre." L'Américain m'a répondu : "C'est ce que vous avez de mieux à faire." Et ensuite, je l'ai entendu crier les premiers mots d'anglais de ma vie : *"Don't shoot ! We are American !"* ("Ne tirez pas, nous sommes américains !") Les autres ont répondu quelque chose, et le type m'a traduit : "Déposez les armes, levez les mains en l'air." C'est ce qu'on a fait, et on a vu venir vers nous une centaine d'Américains, l'air très menaçant, prêts à tirer. J'ai eu vraiment très peur. Ils m'ont fouillé, j'avais planqué deux grenades à tout hasard, ils ne les ont pas trouvées. Ils nous ont obligés à mettre le visage contre un arbre, et on avait peur d'être fusillés. À ce moment-là, j'ai entendu en allemand : "Retournez-vous !" C'était un officier américain qui parlait parfaitement l'allemand. Il nous a permis de reprendre toutes nos affaires, et en marchant vers l'arrière il m'a raconté son histoire. Il m'a dit : "Au fond, je suis allemand. J'ai été adjudant dans la Reichswehr, l'armée allemande d'après 1918. Un camarade et moi, on aimait la même fille. C'était lui ou moi. On s'est battus en duel, au pistolet. Je l'ai tué, et j'ai dû m'enfuir. J'ai déserté. Je suis passé en Suisse et ensuite en Amérique. Et voilà, maintenant je suis officier dans l'armée américaine !" On marchait vers Vierville. Il m'a dit avant de me quitter : "Quand je vois comment vous vous êtes battus, avec si peu d'hommes et de matériel, je ne peux pas vous cacher que je suis un petit peu fier !" Et il m'a remis aux types qui gardaient la plage. Il y avait un Noir, mon Dieu, que j'ai eu peur ! Une vraie armoire, noir comme la nuit, avec un couteau... On devait passer à côté, c'était le premier Noir de ma vie, j'ai vraiment eu très peur.

Le lendemain, on n'avait toujours rien mangé, et une équipe de cameramen est venue nous filmer. En même temps, on nous a jeté de la nourriture. J'imagine que le titre du film c'était : *Allemands affamés*. Enfin. Je me suis retrouvé assez vite en Amérique. Et là, alors, la grande surprise de notre vie, la manière dont les types qui y étaient déjà, ceux de l'Afrikakorps, nous ont reçus ! »

Les Vaincus

« Mille nouveaux prisonniers, par rangs de quatre, attendaient, de l'autre côté de la grande porte.

— Dis donc ! Ils arrivent de Normandie !

— Hein ! De Normandie ? fit Gühler.

— Tous ! Il n'y a même pas un mois qu'ils sont prisonniers. Ils sont tout frais.

Le camp tout entier courait vers la grande porte, se collait aux barbelés.

— D'où venez-vous ?

— De Normandie.

— Impossible ! Allez, dites pas de conneries. De quel camp ?

— Puisqu'on vous dit qu'on arrive de Normandie !

— Ah là là ! À d'autres !

— Encore un coup des Amerloques, dit un homme à côté de Gühler. Ils ont dégotté ce millier de chiffes pour nous déclarer arriver de Normandie. Tu y crois, toi ?

Gühler ne répondit pas. Une main se posa sur son épaule. Il se retourna. C'était Böhmer.

— Il faut les avertir, dit-il.

Les portes s'ouvraient. Les mille prisonniers entraient dans le camp.

— Ils sont tout jeunes et ils ont des figures de vieillards, dit Gühler.

— Pauvres types ! soupira Böhmer.

— Des fainéants, voilà tout, laissa tomber quelqu'un à côté de lui. Pas des soldats.

— Traîtres ! grinça un autre.

— Venez-vous vraiment de Normandie ?

— Oui. Tout droit.

— Où en est la guerre ? demanda Gühler.

— Elle est perdue.
— Alors quoi ? Ils nous auraient foutu la tournée ? C'est pas vrai. Pas possible. Tu l'as vu, toi, par hasard ?
— Beaucoup de matériel ?
— Tu parles ! Des avions par milliers. Des canons de marine. Et nous, avec nos mitrailleuses et nos petites seringues.
On les avait rassemblés. L'adjudant gesticulait, courait dans toutes les directions.
— Garde à vous !
L'ordre tomba dans l'indifférence.
— Tas de cochons !
— Dis donc, fit un des nouveaux en se retournant. Qu'est-ce qui se passe ici ? Il y a encore des nazis ?
— Plutôt ! répondit Grundmann.
— Non ? Pas possible !
— Il faut que vous soyez prudents.
— Pourquoi ?
— À cause des nazis. Le camp en fourmille, dit Gühler.
— Ici, en Amérique ?
— Plus qu'en Allemagne, mon vieux. Tu ouvres la bouche et le diable se déchaîne. »

Caporal Heinrich Severloh
« Nous étions arrivés au camp McCain, près de Jackson, dans le Mississippi. Nous étions un groupe de deux cent cinquante, tous pris en Normandie. Il faut dire que la première chose qui m'a frappé, c'est que ceux qui étaient dans le camp étaient tous en blanc, ou en gris clair, les tenues de l'Afrikakorps, et nous, au milieu d'eux, on était tous en vert-de-gris, ça faisait

un curieux effet. On était les premiers vert-de-gris à arriver dans ce camp.

On était déjà à bout de nerfs, mais eux, ils nous ont fait sentir tout de suite qu'on était des hommes de seconde classe, un tas de rien du tout sans tenue, sans courage, que si on était là c'est bien parce qu'on s'était pas battus. Et dans ce camp tout était stupéfiant : la discipline, les types de l'Afrikakorps qui affichaient tous les matins des bulletins de victoire, les communiqués officiels allemands, imaginez l'effet que ça nous faisait, à nous ! On croyait devenir fous. Il a fallu en empêcher pas mal d'aller se jeter sur les barbelés pour se faire descendre par une sentinelle américaine… »

Oberleutnant Werner Wappler

« J'avais 30 ans, je commandais une compagnie de Nebelwerfer, des lance-fusées, devant Cherbourg. J'ai été fait prisonnier le 24 juin 1944, après des bombardements inimaginables. En une demi-heure, le dernier jour, l'effectif de ma batterie était passé de cent quatre-vingts hommes à quarante-cinq.

Ma première impression de l'Amérique, ça avait été le savon. Sur le bateau on nous avait donné un savon extraordinaire, du Palmolive, ça moussait… Nous, jusque-là, on avait notre savon gris de guerre, moitié sable, ça moussait jamais. À l'arrivée à New York, on nous a pris tout ce qu'on avait, objets, uniformes, etc., mais nous, on voulait pas rendre le savon ! Et le lait, le sucre, le pain blanc… Et pendant le voyage à travers l'Amérique, les parkings avec des voitures ! On regardait ça comme quand, enfants, on regardait le père Noël.

Et on se disait tous : “Et c’est contre tout ça que l’autre imbécile a fait la guerre !”

Nous sommes arrivés au camp Como, dans le Mississippi, au sud de Memphis. Là, ça a été très, très dur. Pour ces types de l’Afrikakorps, c’était clair : nous étions tous des déserteurs. On avait beau essayer de leur dire : depuis le Débarquement, on n’a pas vu un avion dans le ciel… ils ne comprenaient rien. Il y avait parmi eux des SS, des fanatiques. Ils avaient formé des tribunaux secrets. Ils venaient battre leurs victimes la nuit. Surtout ceux qui en avaient assez, qui disaient : “Maintenant, faut être bien avec les Américains.” »

Ceux-là, ces normandistes rescapés de l’enfer de Cherbourg ou de Falaise, ont droit à un autre type d’enfer : celui des brimades quotidiennes, des tribunaux clandestins, les « Kangaroo Courts » comme les appellent les Américains.

Et pourtant, ils ont l’impression, ces normandistes, d’avoir fait leur devoir.

Les suivants, eux, n’ont même pas cette impression-là. Alors ils peuvent imaginer le pire.

Les suivants… Tout le monde a vu le film sur la libération de Paris, tourné par une équipe de cinéastes clandestins d’abord, pendant les journées d’août 1944. Vous avez vu les Allemands sortir de l’hôtel Meurice, les mains en l’air. Vous êtes-vous jamais demandé ce qu’il leur était arrivé ensuite ? Nous en avons retrouvé deux : le sous-lieutenant Ernst von Bressensdorf, officier des transmissions, et le lieutenant Dankwart von Arnim, officier d’ordonnance du général von Choltitz. Ernst von Bressensdorf, entre tous les officiers allemands, avait la particularité quasi unique d'être juif. Son arrière-grand-père, comme les Rothschild, avait été anobli pour avoir remarquablement conduit les travaux d'assèchement d'un lit du Danube. Ensuite la famille s'était assez mélangée, mais avec les déments du national-socialisme, il fallait se méfier. Au lycée, ils exigeaient la preuve de l'aryanité en remontant jusqu'à 1800. Bref, la famille Bressensdorf avait eu de la chance, elle était passée au travers. Un nom à particule pouvait encore donner le change.

Ernest von Bressensdorf

« J'avais aussi des ancêtres français. Au-dessus de mon bureau, il y a toujours eu un portrait de Louis XV. Un de mes arrière-grands-pères avait épousé une Du Barry, de noblesse belge. Il y avait aussi dans ma famille des Du Four, huguenots émigrés sous Louis XIV. Nous étions très attachés à la France dans la famille, très francophiles. Mon père était éditeur. Je suis né en 1917, et en 1936 ma famille m'a échangé avec un jeune Français. Après mon séjour en France, je suis parti pour le service militaire. Je devais être démobilisé en septembre 1939. Vous voyez. J'ai donc continué, comme soldat de transmission. Je ne faisais pas grand-chose, mais, comme je chantais bien, j'ai organisé des soirées et ça m'a valu de l'avancement. J'ai été nommé officier et je suis allé en Bretagne. Tout était très calme, j'ai noué des contacts avec des Français et je me suis occupé de généalogie. Enfin, en janvier 1944, j'ai été nommé au Bureau des télécommunications de Paris. Son chef était le général Erich Fellgiebel. Il a fait partie du complot du 20 juillet 1944 contre Hitler, et il a été exécuté. Je suppose qu'il choisissait soigneusement ses officiers, et que ce n'est pas par hasard que j'avais été muté à Paris. À Paris, je travaillais dans un central d'une soixantaine de lignes, c'était un système très archaïque, avec des fiches, il y avait à peu près trois cents filles allemandes qui s'en occupaient. J'étais responsable de dix-huit lignes. J'étais assez libre, mon propre chef, en quelque sorte. Pendant les derniers mois, j'avais le droit d'être en civil, vu le danger.

Les Parisiens… ils allaient mal. Ils avaient faim. À mon avis c'est pour ça qu'ils étaient anti-allemands. Plus que par conviction politique. Oui, les vivres manquaient pour les classes populaires.

J'ai connu à Paris la célèbre cantatrice wagnérienne Germaine Lubin, elle devait déjà avoir 50 ans à l'époque, elle a eu des difficultés après, mais politiquement elle n'avait pas d'idées, on lui a surtout reproché d'avoir chanté sous l'Occupation. Son fils avait été libéré de son camp de prisonniers par Hitler parce qu'elle avait chanté avant-guerre à Bayreuth. Elle, et les gens que je fréquentais à Paris, aimaient l'Allemagne. Pas Hitler. C'étaient des gens de la haute bourgeoisie qui pensaient que les Allemands, c'était moins grave que les communistes.

J'avais donc mon bureau à l'hôtel Meurice, c'est là que j'ai fait la connaissance de l'aide de camp du commandant en chef, le général von Choltitz. C'était le lieutenant von Arnim. Je dois dire que les autres officiers ne m'intéressaient pas beaucoup. Ils étaient d'âge moyen ou avancé et ne s'intéressaient pas à la culture française, champagne excepté. Moi j'allais à l'Opéra, et je parlais avec von Arnim, qui était très anglophile. À partir du début août, il nous est arrivé des choses surprenantes. Comme le réseau téléphonique militaire allemand était complètement mélangé avec le réseau français, les Américains nous appelaient, dans nos bureaux, à Paris, et nous disaient des trucs du genre : *"You, damned Krauts, are you still there ?"* ("Sales Boches, vous êtes encore là ?") J'ai fini par couper toutes les lignes, sauf celle du quartier général du Führer à Berlin. Et c'est par cette ligne-là qu'on m'a informé, le 12 août, que j'étais papa d'une petite fille.

C'est par cette même ligne que j'ai personnellement reçu le message chiffré d'Hitler ordonnant de faire sauter les ponts de Paris. Je ne me suis pas manifesté pendant douze heures, ne sachant pas quelle serait la réaction du général von Choltitz. On sait maintenant qu'il avait décidé de ne pas détruire Paris, mais je reste persuadé que je lui ai facilité la décision. Parce que, de toute façon, quand j'ai transmis l'ordre, c'était trop tard. Et je pensais : on va me pendre, mais ces magnifiques ponts, quelle folie, cela ne servirait à rien... Ensuite j'ai été capturé avec tout le personnel de l'hôtel Meurice. Pendant quinze jours, on nous a mis dans la caserne des pompiers. Nous étions une centaine et on nous jetait deux sacs de pommes de terre au milieu de la cour, avec un seau d'eau. On m'avait ôté mes bottes, je marchais en chaussettes. Et puis, un jour, les Américains sont arrivés. »

Lieutenant comte Dankwart von Arnim

« J'avais 25 ans. J'étais officier d'ordonnance du général von Choltitz. Ma famille est du Brandebourg, nous y avions là-bas un château avec un parc de quatre hectares. Depuis l'an 1200, à peu près. Selon la coutume, le fils aîné devait garder la propriété, et pour les autres, c'était la carrière militaire ou la haute administration.

Mon arrière-grand-père a été Premier ministre, mon grand-père ambassadeur sous Bismarck. En somme, l'aristocratie prussienne classique. En 1938, j'ai été échangé pour l'été avec un jeune Anglais, et j'ai pu me rendre compte en Angleterre que les choses n'étaient pas tout à fait comme on nous les enseignait en Allemagne. Et aussi, pendant la traversée, j'ai fait la connaissance de deux jeunes Juifs allemands qui émigraient. À mon grand étonnement, ils n'ont pas été très aimables avec moi.

Ma mère était protestante, une femme très pieuse. La famille était plutôt antinazie, mais nous avions tous un grand sentiment national allemand. En 1939, je suis parti dans les Panzer avec mon frère, qui a été tué dès le début de la campagne de France. Il y avait une loi, dite du “dernier fils”. Celui-ci ne devait plus être exposé aux combats après la mort du dernier frère, pour pouvoir plus tard se charger de la propriété.

À l'époque, ne pas faire partie de la Wehrmacht, ce n'était pas bien. Alors je me suis porté volontaire pour la 1re Panzerdivision, et je suis parti pour la Russie. Ensuite la France et Paris. En août 1944, j'étais donc l'ordonnance du général von Choltitz. Je m'occupais de toutes ses affaires, personnelles et officielles, je tenais son journal, je prenais ses rendez-vous. La nuit du 24 au 25 août 1944, nous étions à l'hôtel Meurice, on entendait partout des tirs, des explosions. J'avais participé personnellement aux pourparlers sur l'échange des prisonniers avec le consul de Suède, Nordling. Échange entre les Allemands et les Forces françaises de l'intérieur. Nous avions même une liaison téléphonique avec eux. Dans cette libération de Paris, pendant une première période, les choses se sont passées d'une manière, disons, humaine. On avait l'impression que, dès que ça commencerait vraiment à se bagarrer, le sang allait couler de manière épouvantable. Et personne ne le voulait. Choltitz voulait se rendre et livrer Paris autant que possible sans combat, car la situation, du point de vue militaire, ne pouvait plus être sauvée. Ce qui était important, c'était de ménager les hommes et les biens, ce qui n'était pas dans l'optique des communistes de Paris. Ils voulaient leur grand soulèvement à Paris, peut-être aux dépens des vies humaines, certainement pour mettre en place un gouvernement qui aurait été un fait établi pour les troupes américaines et de Gaulle, quand ils arriveraient.

À la fin, tout l'état-major, trente ou quarante officiers, nous sommes sortis les mains en l'air de l'hôtel Meurice. Le général von Choltitz est sorti, lui, par une porte de derrière. Nous, on nous a poussés trois ou quatre cents mètres plus loin, vers le monument de Jeanne d'Arc. C'est là qu'on nous a fouillés et sauvagement battus. Je me rappelle un ami, on l'avait tellement frappé au visage qu'il a dû être nourri artificiellement ensuite. C'était la colère du peuple qui se déchaînait contre nous.

Mais l'enfer, c'était un peu plus tard. Nous avons été poussés plus loin dans la rue de Rivoli, et là ça a vraiment été l'enfer, des cris : "Assassins, tueurs, Hitler *kaputt* !" Nous étions gardés par des FFI dont quelques-uns avaient des armes – d'autres seulement des brassards. Ils se sont bien conduits, et ils se sont préoccupés décemment de nous protéger, autant que possible, contre la colère populaire. Un de mes très bons amis, le lieutenant Kaiser, un homme qui s'était particulièrement occupé de l'entente franco-allemande, a été assassiné à mes pieds, d'une balle dans la tempe. Il y avait une haine immense. Et j'estime que j'ai eu de la chance de m'en sortir.

Nous sommes allés comme ça jusqu'au Palais de Justice, et on nous a enfermés dans une cave. Tout le monde avait horriblement peur. Nous pensions qu'on allait tous nous fusiller. Mais en fait nous avons été correctement traités, surtout par les FFI. Ensuite nous avons été mis dans de très grandes salles, avec des fenêtres donnant sur la Seine. Nous étions étendus par terre, on nous avait arraché nos décorations, nos montres, etc. Nous y sommes restés deux ou trois jours : c'est là que nous avons entendu la grande fusillade, après le discours de de Gaulle.

Ensuite on nous a amenés dans des cars de police dans une caserne de pompiers, je me rappelle, ce devait être boulevard de Port-Royal, et c'était très désagréable, parce que dans ce quartier l'animosité contre les Allemands était particulièrement grande.

Les gens s'entassaient devant les grilles jour et nuit, criaient, crachaient à l'intérieur, jetaient des pierres, tiraient à partir des toits dans le tas des prisonniers.

Nous étions de deux à trois mille dans la cour de la caserne prévue pour cent cinquante à peine. On ne pouvait même pas s'asseoir, il fallait rester debout, et en plus il y avait souvent des mouvements de panique.

Il n'y avait presque rien à manger. Enfin, une bien mauvaise situation, compréhensible toutefois dans la situation générale si difficile. Mais c'était très désagréable.

C'est alors qu'il s'est passé une chose vraiment horrible. Le 28 ou le 29 août, l'aviation allemande a trouvé moyen de larguer quelques bombes dans la banlieue de Paris. Aussitôt, la même nuit, il y a eu un rassemblement énorme qui s'est dirigé vers notre caserne. Ceux qui nous gardaient avaient très peur. Nous, nous pensions : ça y est, c'est le massacre, ils n'ont rien eu à manger pendant des années, maintenant il y a la Halle aux vins, la boisson, l'ivresse peut-être, et l'enthousiasme pour la patrie, pensez à la Révolution, à la Saint-Barthélemy, lorsque ça commence ils n'hésitent plus. C'était vraiment très pénible pour nous, debout, serrés comme des harengs dans cette cour, avec devant nous cette vague de gens réclamant du sang. Remarquez, des gens certainement de bon droit ; ce qui s'était passé pendant ce bombardement, je ne sais pas exactement, on parlait de la destruction d'une école et d'un hôpital, en tout cas le peuple était en colère et voulait se venger sur nous.

C'est à ce moment-là que les Américains sont intervenus. Ils ont commencé par barrer la rue, et puis il est arrivé une énorme quantité de camions américains tous conduits par des Noirs. Alors notre pensée a été aussitôt : ils vont nous trancher la gorge ! Mais non, pas du tout, ils ont été d'une grande amabilité, d'une grande serviabilité.

On nous a transportés dans ces camions jusqu'en Normandie. Chaque fois qu'on passait dans un village, les gens nous insultaient, jetaient des pierres, voulaient nous attaquer. En Angleterre, par contre, l'attitude des gens a été totalement différente. Ils ne nous regardaient même pas. Chaque fois qu'ils nous voyaient, ils nous tournaient le dos, c'est tout.

Après, j'ai été transporté dans un camp provisoire, avant d'être envoyé en Amérique. Et alors là, dans ce camp près de Liverpool, les choses ont commencé à se gâter vraiment.

Il y avait, dans ce camp, des SS, des parachutistes, des officiers de marine venus de Brest, des durs. Lorsqu'on passait près d'eux, ils nous lançaient des injures : “Salopards, traîtres !” etc. C'était clair : pour eux, nous étions “ceux qui avaient livré Paris contre l'ordre d'Hitler”.

Ensuite nous avons embarqué à bord d'un beau paquebot. Mais nous étions plusieurs milliers, cinq rangs de hamacs les uns au-dessus des autres, impossible de rester debout. Un vieil amiral de la Kriegsmarine, le plus ancien dans le grade le plus élevé, était chargé de faire régner un semblant de discipline. Ce vieil amiral à cheveux blancs nous disait : “Messieurs, je vous demande un peu de silence”, et tout le monde criait : “Ta gueule, capitaine !”

J'étais soulagé : j'allais en Amérique. L'Amérique… les merveilleux films, les mélodies de Broadway. Un soir, j'étais monté sur le pont, je regardais la mer, et je me suis dit : “Maintenant c'est fini. Je suis content de vivre. J'ai échappé à la guerre." Ça pouvait paraître un peu lâche : à l'époque, il fallait mourir pour le Führer. Moi, j'étais jeune, prussien et aristocrate, je savais qu'on ne pouvait pas s'en sortir tout de suite, mais j'avais envie de secouer tout ça. Rompre avec toutes ces traditions. Alors je me suis dit : "Sois ouvert à l'Amérique, vois ce qu'elle t'offre !" »

6

La séparation

À l'automne 1944, il y a 306 856 prisonniers allemands dans les 55 camps principaux et 511 camps annexes des États-Unis (et 569 Japonais, tous internés au camp de McCoy, dans le Wisconsin).

Les 300 000 prisonniers allemands, avec ce qui n'a pas manqué de filtrer dans la presse sur ce qui se passe dans leurs camps, commencent à préoccuper l'opinion publique américaine.

En novembre 1944, dans la revue *The Atlantic Monthly*, le journaliste James Powers, considéré à l'époque comme l'un des meilleurs spécialistes américains en matière de politique étrangère, fait le point de la situation :

« Les prisonniers de guerre allemands sont un problème que l'armée des États-Unis n'a pas encore résolu. La solution demande plus qu'un rapide test de psychologie – une matière dans laquelle peu d'officiers américains chargés des camps sont à l'aise. Cela demande, aussi, une large compréhension de la signification de l'histoire contemporaine. Car ces hommes ne ressemblent à aucun des prisonniers de guerre que nous avons détenus jusqu'ici. Ils ont été broyés par le moulin de l'éducation nazie, qui a extirpé d'eux la plupart des principes qui font l'essentiel de notre civilisation.

La majorité des prisonniers allemands marque un mépris total envers nous. Leur arrogance s'accompagne d'une croyance absolue dans le triomphe final des principes nazis – sinon dans cette guerre, du moins dans la prochaine. Un sous-officier allemand dans un camp proclamait triomphalement l'autre jour, devant une sentinelle qui comprenait l'allemand, que nous ne vaincrions jamais l'Allemagne, parce que nos pertes en Normandie avaient été, le premier jour, de 70 000 tués. Nos pertes ont été, bien entendu, très inférieures. Mais inutile d'essayer de lui faire entendre raison : il savait ! Et le groupe d'Allemands sous ses ordres l'écoutait avec ferveur. "Rappelez-vous, hurlait un jour un sous-officier à ses camarades, que vous êtes toujours dans l'armée allemande, et que votre seul devoir est de lutter pour l'Allemagne !" Cette attitude inébranlable des prisonniers allemands est encouragée par le fonctionnement d'une police secrète, généralement sous la direction d'un prisonnier qui a déjà servi dans la Gestapo. Ici, il faut bien l'admettre, *It's a hard nut to crack*, il y a une noix très dure qu'il est difficile de casser…

Alors, voici les surhommes d'Hitler, dans leur monde qu'ils ont réussi à recréer ici. Et ils attendent le jour de la victoire, victoire que la Doctrine leur a appris à considérer comme inévitable. En attendant, ils n'ont que mépris pour notre mollesse. "Vous êtes fous de penser que vous pourrez gagner notre sympathie avec de la bonne nourriture et du confort", crachait un vieux de la Wehrmacht à un garde dans un camp du Michigan. Vous verrez qu'il n'avait pas tort, à moins qu'ensemble l'armée et le public américains ne se réveillent et prennent conscience d'un certain nombre de réalités.

De l'autre côté de l'océan, nos soldats se battent pour briser l'étau dans lequel ces hommes et leurs complices maintiennent un continent entier de 300 millions de gens, par des atrocités qui dépassent tout ce qu'un esprit civilisé peut imaginer. "Ça n'est pas notre boulot de changer les idées de ces types. Notre boulot, c'est de les garder", disait un officier américain. Qui d'ailleurs ne parlait même pas l'allemand.

On pourrait rapprocher cette remarque de celle d'un officier américain en Italie qui se voyait reprocher, le printemps dernier, d'avoir laissé en fonction des fonctionnaires fascistes : "Nous ne sommes pas ici pour combattre le fascisme. Nous sommes ici pour vaincre l'ennemi."

Qui est l'ennemi ? Une armée ? Une idée ? Ou les deux en même temps ? La théorie selon laquelle "notre boulot, c'est de garder les prisonniers", on peut se demander où elle nous mènera.

Ces prisonniers sont de la dynamite, pas seulement pendant que dure cette guerre, mais pour les lendemains incertains qui vont suivre. Ces hommes seront un jour des habitants de l'Allemagne de demain et du monde d'après-guerre. Que chaque Américain qui pense que "nous ne sommes pas ici pour combattre le fascisme mais pour vaincre l'ennemi" se pose la question de savoir si ces prisonniers de guerre allemands ne représentent pas un danger pour l'avenir de notre nation et de notre hémisphère. Renverrons-nous ces prisonniers chez eux avec l'idée claire que notre pays n'accepte pas leur folie, ou avec l'idée que nous sommes trop indulgents et sans force et qu'à la troisième tentative de guerre, ils réussiront ? Se retrancher derrière la Convention de Genève n'est pas acceptable. Les Anglais ont obtenu des résultats avec la même Convention de Genève. En Grande-Bretagne, les prisonniers allemands sont tous mis sur le même plan, sans s'occuper du grade ; les représentants des prisonniers et les hommes de confiance sont choisis parmi les antinazis ; les sous-officiers n'ont plus aucun pouvoir ; les terroristes sont immédiatement mis hors d'état de nuire. L'Angleterre ne joue pas avec ses ennemis mortels. »

Voilà qui donne le ton de la presse américaine. Que va faire la « Prévôté générale », responsable des camps, et son chef, le général Blackshear M. Bryan, *Provost Marshal General* ?

Sa tâche n'est pas facile. Il faut dire que la peur des représailles sur les prisonniers américains en Allemagne paralyse toute action. À la fin 1944, plus de 90 000 Américains sont enfermés dans les stalags ou les oflags du IIIe Reich, certains dans des conditions difficiles, tels ces aviateurs jugés pour « crimes de guerre » ou tentatives d'évasion.

Pourtant, toujours à la fin 1944, la situation en Amérique est devenue intolérable. Les rapports ultra-secrets de la Prévôté estiment à au moins une centaine le nombre d'exécutions clandestines (à la fin de la guerre, le chiffre officiel sera de 167), et, bien entendu, le nombre de mutilés, estropiés, battus plus ou moins gravement, défie toute estimation.

Le *Provost Marshal General* décide donc de pendre quelques nazis. Ainsi, quatorze prisonniers sont pendus, sept condamnés à la prison à vie, un à vingt ans de réclusion. Le tout en trois grands procès qui aboutissent, le premier, à cinq condamnations à mort, le second, à deux condamnations et le troisième, à sept condamnations. Voici comment les choses se sont passées.

Les prisonniers Walter Beyer, Berthold Seidel, Hans Demme, Willy Scholz et Hans Schomer sont jugés au camp Gruber, Oklahoma, du 17 au 25 janvier 1944. Les charges retenues contre eux sont la violation des articles 89 et 92 du Code de procédure militaire, en constituant, au camp Tonkawa, Oklahoma, un rassemblement de nature à troubler l'ordre, ainsi que l'assassinat avec préméditation du soldat Johann Kunze.

Le procès établit que l'accusé Beyer, l'un des porte-parole du camp, a réuni un tribunal pour juger Kunze, accusé de trahison. Celui-ci a ensuite été battu à poings nus, puis à coups de matraque et de bouteille cassée, jusqu'à ce que mort s'ensuive.

Les cinq hommes sont déclarés coupables et condamnés à la pendaison.

Comme l'article 66 de la Convention de Genève le stipule, toute condamnation à mort d'un prisonnier de guerre doit être communiquée avec les détails du procès et les raisons précises de la condamnation au pays ennemi dont il provient. Et la sentence ne peut être exécutée qu'après un délai de trois mois.

Donc le *Provost Marshal General* transmet le dossier au Pentagone, qui le transmet au Département d'État, qui le transmet aux services diplomatiques suisses. La Suisse, étant « puissance protectrice des prisonniers de guerre allemands aux États-Unis », transmet enfin le dossier aux services diplomatiques allemands.

Cette procédure est destinée à permettre un éventuel échange de prisonniers condamnés de part et d'autre. Et les cinq condamnés attendent dans leur cellule la réaction de l'état-major de la Wehrmacht.

Dans un deuxième procès, les prisonniers Erich Gauss et Rudolph Straub sont condamnés à mort pour avoir étranglé leur camarade Horst Günther au camp Aiken, Caroline du Sud. Comme pour le procès précédent, les autorités allemandes sont informées, et le délai de trois mois est respecté.

Avant l'expiration de ce délai, le Département d'État adresse une note à l'ambassadeur de Suisse à Washington proposant l'échange de tous les prisonniers allemands condamnés à mort – onze au total – contre le nombre équivalent de prisonniers américains condamnés à mort en Allemagne, et la date de l'exécution est reportée au 5 avril 1945. Un télégramme arrive d'Allemagne, confirmant l'accord du gouvernement allemand pour l'échange de quinze prisonniers américains condamnés à mort.

L'exécution est alors reportée au 1er mai 1945. Entre-temps, et pour cause, plus de nouvelles de l'Allemagne. Puis c'est la reddition sans conditions. Le temps de s'assurer que les prisonniers américains condamnés à mort sont toujours en vie et hors de danger, et les cinq accusés du premier procès sont exécutés le 10 juillet

1945, les deux autres le 14 juillet 1945. Ils ont étranglé le soldat Horst Günther parce qu'il était « traître à son serment, à son drapeau, à sa patrie », et qu'il avait, en tant qu'employé à la cuisine du camp, « procédé au partage du lait le matin d'une manière avantageuse pour les Américains ».

Mais ces condamnations et ces exécutions si longuement retardées ne changeront pas grand-chose à la situation. Les « Kangaroo Courts » continueront, avec leur cortège de terreur, d'humiliation, de coups.

The Atlantic Monthly, novembre 1944

« La persistance des activités clandestines de la Gestapo des camps montre l'échec de nos méthodes dans le maniement des disciplines de la philosophie nazie. Toute approche dans l'étude de la situation nous conduit de nouveau à constater les lacunes dans la procédure militaire. L'une de ces lacunes est l'absence de filtrage des prisonniers à leur arrivée au camp. La séparation des nazis identifiables avec les antinazis n'est pas seulement une mesure de bon sens ; elle s'impose d'urgence pour assurer la sécurité des prisonniers eux-mêmes. »

Depuis quelque temps, cette séparation des prisonniers apparaît au commandement américain comme la seule solution. Depuis 1943, localement, et dans les cas les plus criants, les commandants de camps ont mis en place çà et là des enceintes réservées pour protéger des malheureux pourchassés par la Gestapo de leur camp. Mais, dès juillet 1944, les autorités étudient la généralisation du système. Voici le compte rendu sténographique d'une conférence tenue le 20 juillet 1944 par le commandement général des camps.

Confidentiel

Nº RG 389, *Records of the office of the Provost Marshal General*

Intervention du colonel George M. Cheischeir, commandant du camp de Fort Benning, Géorgie

« [...] Prenez le cas du prisonnier qui a été étranglé dans la nuit du 6 avril de cette année. L'enquête et le procès ont montré que les causes de cette violence étaient des infractions relativement mineures au code allemand. La plus mince suspicion de déloyauté aux principes nazis est immédiatement saisie par les fanatiques. Il semble que, dans ce camp, la plupart des prisonniers avaient décidé d'arrêter de travailler parce que leur courrier n'arrivait pas assez vite. La rumeur avait couru que la victime aurait prévenu les autorités du camp.

Mais il semblait surtout que la victime aimait le jazz. Alors, un petit groupe de sous-officiers allemands nazis fanatiques, s'instaurant à la fois juges et jurés, a condamné cet homme à mort. Un sergent et un soldat allemands ont exécuté la sentence en étranglant la victime en présence de cinq autres prisonniers. Et ceci n'est qu'un exemple.

Vous êtes au courant de tous ces cas de mutilations et de passages à tabac de toutes sortes, qui arrivent au cœur de la nuit dans de nombreux camps, où des tribunaux clandestins se réunissent et font exécuter les sentences. La victime est en général si terrifiée qu'elle essaie de protéger ses bourreaux en témoignant qu'elle s'est mutilée elle-même.

Il y a aussi le cas de ce prisonnier qui s'était approché des barbelés en mettant au défi la sentinelle de lui tirer dessus. Heureusement celle-ci a fait preuve de sang-froid et, au lieu de tirer, nous a amené le prisonnier. On l'a déclaré fou et envoyé à l'hôpital, mais nous pensons plutôt qu'il avait reçu l'ordre de la Gestapo du camp d'aller se faire tuer dans une “tentative d'évasion”.

Il y a seulement deux semaines, j'ai été avisé que quatre prisonniers avaient demandé leur transfert dans un autre camp, un tribunal clandestin les ayant jugés traîtres au régime nazi. Je les ai vus avant leur départ. Ils étaient assez contents de quitter le camp. Ces quatre prisonniers étaient des vétérans des campagnes de France, de Russie, d'Afrique du Nord. Ils niaient être des traîtres à l'Allemagne, mais admettaient avoir critiqué Hitler. Ils avaient une peur désespérée de représailles sur leurs familles, ce qui est toujours profondément ancré dans l'esprit de tout soldat allemand. L'un d'eux m'a dit qu'il était sûr qu'il serait pendu à la minute même où il poserait le pied sur le sol allemand.

[…] Il y a des prisonniers dans les camps qui sont, dans leur cœur, violemment antinazis, mais qui ont désespérément peur que leurs camarades découvrent leurs véritables convictions…

D'autre part, il a été clairement démontré qu'il existe quelque part une organisation secrète d'antinazis en Allemagne même, et que des membres de cette organisation se trouvent dans chacun des camps de prisonniers d'Amérique. »

À cette même conférence, la décision de séparer les prisonniers est prise, non sans entraîner de nombreuses interrogations chez les militaires américains.

Lors de la même conférence du 20 juillet 1944, le major William F. Matschullart, quartier général, 7th Service Command, apporte la réponse suivante :

« La nouvelle politique qui sera adoptée dorénavant sera de diviser les prisonniers en trois groupes : nazis, antinazis, et les autres. Mais les officiers chargés de l'administration des prisonniers de guerre ne se sont pas encore mis d'accord sur les méthodes de ségrégation.

[...] Comme le disait un officier : "La seule manière de différencier un nazi d'un antinazi, c'est quand on voit un homme poursuivi par une foule de cinquante autres qui hurlent au meurtre. Vous pouvez alors être sûr que l'homme qui court est un antinazi." Bien qu'on puisse ne pas être d'accord sur le fait que c'est le seul moyen, il faut reconnaître que cela ne manque pas de pertinence...

[...] En conclusion, on peut dire que la plupart des Allemands, nazis et antinazis, se ressemblent. Il n'y a pas de règle pour dire qui est nazi et qui est antinazi. Nous devons faire très attention, et la classification d'un prisonnier doit être vérifiée. »

Les Américains essaient alors d'établir des statistiques. Les résultats sur un premier camp sont révélateurs.

Camp Meade, Maryland

1) Camp principal

Nazis	
Militants nazis	1 751
Opportunistes	7
Nationalistes	1
Neutres	2
Dangereux	6

Antinazis	
Antinazis convaincus	102
Antinazis mais nationalistes	5
Neutres mais plutôt antinazis	5
Communistes	2
Opportunistes	16

2) Camp annexe

Nazis	191
Antinazis	28

Quatre catégories de camps sont alors créées :

1. Camps antinazis pour prisonniers allemands de la Wehrmacht.
2. Camps pour les autres.
3. Camps antinazis pour les prisonniers allemands de la marine.
4. Camps pour les autres prisonniers de la marine.

Les camps considérés comme les plus nazis sont ceux d'Alva (Oklahoma), Rupert (Idaho) et Papago (Arizona), camp réservé aux marins.

Le camp antinazi le plus connu est celui de Fort Devens (Massachusetts).

Par mesure de précaution, la plupart des camps antinazis sont simplement installés près des autres camps, dont ils sont séparés par des barbelés. Ceci pour que les adresses postales restent les mêmes, et que les prisonniers qui choisissent les camps antinazis n'attirent pas de représailles sur leurs familles. Précaution qui se révèle parfois insuffisante, car la Gestapo des camps fait parvenir des listes d'antinazis en Allemagne. Ces listes sont cachées dans les plâtres des grands blessés renvoyés en Allemagne par la Suède au cours d'échanges de prisonniers.

Bien qu'imparfaite, cette séparation va cependant sauver la vie à de très nombreux prisonniers, à commencer par les lieutenants von Arnim et von Bressensdorf, dont nous avons recueilli le témoignage (voir le chapitre suivant). Mais elle se fait parfois difficilement.

Rapport n° 4-43 AA à l'intention du *Provost Marshal General*

« Les antinazis ont été transférés au camp Devens, Massachusetts, et au camp Campbell, Kentucky. À ce jour, 3 300 prisonniers ont été séparés des autres. Cette séparation doit être poursuivie sans relâche. Il est entendu aussi qu'il s'agit d'un processus permanent. Mais il est difficile de regarder quelqu'un ou même de lui parler et de déterminer s'il est nazi ou pas, même seulement allemand. La plus remarquable erreur que nous ayons faite à ce jour est arrivée à Fort Devens (Massachusetts), où se trouvent à peu près mille trois cents antinazis. Deux mois après la création de ce camp séparé, quatre prisonniers sont venus nous voir pour nous déclarer froidement qu'ils étaient des agents de la Gestapo, qu'ils s'étaient fait emprisonner dans ce camp avec les antinazis uniquement dans le but de recueillir des informations, et que, leur tâche accomplie, ils demandaient à retourner dans le camp nazi.

Nous les avons laissés avec les autres.

Ils s'en sont occupés… »

7

Nazi ou antinazi ?

À partir du moment où des camps antinazis voient le jour, comment va se faire la séparation des prisonniers ?

Ernst von Bressensdorf

« J'avais déjà été interrogé en France, avant d'être envoyé trois semaines en Angleterre pour de nouveaux interrogatoires. Puis, après mon arrivée aux États-Unis, on nous a transportés tout à coup par avion, avec une vingtaine d'autres prisonniers, dans un camp étrange, avec des officiers anglais, russes, qui interrogeaient les prisonniers. On m'a demandé si j'avais écouté des conversations, etc. Au bout d'un moment, on m'a demandé si j'étais nazi ou antinazi. J'ai dit : “Je suis juif !” Ça a dû les surprendre. Ils m'ont demandé de le prouver. Je leur ai dit que les antisémites avaient publié, en 1913, un livre sur les grandes familles juives nobles d'Europe, le *Semi-Gotha*, et qu'ils y trouveraient mon nom. Ils ont vérifié, et ils m'ont envoyé au camp antinazi de Ruston (Louisiane). »

Dankwart von Arnim

« On est arrivés à Boston, dont on ne voyait pas grand-chose, on était assez loin de la ville. Nous sommes d'abord restés des heures à attendre, car un groupe d'officiers américains interrogeait un par un tous les prisonniers. Ces officiers américains parlaient très bien l'allemand, c'étaient des émigrés, juifs ou politiques. Ils me questionnèrent d'une manière très polie, et moi, j'étais tellement inquiet que je leur ai raconté n'importe quoi, que j'avais été le commandant de Paris, que j'avais ordonné la reddition, que j'avais participé aux pourparlers avec le consul de Suède, etc. On m'a alors envoyé dans un camp près de Washington.

Là, nouveaux interrogatoires. On me demandait la situation de nos troupes à Aix-la-Chapelle, ce qui était absurde parce que, à l'époque, la ville était déjà entre les mains des Américains. Plus absurde encore, on m'a demandé la situation des Allemands autour de Paris ! À la fin, un officier américain m'a dit : “Bon, maintenant vous avez le choix entre un camp normal ou un camp antinazi.” Je n'ai pas hésité. À ma grande surprise, l'Américain m'a dit : “Vous savez, je ne vous le conseille pas. Ce sont des types affreux, des déserteurs, des communistes.” J'ai dit : “J'y vais quand même.”

Et c'est ainsi que je me suis retrouvé au camp antinazi David, dans le Maryland. De fait, mes nouveaux “camarades” venaient à peu près tous du fameux bataillon 999, recruté dans les camps de concentration, comme Dachau, une unité ultra-disciplinaire, des supersacrifiés, qui avaient été envoyés à l'Afrikakorps où ils servaient de “chair à canon”. Ils avaient, bien entendu, déserté en masse. Je les entendais raconter sans arrêt : “J’ai fusillé mon capitaine, j’ai abattu mon sous-off…” Ça a été un choc. Ça n’était pas tout à fait le langage qu’entend d’habitude un officier allemand. Beaucoup étaient communistes. J’étais plus jeune qu’eux, et le seul officier. Mais nous nous sommes très bien entendus. Ils étaient très paternels avec moi, ils m’ont beaucoup aidé au début. Nous étions séparés du camp nazi par des barbelés, mais le drame c’est que nous devions utiliser le bloc sanitaire en commun. Alors là, évidemment, ça se gâtait. J’ai été horriblement insulté : “Lâche ! Déserteur !” et on me passait des petits papiers, avec, dessus, ma condamnation à mort. Chaque fois que j’allais aux toilettes, quelqu’un déversait un seau d’excréments. Enfin, ils faisaient plein de choses de ce genre… Un de mes lointains cousins, lui aussi officier et prisonnier, Dietrich von Jagow, a même réussi à me faire parvenir la lettre suivante : “Fais tout pour sortir de ce camp. Pour ta carrière, en tant qu’Allemand, en tant qu’être humain, le fait d’avoir été dans un camp antinazi sera impossible à admettre.” Parce qu’il faut bien comprendre que le camp en face n’était pas considéré comme un camp nazi, mais comme un camp normal. Et moi, j’étais la dernière des ordures. C’était une situation horrible. J’étais une “non-personne”, un monstre. Mais les autres m’aidaient, essayaient de me consoler gentiment.

— *Et les Américains ?*

— Moi, mon sentiment, c’est que doubler les camps, cela voulait dire doubler les gardes et doubler les problèmes. Et cela, alors que les prisonniers arrivaient en Amérique par dizaines de milliers.

Les Américains étaient sûrement nombreux à penser : “Il vaut mieux les laisser frire dans leur propre graisse.” J’ai entendu l’expression.

Et puis ils pensaient aussi sans doute qu’il vaut mieux avoir un camp nazi bien discipliné et commandé par un caporal américain qu’un camp de dix mille très bons démocrates allemands qui se seraient immanquablement opposés les uns aux autres, comme ce fut le cas jusqu’en 1933.

Enfin on m’a envoyé dans un autre camp, le camp Ruston, en Louisiane. Comme toujours il était séparé du camp “normal” par des barbelés. Mais là, on était beaucoup plus tranquilles. Quand je pense à ce cousin qui s’obstinait à me faire passer des mots pour me supplier de revenir chez les nazis ! »

Le plus étonnant, dans le comportement de ce cousin noble et officier, que l’on imagine aisément, est qu’il est persuadé, non de la victoire allemande, mais de la continuation après la guerre de l’ordre allemand – avec la Gestapo.

En tout cas, le lieutenant von Arnim n’a plus à craindre la Gestapo des camps et les représailles. Dans ce grand camp de Louisiane, au milieu des champs de coton, il va découvrir un autre monde : des Allemands décontractés et sympathiques, politiquement engagés à gauche, comme Franz Wischnewski, un jeune dessinateur plein d’humour, le prototype de l’antinazi.

Franz Wischnewski

« Je suis arrivé à Ruston après von Arnim et il faut que je vous raconte comment j'ai été fait prisonnier – ça vaut le coup.

J'étais du côté de la "ligne Gothique", au nord de l'Italie, dans la montagne, entre Florence et Assise. C'est une région aride, désolée, le pays que montre Malaparte dans *Le Christ interdit*.

J'avais 24 ans. Au point de vue politique, je n'avais pas eu le temps de faire grand-chose, j'avais été mobilisé à 19 ans, en 1939. Mais il faut vous dire que mon père était spartakiste, le groupe communiste révolutionnaire de 1919, et c'est lui qui avait hissé le drapeau rouge sur le château du Kaiser à Berlin.

Tel père tel fils. Ça n'est plus comme aujourd'hui où les enfants pensent automatiquement le contraire de leurs parents. En tout cas, moi, j'étais comme mon père. C'est vous dire qu'être fait prisonnier, pour moi, c'était le début de la libération. Mais ça ne s'est pas passé du tout comme je l'imaginais. J'ai été fait prisonnier par des Hindous. Ils faisaient partie d'une unité mixte de montagne, Hindous et Polonais, de l'armée anglaise. Aussitôt après ma capture, figurez-vous qu'on m'a mis dans une cage. Oui, dans une cage ronde, reliée à une baraque par un chemin entièrement grillagé – exactement comme dans un cirque pour faire passer les lions. Pour aller à l'interrogatoire, il fallait courir à quatre pattes le long de ce parcours grillagé, et de chaque côté il y avait un gigantesque Hindou à turban qui nous piquait violemment les fesses avec un grand bâton.

Donc au bout du tunnel il y avait la baraque de l'interrogatoire. La première fois que j'y pénètre, à quatre pattes, essoufflé, j'entends un hurlement : "Debout, *Schwein*, debout, porc !" Je me relève, je vois un officier supérieur britannique, qui me dit : "Salaud, espèce de salaud !" Je lui dis : "Pourquoi ?" Il me répond : "Vous le savez bien, pourquoi !" Moi : "Non, je ne le sais pas !" Alors, l'Anglais prend sur sa table un petit carnet et me le brandit sous le nez. C'était mon carnet de notes où j'inscrivais au jour le jour mes réflexions, mes idées politiques, et qu'on m'avait confisqué à ma capture. "Vous êtes un salaud, un traître à votre patrie ! Vous n'êtes pas un bon soldat !" J'étais complètement estomaqué. "Ah, vous savez, dit encore l'officier, dans l'armée britannique, ça ne se passerait pas comme ça !" Moi je lui réponds : "Je n'ai pas choisi d'être soldat, je n'ai rien de commun avec eux..." Et voilà l'autre qui sort son pistolet, et qui me l'enfonce dans le ventre en hurlant : "Vous savez ce qu'on fait des traîtres, chez nous !" Ensuite il m'a fait lier les mains dans le dos et jeter dehors.

Je me suis retrouvé trois semaines dans un camp infect. Nous étions des milliers, complètement nus, sous un soleil de plomb. Nous recevions par jour une vieille boîte de conserve remplie de thé et une biscotte. À côté de moi, un para m'a raconté qu'un prisonnier se disant antinazi avait été dépecé et jeté dans une fosse septique, sous les yeux des Anglais. Alors, j'ai commencé sérieusement à fermer ma gueule. Le camp était indescriptible. Il y avait une poussière volcanique qui recouvrait tout – on enfonçait dans quarante centimètres de lave. Enfin, un jour, on nous a mis dans des wagons à bestiaux et on nous a envoyés à Naples. En plein été, sans boisson, sans nourriture. Un type avait un bouquin. Pour voir, il avait percé un trou dans une planche du wagon. Il nous lisait à haute voix. C'était un livre d'un écrivain flamand, Félix Timmermans [écrivain, peintre et dessinateur, 1886-1947]. Une longue description très détaillée d'un repas de noces. On a failli le tuer. Enfin on est arrivés à Naples, et puis on a pris le bateau. Sur le bateau aussi, il valait mieux se taire. Beaucoup de nazis. Enfin on est arrivés en Amérique.

On m'a mis dans un premier camp à Norfolk et, comme mon carnet m'avait suivi, on m'a séparé des autres. J'ai eu droit à trois semaines d'interrogatoire, et on m'a envoyé d'office dans ce camp antinazi de Ruston où avait été von Arnim. Notre train s'est arrêté une fois, à Washington, pour laisser monter des prisonniers de marque, comme l'écrivain Alfred Andersch [1914-1980], qui avait été communiste en 1930, déporté à Dachau, puis incorporé dans la Wehrmacht, dans une unité en Italie, où il avait déserté. C'était un intellectuel, un personnage intéressant pour les Américains, qui avaient beaucoup d'égards pour lui ; il avait droit au wagon-restaurant où il était servi par des Noirs. Nous, le menu fretin antinazi, on nous jetait une boîte de ration K.

L'arrivée au camp Ruston… D'abord, cette impression extraordinaire de blancheur, le camp au milieu des champs de coton, blancs à perte de vue sous le soleil… Et trois prisonniers, à la porte du camp, qui nous saluent le poing levé, en nous disant : "Nous sommes la *Rote Einheit*, l'Unité rouge !" Il y avait dans ce camp des types qui venaient d'un bataillon disciplinaire, des types incroyables qui racontaient des trucs du genre :

“J’ai fendu le crâne de mon commandant de compagnie !” etc.

C’était une ambiance extraordinaire. On n’obéissait à aucun ordre. “En avant !” Personne n’avançait. “Arrêtez-vous !” Personne ne s’arrêtait. Au fond, c’était très clair : pour les Américains, nous étions un tas de *troublemakers*, des faiseurs d’ennuis, des fauteurs de troubles, des emmerdeurs, quoi. On se comportait absolument comme des civils. Les Américains n’aimaient pas du tout ça. »

Le point de vue américain est contenu en partie dans ce rapport d’inspection sur le camp antinazi de McCain, Mississippi, datant de décembre 1944.

« Ce camp a la réputation, auprès des autres prisonniers de guerre allemands, d’être un camp communiste. Une publicité considérable, et très mauvaise, a été faite à ce sujet par deux journaux allemands de New York, *Neue Völkische Zeitung* et *German American*. »

Commentaire de Heinz Pächter, émigré allemand aux États-Unis

« Pendant cette période, les journaux en langue allemande ont continué de paraître en Amérique. Ils étaient de tendance plutôt “nationale”. Certains rédacteurs ont été arrêtés et mis en résidence surveillée, mais quelques semaines, pas plus. Et d’ailleurs, pendant toute la guerre, vous pouviez acheter le *Völkischer Beobachter*, l’organe officiel de l’État nazi, au coin de la 86e Rue et de Madison Avenue. »

Suite du rapport sur le camp de McCain

« Il est bien entendu que notre intention, au départ, était de transférer des prisonniers dans ce camp, non pas à cause d'une idéologie particulière mais pour les protéger contre l'attitude des autres prisonniers. Il apparaît maintenant que la plupart des prisonniers de ce camp sont communistes. Alors, à leur tour, ils se montrent aussi intolérants envers les non-communistes que les nazis envers les antinazis.

Et les prisonniers de ce camp qui sont normaux, ceux qui ne sont pas imbus d'un idéalisme militant, sont très inquiets qu'on puisse savoir en Allemagne qu'ils sont dans un camp communiste et que des représailles puissent être exercées contre leurs familles.

Il serait utile de publier une déclaration formelle qui préciserait que ceux qui sont séparés des autres ne le sont pas pour des raisons politiques mais d'abord pour leur propre sécurité et pour y être traités normalement, comme tout prisonnier de guerre allemand. Tout ceci afin que nous comprenions bien les difficultés qu'il y a à administrer ce camp. »

Comment les autres prisonniers allemands, ceux que nous avons rencontrés au début de ce livre, ont-ils réagi à cette institution des camps antinazis ?

Caporal-chef Alfons Heilmann, Afrikakorps, camp Tonkawa, Oklahoma

« On nous a demandé qui voulait aller dans un camp antinazi. J'ai choisi le camp nazi.

— *Pourquoi ?*

— On ne savait pas où ça serait le mieux… »

Adjudant Werner Baecker, Afrikakorps, camp Roswell, Nouveau-Mexique

« Les antinazis se sont fait connaître, et ils sont partis dans leurs camps. Moi je ne l'ai pas fait, et je suis resté.

— *Pourquoi ?*

— Vous savez, il ne faut pas se faire trop d'idées ; un gars de 20 ans ne viendra pas dire : "Je suis antinazi." On ne savait même pas ce que ça pouvait vouloir dire, être antinazi. Nous avions été élevés comme ça, et ensuite nous étions devenus soldats… On n'a jamais rien connu d'autre. Voilà. »

Sous-officier pilote Walter F., Afrikakorps, camp Hearne, Texas

« Quand j'étais enfant, nous étions très pauvres. Mon père était un petit sellier. Il n'avait pas de travail, il était obligé de travailler en usine. Hitler est arrivé. Il nous a donné du travail, et du pain. Par Hitler, mon père a retrouvé du travail, et dans notre famille nous avons tous pensé qu'Hitler était quelque chose de bien et de juste.

J'ai fait la Hitlerjugend, les Jeunesses hitlériennes, puis du vol à voile, et puis je suis devenu pilote de planeurs de transport dans l'Afrikakorps.

Nous avions tous foi dans la Patrie et dans la victoire finale.

— *Et vous aviez entendu parler des camps antinazis ?*

— C'étaient tous des Autrichiens ! »

Sous-lieutenant Horst L., Afrikakorps, camp Dermott, Arkansas

« Les soldats d'Afrique ne faisaient pas de politique. Ils avaient le sentiment national allemand, et la tradition du soldat. En ce qui concerne Hitler, il avait mis fin à toute cette porcherie, toute cette politicaillerie de la République de Weimar. Et avec lui il n'y avait pas de chômeurs. »

Caporal Hans Edwin Gurn, Afrikakorps, camp Adair, Oregon

« Nous prenions toujours très mal l'idée que quelqu'un puisse souhaiter la défaite de l'Allemagne. Jusqu'à la fin, et encore après. Notre devise était : "Pensez ce que vous voulez, mais pour le moment nous sommes en guerre." Dans les camps, il y avait des déserteurs qui allaient chez l'Américain, des collaborateurs, des mouchards. Nous avons clairement indiqué aux Américains : séparez-les, ils n'ont rien à voir avec nous. »

Caporal-chef Willibald Bergmann, Afrikakorps, Fort Sheridan, Illinois

« Cinq ou six prisonniers sont allés voir le commandant du camp. Ils lui ont dit : "Nous demandons à être mutés, protégés et transférés, nous n'osons plus revenir dans nos baraques." Les Américains les ont mis dans un camp antinazi. Mais nous, on voyait bien que les Américains n'étaient pas contents. Ils ne les aimaient pas. Pour eux, c'était une race d'hommes spéciale, ceux qui sont toujours les opposants à tout. Ils les ont mis dans ces camps où il y avait encore plus de troubles. Et les Américains nous disaient : “Dans un camp nazi, il y a de l’ordre et de la discipline. Là, au moins, il n’y a pas de problèmes.” »

Hans Werner Richter

« — *L’attitude des nazis était effectivement très claire et, au fond, pas très inattendue. Mais ce que nous avons du mal à comprendre, c’est l’attitude des Américains…*

— Prenez le problème à l’envers. Imaginez un Américain prisonnier des Allemands et qui déclarerait qu’il est national-socialiste. Pour eux, c’était à peu près pareil, notre attitude.

Je suis persuadé qu’Hitler aurait pu faire ce qu’il aurait voulu tant qu’il restait dans ses propres frontières. Les Américains n’auraient jamais rien dit. Ils ont fait la guerre à cause de son expansion, pas forcément pour se défendre, plutôt pour l’équilibre mondial. Et dans cette optique nous, les Allemands, étions des ennemis, voilà tout. Le fascisme, ils ne l’ont pas compris. D’ailleurs, la plupart des gens n’ont rien compris. »

Hans Werner Richter, entre le camp nazi et le camp antinazi, fait en 1944 un choix surprenant. Il s’en explique dans son livre.

Les Vaincus

« Le soir, à la porte de la cuisine de la sixième compagnie, on l’arrêta d’un geste.

— Que viens-tu faire ?

— Assister à une réunion.

— De la part de qui ?

— De Böhmer.

— C'est bien.

On le laissa passer. Des hommes assis autour d'une table parlaient à voix basse.

— Que se passe-t-il ?

— Les Autrichiens veulent quitter le camp.

— Pourquoi ?

— Ils ne veulent plus avoir aucun contact avec les nazis.

Au bout de la table était assis l'Autrichien aux cheveux pommadés qui avait habité avec lui, quelques jours.

— Nous partons du camp cette nuit, dit-il. Les Américains sont d'accord. Ils ont établi, non loin d'ici, un camp pour les antifascistes.

— Pourquoi partez-vous ? demanda Gühler.

— Nous ne voulons plus participer à la terreur.

— C'est faux. Car s'isoler de la masse laisse le champ libre à l'influence nazie.

L'homme aux cheveux laqués leva la tête, attacha sur Gühler un regard incertain.

— Alors, à ton sens, quelle est la meilleure solution ?

— Rester. Rester et essayer de nous gagner le camp. Le temps travaille pour nous.

— Mais on nous ôte toute possibilité. Cette tyrannie est insupportable !

— Nous devons nous adapter, désagréger lentement les nazis. Jour après jour. À la fin de la guerre, nous devrions avoir le camp en main.

— C'est impossible !

— Tout est possible en politique. »

Ainsi Richter choisit-il délibérément de rester avec les brutes, les tribunaux clandestins, la Gestapo des camps et les « commandos » de punition. Pour essayer, malgré tout, de « changer » les autres. De l'intérieur.

Au même moment, dans un autre camp, le camp Hood, au Texas, un autre écrivain, Carl Amery (1922-2005), faisait une expérience semblable.

Carl Amery
« Je dois dire que j'ai appris énormément de choses en politique pendant toute cette période. La leçon que j'en ai tirée, c'est qu'on ne doit pas se présenter avec des principes devant les gars, il faut avoir des choses concrètes à leur dire, immédiates, précises, il faut savoir quelles alliances, quelles coalitions sont possibles, mais surtout, avant tout, ne pas se couper du reste en tant que groupe antifasciste. »

Contestés par les plus politisés d'entre eux, méprisés et suspectés par les Américains, les Allemands anti-nazis n'ont pas la vie plus facile dans leurs camps que dans ceux dont ils ont réussi à s'extraire. Au moins sont-ils à l'abri. Mais il faut comprendre le poids énorme de l'endoctrinement nazi, et il faut s'imaginer ces hommes qui voient, de l'autre côté des barbelés, les baraques du camp nazi et les autres soldats allemands qui les regardent avec haine, il faut prendre la mesure de la menace permanente qui continue de peser sur eux, pour comprendre le témoignage qui suit.

Franz Wischnewski, camp antinazi Ruston, Louisiane

« Une nuit de l'automne 1944, je suis réveillé par un énorme vacarme. Des coups de sifflets, des bruits de voitures, les lumières qui s'allument dans tout le camp. Je m'habille, je sors, et je me retrouve avec quelques prisonniers, pas beaucoup, au milieu du camp vide. Complètement vide. Tous les autres étaient partis. Ils avaient été voir les gardes, et leur avaient expliqué qu'on les avait mis là de force, qu'ils n'étaient pas antinazis, qu'ils appartenaient à la Wehrmacht et qu'ils voulaient être traités selon la Convention de Genève. Ce qui s'était passé : ils venaient d'apprendre la chute des premiers V2 sur Londres.

Les Américains ont dit : “Bon, d'accord !” et les ont laissés repartir dans les camps nazis d'en face. Et ils étaient tous là, contre les barbelés, et voilà qu'ils hurlaient tous : “Traîtres ! Chiens” et qu'ils nous jetaient des pierres ! Pour nous, les trente à peu près qui restaient, c'était une déception et une tristesse inimaginables.

Le lendemain matin, à la radio, on a entendu un appel de Churchill. D'une voix larmoyante, il expliquait qu'effectivement les V2 étaient tombés sur Londres. On imaginait les autres écoutant ça, de l'autre côté. Et nous, on se disait : “Bon. On ne retournera jamais en Allemagne.”

Ce qui nous pesait le plus, c'était l'attitude des Américains. Ils nous considéraient vraiment comme des délinquants. Au fond, ils étaient d'abord patriotes. Ils avaient une haute idée de la patrie. Pas nous. »

Adjudant Werner Baecker, camp Roswell, Nouveau-Mexique

« Leur idée, c'était la discipline, le patriotisme. L'armée américaine est une armée non politique. Ça a été difficile de leur faire comprendre que ça n'était pas la même chose pour l'armée allemande. On l'a bien vu pour l'histoire du salut. »

Après l'attentat manqué contre Hitler, le 20 juillet 1944, et la réaction sanglante qui a suivi à l'intérieur de la Wehrmacht, le salut hitlérien remplace le salut militaire. Conformément aux statuts de la Convention de Genève, les Américains ordonnent aussitôt que ce type de salut soit réglementaire dans les camps.

Major Tilman Kiwe, Afrikakorps, camp Alva, Oklahoma

« Un jour, j'entre chez le commandant du camp, la casquette sous le bras. Il se met à hurler : "C'est comme ça que vous saluez un supérieur en Allemagne ?"

Stupéfait, je me retourne vers un lieutenant qui était là, et je lui demande ce que ça veut dire. Il me répond : "C'est pas comme cela qu'on salue maintenant en Allemagne." Alors moi : "Mais je ne peux pas dire *Heil Hitler* à un officier américain, tout de même !" Alors, le commandant me dit sèchement : "J'exige que vous me fassiez le même salut qu'à l'un de vos supérieurs allemands. Sortez !" Je dis bon, je ressors, et je rentre le bras levé. L'autre se met à hurler de nouveau : "Et le *Heil Hitler* ?" Il a fallu que je sorte une troisième fois, et que je rentre en levant le bras, en claquant des talons et en criant : "*Heil Hitler !*" »

Franz Wischnewski

« Et en face… dans l'autre camp, ils mettaient leurs uniformes, leurs insignes, leurs décorations. Le dimanche après-midi, les officiers américains étaient attablés sur le gazon, au soleil, avec du café. Il y avait une fanfare et les Allemands défilaient devant eux au pas de parade. Oui, devant les Américains et leurs femmes, qui voyaient les surhommes passer et, avec un commandement sec, virer comme un seul homme, à gauche, à droite ! »

Le *New York Herald Tribune* du 12 avril 1944

« Camp de prisonniers de Breckinridge, Kentucky

Il y a un mois, ce camp s'est acquis quelque célébrité quand des antinazis ont écrit à leurs amis américains pour accuser le commandant du camp d'avoir autorisé un défilé vers l'église en chantant le *Horst Wessel Lied*. Cette histoire avait été publiée par le journal de langue allemande *Aufbau* et avait aussi fait l'objet d'une chronique radiophonique de Walter Winchell [1].

Interrogé par nous, le commandant du camp, le colonel Peyton Winlock, nous a répondu : "Je n'ai pas reconnu l'air du *Horst Wessel Lied*, ni compris les paroles de haine que les prisonniers auraient chantées ce jour-là ; je ne parle pas l'allemand." Sincèrement croyant, le colonel espère que la fréquentation de l'église aidera ces hommes à penser comme il faut, d'une manière démocratique. »

1. À l'époque, Walter Winchell est le plus célèbre chroniqueur américain de radio puis de télévision.

Le *New York Times* du 23 avril 1944

« Camp de prisonniers de Fort Lewis, Washington

Les autorités militaires de ce camp ont annoncé ce matin que les prisonniers de guerre allemands venaient d'entreprendre une manifestation en l'honneur de l'anniversaire d'Hitler, aujourd'hui, jeudi 20 avril 1944. Les prisonniers ont décrété un jour de fête et ont refusé d'accomplir tout travail. Des gâteaux d'anniversaire ont été confectionnés par les prisonniers.

Enfin les célébrations ont atteint leur paroxysme lorsqu'un drapeau nazi a été hissé au mât principal. Immédiatement descendu par les prisonniers eux-mêmes, il a été confisqué. La force a été utilisée pour rétablir l'ordre et l'ensemble du camp a été mis au pain sec et à l'eau. »

Les Vaincus

« Au jour, les cent cinquante hommes attendaient toujours à la porte, avec leur sac sur l'épaule. On ne les avait pas laissés sortir. La masse hurlante des prisonniers s'accroissait toujours, leur jetant des pierres, les injuriant :

— Lâches ! Traîtres ! Salauds !

Leurs sacs posés devant eux comme rempart, les Autrichiens se serraient étroitement les uns contre les autres. Une volée de pierres s'abattit sur eux.

— Salauds de nazis ! cria l'un d'eux.

Appuyés aux barbelés, l'arme sur le bras, riant, des soldats américains les regardaient, les encourageant parfois.

— Allez, battez-vous !

Atterrés, les Autrichiens les regardaient. Les prisonniers harcelaient leurs victimes. Un homme cria, s'affaissa à genoux sur son sac. Une pierre l'avait atteint aux reins. Enfin les Américains ouvrirent la porte. Au pas de course, haletant sous leurs sacs, ils la franchirent.

Ils couraient comme des bêtes forcées, couverts de crachats et de boue. Des pierres volèrent par-dessus les barbelés. Une masse sauvage, écumante, les poursuivit de ses hurlements :

— Salauds ! Traîtres ! Cochons ! »

8

Les « ressortissants des pays occupés »

Cette dénomination apparaît dans les statistiques de la population des camps de prisonniers allemands aux États-Unis. Que recouvre-t-elle ?

Robert Bauer, émigré autrichien, rédacteur à Voice of America

« Un jour, un commandant de camp me fit appeler pour me demander si, en plus de l'allemand, je ne parlerais pas l'arabe, par hasard. Je ne parlais pas l'arabe, mais je lui demandai pourquoi... Il me répondit : "Nous avons un Arabe ici, je ne sais vraiment pas ce qu'il peut bien foutre dans mon camp..." On a été le voir, il devait avoir une dizaine d'années. Enfin on a fini par savoir le fin mot de l'histoire : ce petit Arabe faisait la navette entre les troupes américaines et les Allemands, et à nous comme à eux, il vendait des oranges. Un jour, pour s'amuser, les Allemands lui ont mis une veste d'uniforme. Au même moment il y a eu une attaque et la position allemande a été enlevée par les

Américains. Qui ont embarqué tout le monde, Arabe compris. »

Il ne semble pas qu'il y ait eu beaucoup d'autres cas.

Les « ressortissants des pays occupés » sont surtout ceux qui ont été, de gré ou de force, incorporés dans la Wehrmacht : Luxembourgeois, Belges, Alsaciens, Lorrains, et aussi, histoire tragique, les Russes de l'armée Vlassov.

On peut penser ce qu'on veut des pages terribles que Soljenitsyne consacre à l'armée Vlassov. Épouvantables traîtres ? Pitoyables victimes ? Une tragédie, sûrement, au milieu des centaines, des milliers de tragédies et d'horreurs de la guerre.

Soljenitsyne écrit, dans *L'Archipel du Goulag* : « [...] Les Allemands prirent la décision, au cours de l'automne 1943, d'envoyer de la chair à canon russe... sur le mur de l'Atlantique... »

On devait fatalement les retrouver dans des camps de prisonniers américains.

Extrait de *Histoire officielle des prisonniers de guerre*, Département de l'armée, Washington, 1955, p. 148

« [...] Parmi les prisonniers de guerre allemands amenés aux États-Unis, il a été trouvé approximativement 4 300 prisonniers de guerre qui ont déclaré être de nationalité soviétique. Aussitôt que la présence de ces gens a été connue, ils ont été séparés des autres prisonniers de guerre allemands et envoyés dans des camps spéciaux pour être présentés à des représentants soviétiques aux États-Unis en vue de leur rapatriement. Au début, toutefois, l'Union soviétique a refusé ces prisonniers. Ils ont alors été traités comme des prisonniers de guerre ordinaires. »

Lieutenant von Arnim, camp antinazi de Ruston, Louisiane

« Dans notre camp se trouvaient aussi des officiers russes de l'armée Vlassov. L'un d'eux ne parlait pas un mot d'allemand ; il pleurait beaucoup et regardait sans arrêt des photos qu'il avait réussi à sauver. Un jour où nous étions à l'église, j'ai trouvé, dans le tas des Bibles, une qui était en russe. Je la lui ai rapportée, il m'a mis ses bras autour du cou, il m'a embrassé, il était d'une reconnaissance inimaginable. Rarement j'ai eu un ami plus fidèle et plus dévoué que ce capitaine russe qui était beaucoup plus âgé que moi… »

Extrait de *Histoire officielle des prisonniers de guerre aux États-Unis*

« […] Plus tard, la Russie a demandé qu'ils soient traités en ressortissants soviétiques. Ces personnes ont été renvoyées en Union soviétique aussi vite que l'ont permis les disponibilités en moyens maritimes. »

Lieutenant von Arnim, camp antinazi de Ruston, Louisiane

« Mon ami s'est suicidé… Vous connaissez ce chapitre horrible, les Russes les avaient réclamés et ils se sont ouvert les veines mutuellement pour ne pas être livrés. Que les Américains aient fait ça, c'est très grave… »

Gefreiter (caporal) Augustin Rémy, camp Campbell, Kentucky

« J'avais 19 ans, j'étais pâtissier à Metz (Moselle). Un bon Français. J'avais fait mon service en 1934, j'étais marié, j'avais deux enfants, j'étais bien tranquille. J'ai été mobilisé dans l'armée allemande le 29 juin 1943. Eh oui. Les "Malgré-nous". J'ai été envoyé en Prusse-Orientale, pour l'instruction, ensuite en Italie. Blessé, fait prisonnier. Une balle m'avait traversé la main. Les Américains m'ont emmené à Naples et m'ont soigné. Je leur disais : "Je suis français, je suis lorrain. Regardez, il y a des Français, là, je ne peux pas aller avec eux ?" Ils me répondaient gentiment : "Mon ami, vous avez de la chance, vous allez partir en Amérique." Et moi : "Mais j'ai rien à faire en Amérique !" Et eux : "Allons, vous ne le regretterez pas, vous allez connaître l'Amérique !"

Sur le bateau il valait mieux se tenir à carreau. À l'arrivée, interrogatoire. Je leur disais sur tous les tons : "Je suis de Courcelles, à dix-sept kilomètres de Metz !" Ils me répondaient : "Oui, oui, on verra ça après !" Je me suis retrouvé dans le Kentucky. Je cherchais toujours quelqu'un qui veuille bien me comprendre. Un jour, j'ai réussi à trouver un officier qui parlait français. Il m'a dit : "Ça s'arrangera, ça s'arrangera." Mais moi, j'y restais, dans le Kentucky ! »

Gefreiter Pierre Mertz, camp Butner, Colorado

« J'avais 26 ans. J'habitais à côté de Metz. Mon père était mineur à Merlebach. Moi, j'avais été soldat dans l'armée française, et j'avais été fait prisonnier le 10 mai 1940. J'ai été dans un stalag près de Breslau et, six mois plus tard, les Allemands ont libéré les Alsaciens-Lorrains. J'ai repris mon travail à la caisse des Houillères, je me suis marié, j'ai eu un enfant, et je voulais partir pour la France, mais ma femme ne voulait pas, à cause de ses parents. J'ai été mobilisé le 25 juin 1943 dans l'armée allemande, et j'ai été envoyé en Prusse-Orientale. On n'était pas traités comme des jeunes recrues. Nous, les soldats de 40, les Allemands avaient des égards pour nous…

On nous a d'abord envoyés à Eylau, on nous a remis le paquetage "Russie", et puis rassemblement : ils ont enlevé les couvertures du paquetage et en avant vers l'Italie. Pour pas qu'on déserte, ils mettaient un Lorrain par section allemande. Fin janvier 1944, on est arrivés du côté d'Anzio. La première nuit, on me met de garde aux avant-postes. J'entends les Américains, à cent mètres. Je les entendais causer entre eux.

Quand je suis rentré, on m'a demandé si j'avais quelque chose à signaler. J'ai dit : "Non." Le lendemain matin à 6 heures, nous étions tous prisonniers. On nous a aussitôt embarqués à Anzio sur un *Liberty Ship*. On avait réussi à se regrouper, les Lorrains ; on était une trentaine et à Naples on leur a dit : "On est lorrains, on voudrait bien rester avec les Français !" On nous a tous mis dans un bateau avec les Allemands, direction Oran.

À Oran, les Allemands commençaient à être très agressifs. Des copains ont été battus. Alors, les Américains nous ont fait sortir du camp et nous ont mis avec les Italiens. Nous, on criait sur tous les toits qu'on voulait rester en Afrique du Nord, et un jour on vient nous chercher et on nous met directement sur un bateau, le bateau dans un convoi et le convoi vers l'Amérique.

On est arrivés à New York. Là, on nous a enfermés dans des wagons. On est arrivés à Chicago. Et de là, Colorado Springs, et tout de suite dans des camions pour le camp Butner, à côté.

Ce sont les Allemands qui contrôlaient tout le camp, qui organisaient tout. On n'a même pas eu le temps de voir un Américain qu'on était dans nos baraquements. Là, j'ai pris peur. On a demandé à voir les Américains. Les Allemands ont commencé à nous menacer, à nous traiter de lâches, de déserteurs, etc. Ils nous disaient : "Attention ! Pas de pitié pour les traîtres !" Alors, les Américains nous ont séparés, nous la trentaine d'Alsaciens-Lorrains, mais, comme ils ne savaient pas où nous mettre, ils nous ont fourrés dans… la prison. Et le comble, c'était que les Allemands nous apportaient la soupe. Au bout de deux jours ils ont refusé de le faire. Alors, un garde venait chercher un des nôtres et l'emmenait à la cuisine. On lui jetait des pierres, on l'injuriait, et l'Américain, lui, il ne disait rien du tout. Ensuite les Allemands ont exigé qu'on fasse la corvée de cuisine comme eux. On a refusé, mais les Américains nous ont obligés à le faire. Là, c'étaient des bagarres continuelles. Quand on nettoyait les cuisines, les Allemands cherchaient la petite bête, ils trouvaient de la saleté partout, disaient qu'on ne savait rien faire… Un jour, un Alsacien a pris un couteau de cuisine et a menacé un adjudant allemand de le zigouiller. Toutes les sirènes du camp se sont mises à hurler, les Américains sont tous arrivés, et on nous a mis en prison. Alors, à ce moment-là, on a brûlé nos uniformes allemands dans la chaudière de la prison. On a été mis au pain sec par les Américains pour "destruction de bien américain". L'uniforme allemand était considéré comme bien américain ! Enfin, au bout de trois semaines de cette folie, ils nous ont tous mis dans un train et en avant, direction le Kentucky. Là, on s'est retrouvés dans un camp antinazi, le camp Campbell. Il y avait de tout dans ce camp, des Polonais, des Autrichiens, des Belges. La première chose qu'on ait faite en arrivant, ça a été d'écrire à la Mission militaire française à Washington. Et effectivement, un jour, il y a eu un appel pour rassembler tous les Alsaciens et les Lorrains. Assez curieusement on n'en a vu arriver que deux ou trois. Bien après, j'ai demandé à un voisin : "Mais pourquoi tu ne t'es pas présenté à cet appel ?" Et il m'a répondu : "Tu sais, ça ne me disait pas grand-chose. Être soldat encore une fois !"

Nous, on était volontaires pour revenir dans l'armée française. On nous a mis dans des camions, et on nous a emmenés en Caroline du Nord, à Durham. On nous a mis dans un camp, séparé du camp allemand par des barbelés. Nous, on n'avait même pas de gardes, ni d'inscriptions "PW" (*Prisoners of War*, prisonniers de guerre) sur nous. On pouvait travailler ou pas. Si on ne travaillait pas, on avait 3 dollars par mois ; si on travaillait, 24 dollars par mois. Et on avait de tout, dans ce camp. À part l'alcool. Même pas de bière.

J'ai travaillé dans un bureau, j'étais balayeur. J'avais peut-être quarante femmes autour de moi, des dactylos...

Il y avait un colonel qui avait fait la guerre en France en 1918, il parlait bien le français, il m'avait adopté, il me traitait comme son fils.

Tout ce qui se passait dans ce camp était vraiment très étonnant. Comme on n'était pas marqués "PW", les Allemands dans le camp principal se sont plaints. Alors, quand on avait à passer de ce côté-là, on se marquait des "PW" à la craie. Il y avait des Hollandais avec nous. Un jour, en revenant du terrain de sport américain, ils se sont trompés de porte et ils sont entrés chez les Allemands. Ça a été aussitôt la bagarre générale. La même nuit, les Hollandais ont formé un commando, des durs de durs, et ils sont passés par-dessus les barbelés pour aller casser la gueule aux Allemands. Alors, alerte, sirènes. Pour la première fois on a vu les Américains entrer en armes dans notre camp, et on a commencé à avoir des petits ennuis, des fouilles, mais pas grave.

On mangeait notre cuisine à nous. Et les officiers du camp américain venaient nous voir. Vous pensez : c'était de la cuisine française. Il y a même une dactylo qui a voulu m'offrir une pâtisserie un jour. Je lui ai dit : "C'est moi qui vais vous en apporter de ma pâtisserie, elle sera certainement meilleure !"

Le 15 août 1944, on a reçu la visite d'un colonel de la Mission militaire française. Il nous a fait signer un engagement dans l'armée française. Mais il nous a dit : "Je ne vous promets rien, ça dépend du bon vouloir des Américains." Alors, on a attendu. Enfin, le 9 novembre, on nous a amenés à Norfolk, un port de Virginie. Là, on a reçu la visite de Philippe de Gaulle, qui était dans l'aéronavale, à l'entraînement dans une base de la région. On a fêté le 11 novembre, et puis on a embarqué sur un croiseur. Sur le bateau, il y avait un bataillon de tirailleurs martiniquais. Il y avait même un Alsacien du Mexique…

Ce qui nous surprenait et nous choquait, c'est qu'on continuait à être gardés… On a été gardés jusqu'à Naples, comme des prisonniers !

De là, on a été à Oran. Là, il y avait des officiers de la Légion étrangère qui cherchaient à nous enrôler, mais pas question. J'étais français ! J'ai été affecté au 8e zouaves à Tlemcen. Ensuite, ça a été la campagne d'Alsace, Belfort, Montbéliard, jusqu'à Lindau, et l'armistice. J'ai été démobilisé quelques jours après et je suis rentré chez moi.

— *Et vous avez retrouvé votre femme et votre enfant ?*

— Non. Je n'ai retrouvé personne. Ils étaient morts tous les deux. Pendant le grand bombardement de la gare de triage de Metz. Ici, aux Sablons, tout le monde était sorti dans la cour pour regarder. Une bombe est tombée exactement dessus. C'était le 1er mai 1944. »

Comme les soldats Remy (Augustin) et Mertz (Pierre), le *Gefreiter* Hocquard (Jean) était de Metz. L'œil malin derrière ses lunettes, la cigarette au coin de la bouche, au milieu d'une barbe grisonnante, il a été pharmacien à Metz, dans la même boutique que son père, auquel il a succédé. Lui, il a réussi à ne pas y aller, en Amérique. Mais son histoire mérite d'être racontée. Jugez-en.

Gefreiter Jean Hocquard

« J'avais 17 ans, en 1941, quand j'ai été arrêté pour la première fois par la Gestapo. C'était le jour de la rentrée, l'année du bac.

Un type est venu faire un baratin en allemand, il nous a dit : "Comme nous sommes tous allemands, nous allons tous chanter le *Deutschland über alles !*" Comme un seul homme on s'est mis à chanter la

Marseillaise. Ensuite, le 11 novembre, on n'a pas été en classe ; on a été porter une gerbe au monument aux morts de 14-18, le monument du Poilu. Après, on a cassé la gueule à un Hitlerjugend. On n'avait pas le droit de porter le béret, considéré comme trop français ; moi je le portais du matin au soir. Alors bon, un jour, le directeur nous appelle. On était six dans mon genre. Il se met à gueuler comme un fou, et la Gestapo arrive et nous embarque.

On est restés six semaines en prison, puis on nous a envoyés dans l'Arbeitsdienst, le service du travail, ensuite hop ! mobilisation. Je me suis retrouvé à Kaiserslautern. On était quelques Lorrains, on n'avait pas le droit de parler français, mais on avait mis des croix de Lorraine au-dessus de nos lits. On leur disait : "C'est rien, c'est notre insigne, comme vous les Bavarois vous avez le vôtre…" Jusqu'au jour où ils se sont rendu compte…

Et puis un jour, en manœuvre, l'un de nous a parlé français. Aussitôt un type s'est plaint qu'il entendait parler français. Le commandant nous a rassemblés, et a demandé qui avait parlé français. On est tous sortis des rangs, ensemble, et on a tous été punis.

On devait partir pour la Russie. Au dernier moment, ils nous ont fait rendre notre paquetage, ils nous ont amenés à la gare et ils nous ont dit : "Vous allez en Italie." J'ai réussi à téléphoner à mon père, en *Blitzgespräch* ("urgent"). Je lui ai dit : "Papa, je vais pas en Russie, je vais en Italie, mais rassure-toi : je pars en vert-de-gris, mais je reviendrai en kaki."

Donc, je suis arrivé sur le Sangro, le front de Cassino, avec l'idée tout de suite de déserter. Mais ça se fait pas comme ça. Traverser les lignes, c'est pas si facile ; il faut pas croire qu'il n'y a qu'à se lever et traverser… D'abord il y a les mines, les barbelés, les types en face et puis les Allemands nous mettaient un Lorrain par section. Pour pas qu'on se connaisse et qu'on soit ensemble. Ils avaient peur qu'on déserte. »

Le *New York Times* du jeudi 1er juin 1944 titre « Prisonniers allemands tués par les autres ».

« Avec la Ve armée, 31 mai (UP)

Rendus furieux par la reddition de leurs camarades, des servants de mitrailleuse et des tireurs isolés allemands ont arrosé de balles aujourd'hui des Allemands qui venaient d'être capturés. »

Gefreiter Jean Hocquard

« En face de nous, avec les jumelles, on voyait les types en face, c'étaient des Néo-Zélandais. J'avais réussi à retrouver un copain de Metz, il s'appelait René Arnoux. Ça fait longtemps que j'ai plus eu de nouvelles de lui d'ailleurs, je sais seulement qu'après la guerre, il a fait Madagascar et l'Indochine. Un jour, il devait partir en patrouille. Je lui dis : “Essaie de prévenir ceux d'en face qu'il y a plusieurs Lorrains dans le coin et qu'on veut se sauver…”

Il était parti le matin vers 6 heures et devait être de retour vers 11 heures. À 4 heures de l'après-midi, on se disait : “Ça y est, il a réussi.” À 5 heures, il revient. Il me dit : “Qu'est-ce que tu veux que je fasse ? J'étais derrière les lignes anglaises, c'est sûr, mais le gars avec moi était un Allemand ; je ne le connaissais pas. Si j'avais essayé de me sauver ou n'importe quoi, il m'aurait tiré dessus. Alors, je suis revenu.”

Tout le monde se méfiait de tout le monde. Moi, j'étais toujours en patrouille avec un Polonais. Il me disait avec son accent : "Toi aussi tu veux te tailler ?" Mais je me méfiais, je ne le connaissais pas, enfin j'avais quand même l'impression qu'il était plutôt pour, lui aussi. En même temps je me disais : s'il me dénonce – vous savez au front on ne badine pas avec l'atteinte au moral de la troupe –, tribunal militaire et hop ! fusillé.

Un soir, notre *Feldwebel* fait sa ronde. Il arrive devant nous, j'étais de garde. Je fais les trois sommations, il ne répond pas. Je tire dans les jambes. Il prend une balle dans la cuisse.

Arrive le commandant de compagnie. Je fais mon rapport : "Voilà, j'ai fait les trois sommations, etc." Ils disent tous les deux : "C'est normal, rien à dire." Mais je suis persuadé que le *Feldwebel*, il cherchait à se faire blesser pour être évacué.

Et puis, un jour, grande préparation d'artillerie. Pendant deux jours, on a été pris sous le bombardement. Il pleuvait. On était dans des trous, dans la boue, avec les obus qui éclataient partout. On était six dans le trou, avec toujours mon Polonais à côté de moi. On sentait que l'attaque allait venir. Alors, un Allemand est arrivé en rampant jusqu'à nous et m'a transmis l'ordre de repli immédiat. J'ai rien dit aux autres. On entendait les ordres, les voix en anglais qui se rapprochaient. Un jeune Allemand s'est jeté vers moi, paniqué, et il a soufflé : "Qu'est-ce qu'il a dit, l'agent de liaison ?" Moi : "Il a dit : il faut tenir, coûte que coûte." L'autre : "Mais si on reste là, on va se faire encercler !" On voyait les silhouettes des Anglais qui se rapprochaient. Je me disais : c'est le moment de se lever et d'aller vers eux…

Je regarde mon Polonais, qui tenait la mitrailleuse entre ses mains. Il me regarde dans les yeux. Je me dis : est-ce qu'il va me tirer dessus ?

Je le regarde. Il me regarde. Puis il me fait signe que oui. Alors on s'est levés aussitôt, et on a pointé la mitrailleuse vers les Allemands en criant : *"Aufstehen ! Hände hoch !"* ("Levez-vous, haut les mains !") Ils ne comprenaient pas. Il y avait un vieux caporal qui ne demandait que ça, le petit jeune qui m'avait parlé et qui, lui, commençait à râler, et encore trois autres Allemands. Et alors, à ce moment précis, arrive le lieutenant qui commandait la compagnie, avec un *Feldwebel.* Ils criaient : "Dépêchez-vous, vous allez vous faire encercler." Les types venaient juste de se lever. Alors, je n'ai pas pu faire marche arrière et hop ! on a mis la mitrailleuse dans le dos du lieutenant et en avant vers les Anglais. Ou plutôt les Néo-Zélandais qui ont vu arriver six Allemands les mains en l'air et deux autres qui les menaçaient derrière avec une mitrailleuse. Ils ne comprenaient pas. En plus on ne parlait pas l'anglais. Il y a eu un petit moment difficile à l'arrivée, d'autant que le lieutenant me traitait de tous les noms. Enfin on est tombés sur un officier de renseignements qui parlait français. Il a tout de suite été très gentil. Il m'a dit : "Vous n'êtes pas le premier Lorrain qui nous arrive de cette façon !"

Bon, alors là, on nous a séparés des Allemands, on a emmené le lieutenant qui m'injuriait tout ce qu'il pouvait pendant qu'on le maîtrisait et qu'on l'embarquait. Plus loin, j'ai retrouvé deux ou trois Lorrains, et on a été transmis aux Anglais, qui nous ont interrogés :

on leur a dit tout ce qu'on savait sur les positions allemandes.

Chaque fois que j'avais à prouver que j'étais lorrain, j'ouvrais ma capote d'uniforme allemand. À l'intérieur, comme les autres Lorrains, j'avais fait coudre par ma grand-mère un bleuet, une marguerite et un coquelicot.

Tout allait bien. On s'est retrouvés une vingtaine de Lorrains. Un officier de liaison français est venu nous voir et nous a dit : "On va d'abord vous envoyer en Afrique du Nord."

On était dans un camp à Foggia, pas prisonniers, mais on n'avait pas le droit de sortir du camp. On avait plus à manger que les Allemands, qui étaient de l'autre côté des barbelés, et qui nous insultaient sans arrêt. Ils nous criaient : "C'est ça le prix de votre trahison !" et ils nous crachaient à la figure. On se disait : c'est désagréable, mais y en a pas pour très longtemps. On savait pas ce qui nous attendait. Pour nous transporter en Afrique du Nord, les Anglais n'ont rien trouvé de mieux que de nous mettre sur le même bateau que les autres, et qu'est-ce que j'y retrouve : mon lieutenant ! Il a aussitôt tout raconté aux autres, et nous la quinzaine d'Alsaciens et Lorrains, on était entourés d'une meute hurlante d'Allemands qui gueulaient : "Traîtres ! Salauds !" Les gardes autour, fusil pointé, ont réussi à nous sauver. Mais quel voyage ! Il était aussi question d'aller droit en Amérique. Alors là, dès l'arrivée j'ai sauté à terre, j'ai couru comme un possédé et je me suis engagé dans l'armée française. »

9

Tabac et coton

Les États-Unis se retrouvent donc avec sur les bras 300 000 prisonniers allemands, encombrants, imprévisibles, dangereux. Les faire tenir tranquilles n'est déjà pas une mince affaire, mais les Américains entreprennent aussi de les faire travailler.

Dès le début, dans la phase d'organisation et de construction des camps, le ministère de la Guerre, le War Department, recommande d'établir les camps dans des régions où, d'une part, la sécurité sera assurée et les risques d'évasion limités, et où, d'autre part, la main-d'œuvre civile est rare.

Dans ses 97 articles, la Convention de Genève revient plusieurs fois sur le problème du travail des prisonniers. L'article 31, par exemple, stipule que ce travail est autorisé, sauf pour les officiers, à condition qu'il ne soit pas directement utile à l'effort de guerre ou qu'il ne mette pas en danger la santé et la sécurité des prisonniers, qui « doivent être aptes et qualifiés pour le travail auquel ils sont assignés ».

Début 1942, le War Department publie un manuel : *Internés civils ennemis et prisonniers de guerre*. Appelé communément le « Manuel 42 », ce petit livre des barbelés américains règle dans les moindres détails les conditions de travail, d'emploi, de rémunération, etc., des prisonniers de guerre. Le *Provost Marshal General*, l'autorité suprême en matière de camps, établit ensuite un plan général d'emploi des prisonniers de guerre. Ce plan est transmis à tous les états-majors et seul Eisenhower, commandant en chef du théâtre d'opérations européen, demande quelques modifications. En particulier, il fait remplacer la phrase : « Les prisonniers ne doivent pas être employés dans les théâtres d'opérations » par « ne doivent pas être employés dans la zone des combats ». Ce qui n'est pas la même chose et montre bien la différence entre les soucis immédiats d'efficacité des commandants du front et les précautions dont s'entourent les officiels américains à l'arrière.

Car aux États-Unis les responsables militaires s'interrogent toujours sur la nature exacte des travaux « non directement utiles à l'effort de guerre ». En 1942, le colonel Archibald King, membre du cabinet du chef de la justice militaire US, établit par exemple que « l'emploi des prisonniers de guerre à la construction d'une route [...] ne doit pas être autorisé [...] il s'agit d'un travail directement lié à l'effort de guerre [...] car pouvant servir au transport ». Le *Provost Marshal General* de l'époque, le major-général Allen Wyant Gullion (1880-1946) qui a été aussi le chef des services juridiques de l'armée américaine, réplique que cette interprétation « est incongrue » et que « les nations belligérantes en avaient fait bien d'autres ».

De toute manière, ces questions sont bien difficiles pour tous les pays et dans toutes les guerres : par exemple, le remplacement d'un fermier dans une exploitation agricole est déjà une contribution à l'effort de guerre. Tout cela montre le luxe de précautions dont s'entourent les Américains.

Ils introduisent également une notion très originale, la notion syndicale. Bien que la mobilisation et le départ pour les fronts de millions de jeunes Américains suppriment radicalement tout risque de chômage, et que malgré l'embauche massive des femmes, l'Amérique manque de bras, les syndicats voient d'un très mauvais œil cette introduction d'une main-d'œuvre « gratuite ». Le War Department spécifie donc dès le début que les prisonniers seront payés normalement, par contrat entre l'employeur et le gouvernement des États-Unis. Les employeurs auront à verser le salaire normal, mais directement au War Department. Les prisonniers, eux, toucheront une somme forfaitaire de 80 cents par jour, soit environ 21 dollars par mois, l'équivalent de la solde d'un GI. Cette somme ne leur sera pas donnée en dollars, mais en bons d'achat ; si les prisonniers peuvent faire des économies, les coupons pourront être échangés, à leur libération, contre un chèque. Toutes ces précautions se révèlent insuffisantes et les syndicats protestent à plusieurs reprises. Il faut savoir ce qu'est la puissance du syndicalisme aux États-Unis pour arriver à comprendre qu'en pleine guerre, on puisse lire l'article suivant :

New York Times, 12 février 1944 :

« Washington, 11 février (AP)

Le War Department a déclaré aujourd'hui que, si les syndicats demandent le paiement de la cotisation syndicale par les prisonniers de guerre, ni ceux-ci ni le gouvernement des États-Unis ne paieront.

Le War Department suggère aux syndicats de s'adresser directement aux employeurs pour le prélèvement de ces cotisations.

La question a été soulevée par M. Leon R. Schachter, secrétaire du Syndicat unifié des bouchers, branche de l'AFL [American Federation of Labour, le plus puissant syndicat américain]. Il a demandé une retenue de 25 cents par semaine sur chaque paie des prisonniers de guerre nazis. Leon Schachter a déclaré : "Notre grande préoccupation, c'est que les prisonniers vont arriver ici de plus en plus nombreux et nos contrats ne vaudront même plus le papier sur lesquels ils sont écrits, le jour où il y aura plus de prisonniers que de membres de notre syndicat. Et que dire des emplois de nos membres qui sont mobilisés ? Beaucoup reviendront de la guerre pour trouver leur place occupée par un prisonnier. Que pouvons-nous leur dire ? Et nos membres qui peuvent perdre leur emploi dans les travaux saisonniers ? Il faudrait tout de même qu'ils aient la préférence sur les prisonniers ! Pour toutes ces raisons, nous avons demandé aux compagnies d'ouvrir une négociation sur les retenues syndicales des paies des prisonniers. Mais nous ne sommes pas dans cette affaire en conflit avec le gouvernement, mais avec les compagnies."

Le problème a été transmis au service juridique international pour les questions syndicales, à Washington. »

Les officiers prisonniers, non soumis à l'obligation de travailler, doivent toucher une solde de 36 dollars pour les lieutenants, 46 dollars pour les capitaines, 56 dollars pour les commandants. Ainsi, le général Jürgen von Arnim, le successeur malheureux de Rommel à la tête de l'Afrikakorps, capturé en Tunisie, reçoit 64 dollars par mois, et le maréchal italien Giovanni Messe 120 dollars.

Les prisonniers ne doivent pas travailler plus de dix heures par jour, transport aller-retour compris. Ils doivent bénéficier d'une journée de repos par semaine, en principe le dimanche.

Ils sont divisés en deux catégories :

1re classe : travaux à l'intérieur du camp (propreté, constructions, entretien) ;

2e classe : travaux à l'extérieur du camp.

Toutes ces dispositions, laborieusement mises au point, sont transmises au Département d'État pour être notifiées, par voie diplomatique neutre, aux pays ennemis pour qu'ils adoptent des mesures semblables, mais aucune réponse ne vient de l'Allemagne ni du Japon.

Freiné par les règles de sécurité, et la peur du sabotage – qui est, en fait, très limité sinon inexistant –, l'emploi des prisonniers démarre lentement. Les prisonniers travaillent peu dans l'industrie. Ils sont surtout employés dans l'agriculture – d'où la présence de nombreux camps dans le Sud, dans les champs de coton ou de tabac, à la récolte des fruits, et à divers travaux d'aménagement. On les envoie lutter contre les inondations ; on cite aussi le cas des 694 Allemands qui vont charrier la neige en Alaska et des 20 bûcherons bavarois qui se retrouvent dans le camp Mount Graham, à 3 000 mètres d'altitude, pour aménager la Crook National Forest. En 1944, 60 % des prisonniers travaillent, et pas toujours de bon cœur.

Adjudant Werner Baecker, camp Roswell, Nouveau-Mexique

« Les Américains nous ont montré dès l'arrivée une circulaire de l'OKW [1], transmise par la Croix-Rouge, et qui disait : "Dans l'intérêt des prisonniers... il est recommandé de se mettre à la disposition des Américains, selon son grade, et de travailler." En fait, l'OKW estimait qu'il était préférable que nous travaillions, pour notre moral et notre forme physique. Mais cette circulaire a soulevé une tempête. Les officiers, les sous-officiers et même les soldats de l'Afrikakorps se promenaient partout en disant : "Cette circulaire est un faux. Il est impossible qu'on nous demande d'aider l'ennemi." Les Américains ont observé ça et puis, un jour, ils ont fixé une heure limite au-delà de laquelle ceux qui refusaient de travailler seraient classés "nazis fanatiques" et immédiatement transférés dans des camps spéciaux. Ça a fait réfléchir pas mal de monde, d'autant que la même nuit, ils ont effectivement commencé les transferts, *manu militari*, des types qui refusaient de travailler. Alors, tout s'est rapidement calmé et on a commencé à travailler. »

1. Oberkommando der Wehrmarcht, le commandement suprême de la Wehrmacht.

Sous-officier pilote Walter F., camp Hearne, Texas

« Récolter du maïs, c'est très dur. C'était vraiment un boulot de prisonnier de droit commun. Les plants de maïs étaient plus grands qu'un homme, deux mètres, deux mètres cinquante. Pas un brin d'air ne passait au travers, le sol était complètement humide, il y avait des vapeurs qui montaient, toutes les cinq minutes on était sur le point de s'évanouir. C'est vraiment un des boulots les plus durs que j'aie jamais connus. Au moins, sur les champs de coton, il y avait de l'air… »

Caporal Heinrich Severloh, camp McCain, Mississippi

« On faisait la récolte du coton, le long du Mississippi. Je suis agriculteur, et je m'y connais en travaux durs. Mais là, c'était vraiment très, très dur. Il faisait horriblement chaud, et il fallait se pencher toute la journée. On n'avait rien à boire. On s'est plaints, ils nous ont amené une eau imbuvable. Là, ça a commencé à mal aller. Alors, ils nous ont apporté des pains de glace, qu'on léchait. Et le patron américain s'appelait Mr Allerholz. C'était le fils d'un émigré allemand… Il y avait surtout des Noirs dans la plantation. On exigeait de nous que l'on cueille cent livres de coton par jour ; les Noirs, deux ou trois fois plus. Ils étaient payés à la livre. Pour eux, c'était pire que nous. Et il faut voir comment ils vivaient. Leurs habitations : très moches, très primitives. Ces gens étaient tellement exploités… »

Capitaine Fritz Lempp, camp Ruston, Mississippi

« Comme nous, les officiers, n'étions pas obligés de travailler, au début les Américains nous ont laissés tranquilles. On ne faisait rien. Ensuite ils sont venus nous voir pour nous proposer de travailler, en nous promettant de nous faire rentrer plus tôt en Allemagne. On a accepté. On n'a pas reçu un cent de plus que notre solde.

On nous a amenés en Caroline du Nord, dans la manufacture de cigarettes Winston à Salem. On travaillait à la chaîne, on mettait le tabac dans les boîtes, on faisait des piles de boîtes. On couchait dans un hangar. C'était assez dur, mais on était bien traités. »

Lieutenant Werner Wappler, camp Como, Mississippi

« Moi je me suis retrouvé chez Camel, à Salem. On travaillait avec les Noirs, à la chaîne. Tout de suite, réflexe typiquement allemand, on a voulu faire mieux que les Noirs, on est partis comme des chevaux de course, on travaillait pour la première fois à la chaîne, ça nous paraissait très amusant, on avait des cadences folles. Au bout de cinq jours, après avoir fait pendant dix heures le même mouvement, on était complètement abrutis. On a tous été voir le commandant pour le supplier de nous faire faire autre chose. »

Caporal-chef Willibald Bergmann, Fort Sheridan, Illinois

« Moi, j'étais dans les petits pois. La cueillette, et l'usine de conserves. Les fermiers m'aimaient bien. Ils auraient bien voulu que je reste, après la guerre. Moi, je n'étais pas sûr... J'avais rencontré un jour des vieux d'origine allemande. Ils étaient venus me parler, ce qui était défendu, en principe. Ils me disaient, ces pauvres vieux : “On se sent seuls, ici, c'est triste, c'est trop grand. Si on pouvait, on rentrerait à pied en

Allemagne…" Et les Noirs ! Eux, ils disaient toujours : "Nous on est comme vous. Des prisonniers. Des opprimés. Des hommes de seconde classe." »

Caporal Heinrich Severloh, camp McCain, Mississippi

« Les Noirs dans les champs de coton étaient opprimés et vraiment dans la misère. Alors il en y avait parmi nous qui essayaient de leur expliquer ce que c'était que le national-socialisme. Ils riaient tout le temps. Un jour, un garde est venu et m'a menacé avec sa carabine : *"Come down, pick cotton !"* Je lui ai dit : "J'ai terminé." Il est devenu fou furieux, il me visait en hurlant : *"Fucking bastard !"* J'ai vraiment eu très peur, j'ai recommencé à travailler. »

Caporal-chef Hans Gurn, camp Roswell, Nouveau-Mexique

« Il y avait un plombier qui venait travailler dans le camp. Il s'appelait Gutierrez, il était mexicain, avec un huitième de sang indien. C'était un type très gentil. Quand il allait chez le coiffeur, il restait debout dans un coin, il ne bougeait pas et, comme il était *"colored"*, il devait attendre que tous les Blancs soient passés. Nous, vous savez, de telles choses nous bouleversaient… »

Ainsi les Allemands, en travaillant, en sortant de leurs camps, font l'amère découverte du racisme. Qui sans doute leur avait échappé dans leur pays, sous Hitler.

Ils découvrent aussi les Juifs.

Caporal Heinrich Severloh, camp McCain, Mississippi

« J'avais pas mal de parents en Amérique. Une sœur et un beau-frère de mon grand-père avaient émigré dans le Wisconsin, et il y avait de la famille. Je ne les ai jamais vus. Sans doute qu'ils avaient peur de se faire remarquer. Et d'ailleurs tous les gens d'origine allemande étaient les moins gentils avec nous. Ceux qui avaient un nom allemand, il fallait s'en approcher avec précaution. Ceux qui nous aidaient le plus, par contre, c'étaient les Juifs. Oui, les Juifs qui avaient été obligés de quitter l'Allemagne. Ça, il faut le reconnaître. C'est pourtant eux qui auraient dû avoir le plus de haine. Mais non !

Plus tard, j'ai été dans un camp près de Miami en Floride. Je faisais partie d'un commando d'éboueurs. Tous les matins on partait ramasser les ordures dans la ville. Il y avait beaucoup de Juifs de Francfort qui étaient réfugiés à Miami. Ils nous faisaient des petits signes amicaux, pour que nous venions les voir à l'écart, près d'un arbre. C'étaient pour la plupart des gens âgés. Ils nous disaient deux ou trois mots gentils et puis : “Vous voyez, derrière ce palmier, là, j'ai déposé un petit paquet avec des douceurs.” Après, on allait chercher le paquet. Ils ne pouvaient pas nous le donner directement, et il fallait faire attention : un jour, un garde avait vu le truc, et avait écrasé le paquet sous son talon. Mais ces vieux Juifs, ce qu'ils faisaient, ça nous avait tous beaucoup émus. Ah, les Juifs et les Noirs… »

Une découverte.

Et les Américains ? Comment les prisonniers jugent-ils leur comportement ?

1. « Les Américains nous ont regardés avec curiosité »

Caporal-chef Willibald Bergmann, camp Leonard Wood, Mississippi

« Nous étions dans une région incroyable, la vraie forêt vierge, les fermiers venaient le matin à la porte faire leur "commande" de prisonniers. "J'en veux un", "j'en veux deux", etc.

Un jour, on nous dit qu'une femme demande cinq vrais nazis. Intrigués, on y va, avec quatre autres, et on voit, attendant devant la porte, une fermière d'une cinquantaine d'années, devant une vieille Dodge. Elle nous scrute, les sourcils froncés, et fait "non" de la tête. Puis elle se tourne vers le garde et dit : "Non, non, pas ceux-là, je veux des vrais nazis !" Alors, nous on lui dit : "Mais on est des vrais nazis !" Alors la femme : "C'est pas possible, les nazis ils ont des cornes !" C'est vrai qu'à l'époque les bandes dessinées montraient souvent les nazis avec des cornes. »

Capitaine Fritz Lempp, camp Como, Mississippi

« En Caroline du Nord, chez Winston, il y avait un garde qui faisait enlever les casquettes pour voir s'il n'y avait pas des cornes en dessous. Je lui ai parlé. Il me disait très sérieusement : "Je me suis engagé parce que j'étais sûr que les nazis avaient des cornes et qu'ils bouffaient les bébés." Alors moi aussi j'ai retiré ma casquette. Il a vérifié. Je n'avais pas de cornes. »

2. « Les Américains nous ont regardés avec intérêt »

Adjudant-chef Herbert Kayser, camp Dermott, Arkansas

« Un jour, on était dans notre champ de coton, par une chaleur absolument torride. Arrive un car de touristes. Il s'arrête devant nous, et les touristes en descendent, commencent à nous photographier. Un voyage organisé ! Et avec l'accord des autorités du camp.

Nous on était là, stupéfaits, le torse nu, ruisselants de sueur. Il y avait un guide qui disait : "Regardez les supermen, les surhommes, tous blonds, tous bronzés !" Ensuite il est venu nous demander de chanter, pour ses touristes, *Stille Nacht*. Les gardes ont dit : "Allez-y !" Alors, nous, on a chanté des chants de Noël sous ce soleil infernal. Et ces vieux schnocks, devenus tout nostalgiques, de nous écouter les yeux levés vers le ciel. Et les gardes qui nous exhibaient comme des animaux de cirque ! J'en aurais pleuré de rage. »

3. « Les Américains nous ont regardés avec hystérie »

Caporal-chef Alfons Heilmann, camp Tonkawa, Oklahoma

« Je travaillais dans une blanchisserie, nous étions à peu près mille prisonniers et il y avait mille cinq cents Noirs. Nous étions très sévèrement gardés. Quand on voulait faire pipi, il fallait lever la main, et un garde nous escortait jusqu'aux toilettes. Un soir, tout à coup, entre une femme, en pyjama, dans les toilettes. Elle va vers un garde, lui tend une liasse de billets, et lui dit : "*Shoot one !*" ("Descendez-en un !") Le garde la regardait, interloqué. Elle gueulait : "*Shoot one ! Shoot one !*" »

4. « Les Américains nous ont regardés avec sympathie »

Sous-officier pilote Walter F., camp Hearne, Texas
« J'avais été envoyé faire des travaux chez Mr Miller, sa voisine s'appelait Mrs Snyder. Cette voisine avait une fille qui était bien mignonne. Elle m'amenait de temps en temps une corbeille de fruits ou de sucreries. On se parlait. Je serais bien resté au Texas, moi… »

Cependant, il est à noter que ces hommes savent majoritairement tenir à distance leurs pulsions sexuelles. Ainsi, sur les 306 prisonniers allemands jugés par les tribunaux américains pendant la guerre, un seul est condamné pour tentative de viol (sur une jeune fille noire – quinze ans de réclusion), une vingtaine pour actes de sodomie caractérisés. Ceci pour clore le chapitre sur la misère sexuelle des prisonniers, commune à tous les prisonniers de tous les camps, de tous les pays, de toutes les guerres. Mais les Allemands en parlent peu, même s'ils n'en pensent pas moins. Il semble bien, malgré tout, que dans ces camps de prisonniers allemands d'Amérique, la politique ait tout envahi, qu'elle ait été la préoccupation majeure, et qu'elle ait finalement masqué tout le reste. Quelles qu'aient été leurs préoccupations individuelles, leur idéologie, leurs sentiments, les prisonniers allemands ont avant tout fait partie, même à leur corps défendant, d'un pays et d'une armée *en guerre*.

Comment les Américains, les ménagères du Middle West, les ouvriers de Dallas, les commerçants de l'Indiana ou les fermiers de l'Arkansas, comment ont-ils vu, regardé, vécu cette réalité extraordinaire : plusieurs centaines de milliers de prisonniers allemands installés derrière des barbelés, à leur porte ?

Gloria Esslinger, dame de la bonne société de Peoria, Illinois

« *Now you told me something !* (Là vous m'apprenez quelque chose !) Je ne savais pas qu'il y avait des prisonniers… Trois mille ? Ici ? Ça alors ! Un camp de prisonniers… vraiment ? »

Une de ses amies, Lynn Masterson

« Vous savez, moi, à l'époque, je ne m'intéressais pas à toutes ces choses-là. Je jouais au golf, je m'occupais de mon petit garçon, je faisais partie d'un club de mères, et ces choses de la politique, ça ne concerne pas les mères de famille… »

Ces deux dames habitaient à trois kilomètres à vol d'oiseau du camp Ellis, l'un des plus grands camps de prisonniers des États-Unis.

Peoria est une ville moyenne, à l'échelle américaine, la ville de Caterpillar, la capitale des tracteurs. Elle masse ses immeubles cubiques et ses usines le long du fleuve Illinois. Ce devait être un endroit magnifique quand Louis Jolliet et le père Jacques Marquette, remontant de Saint-Louis au nom du roi de France, s'y établirent en 1673. La Salle y construisit le fort Crèvecœur en 1680, et la ville est devenue l'une de ces cités du Middle West, carrées, prospères, à l'image des grandes plaines fertiles dont elles sont le centre.

Au sortir de la ville, la Highway 136 menait au camp Ellis. Situé après les deux petites villes de Pekin et de Canton, au milieu de champs immenses, le camp couvrait 70 000 hectares en 1942, et 40 000 soldats y étaient stationnés en permanence.

Il avait été construit sur le village de Bernadotte – du nom du maréchal d'Empire devenu roi de Suède Jean-Baptiste Jules Bernadotte –, rasé pour la circonstance et déplacé à quelques kilomètres. Seule la vieille école du village avait été conservée ; elle était au centre du camp.

Le camp tenait son nom d'un héros du corps expéditionnaire américain en 1918, dans l'Argonne, Michael B. Ellis, surnommé « Machine Gun Mike » (Mike-la-mitrailleuse) ou « Le sergent York de Saint-Louis ». Les soldats s'y entraînaient, avant d'être envoyés dans le Pacifique ou en Europe ; ils étaient remplacés au fur et à mesure. Les affaires marchaient bien à Lewistown, à Ipava et à Peoria, les villes d'à côté.

Et puis, il y avait le camp de prisonniers, ou plutôt les camps de prisonniers : le camp « normal » c'est-à-dire nazi (2 672 prisonniers) et le camp antinazi (300 prisonniers).

Ernest Grassel, retraité, Peoria

« On ne savait pas vraiment qu'ils étaient là, les prisonniers. Par contre, on n'était pas très contents de nos GI's qui venaient tout casser en ville les week-ends. On ne s'est pas plaints quand la ville a été déclarée *"off-limits"*, interdite à nos soldats ! »

Harold Ellsworth, shérif de Lewistown, petite localité près du camp Ellis

« On a vu venir les prisonniers allemands sans trop s'inquiéter. On n'a pas fait trop de publicité non plus, faut dire. En tout cas, on a eu moins de problèmes avec eux qu'avec les 40 000 soldats, dont beaucoup de Noirs, qui se promenaient par là les week-ends, parce que, ceux-là, ils n'avaient pas assez d'argent pour aller à Peoria, alors ils se répandaient dans nos petits villages, et c'était quelque chose ! »

Si la plupart des Américains qui vivaient non loin de ces camps semblent ne pas avoir su que des prisonniers allemands étaient là ou du moins semblent ne pas s'y être intéressés, quelques-uns ont tout de même été directement à leur contact, que ce soit pour un reportage ou en tant qu'employé dans un camp.

Verne C. Bloch, journaliste au *Peoria Journal Star*

« Un jour, on m'a envoyé faire un reportage sur le camp de prisonniers. La première chose qui m'a frappé, c'est, avant même d'entrer dans le camp, un prisonnier qui travaillait à l'extérieur. Il creusait une sorte de tranchée et sifflait *Yankee Doodle Yankee*, une de nos vieilles chansons de la guerre de Sécession, un air très populaire. Et lui, comme les autres que j'ai vus ensuite, il souriait, ils avaient tous l'air de bonne humeur, leur moral était au beau fixe, tout avait l'air de très bien se passer. »

Mary Gore, village d'Ipava

« J'étais employée à la cantine du camp de prisonniers. C'étaient tous des Autrichiens, très bien vus par les autorités. Ils avaient une de ces nourritures… vraiment merveilleuse. On n'avait pas le droit de fraterniser, mais on pouvait leur parler…

Non, on n'avait pas peur du tout. Comme on ne comprenait pas l'allemand et qu'eux parlaient très peu l'anglais, on se parlait par signes. C'était très amusant, on riait tout le temps. Ils étaient vraiment très gentils. Ils réparaient les montres, et il y en a qui peignaient. De très beaux tableaux. »

Au-dessus d'elle, dans sa maison de poupée si propre, si bien tenue, au milieu des plantes vertes, une peinture représente un paysage typique de Bavière. Des montagnes, un petit sentier qui mène à une jolie chapelle blanche.

« J'ai acheté celle-là… Nous ne parlions jamais d'Hitler, ni du nazisme. Nous n'avions pas ce type de conversations… Mon oncle était vendeur de voitures, Chrysler et Plymouth. Aussi, j'avais une Chrysler et je venais au camp avec, comme tous les employés, les officiers, etc. Sur le parking, il y avait des centaines de voitures. Ils regardaient tous ça avec un air… Un jour, un garde en a vu un qui regardait ma voiture, de l'autre côté des barbelés. Il lui a dit : “Tu veux la voir de près ?” L’autre a fait “oui”, et le garde l’a laissé passer de l’autre côté. Il était fasciné. Il s’est assis au volant, il regardait tout et il disait : “Quelle voiture ! Quelle voiture !” »

Les Américains bien tranquilles du Middle West, les filles gentilles et sans problèmes, les hommes durs et simples qui promènent leur grande carcasse et leurs yeux sans expression, ne sont bien sûr pas toute l’Amérique. On l’a vu, il y a pire : la fermière de l’Arkansas qui vient voir si les nazis ont des cornes. Il y a mieux : le vieux Juif émigré de Miami qui cherche à faire plaisir à d’autres opprimés, d’autres malheureux. Disons que ces gens de Peoria, d’Ipava ou de Lewistown représentent bien une certaine Amérique moyenne et une certaine attitude moyenne vis-à-vis des prisonniers, faite d’indifférence, de méfiance, sans méchanceté, sans curiosité.

Mais à l’autre bout de la société américaine ? La super-intelligentsia de New York, par exemple ? Elle avait – elle a toujours – son parfait reflet dans un magazine sophistiqué, intelligent, à l’humour nonchalant, le *New Yorker*, qui publie dans son numéro du 22 février 1945 cette nouvelle de Robert McLaughlin, très révélatrice. Je ne résiste pas au plaisir de vous la traduire en entier.

SIEG HEIL !

« Il était huit heures du matin, ce mardi, quand le capitaine Ross Taggart arriva à son bureau du Centre de recherches médicales. “Jour, Dick”, lança-t-il au lieutenant Carter, qui partageait son bureau. Il posa sa casquette et s’assit à son bureau, le dos tourné aux stores vénitiens par lesquels filtrait déjà un grand soleil.

Taggart consulta son agenda. Il avait deux rendez-vous ce matin : à 9 heures avec le docteur Griffin au laboratoire de toxicologie, et à 10 h 30 avec un officier du service de doctrine tactique.

Puis Taggart prit la pile de mémos dans le panier “arrivée” et commença à lire le premier. C’est à ce moment-là qu’il entendit les prisonniers. Ils chantaient.

Carter dit d’un ton un peu impatient : “Ah, les voilà ! Ils viennent probablement travailler aux arbres.” Il se leva et alla à la fenêtre, écartant du doigt les lamelles du store vénitien pour regarder la rue.

Taggart jeta à Carter un regard de pitié et reprit sa lecture. Le chant se rapprocha, et cessa brutalement. Cela voulait dire que le camion venait de s’arrêter.

— Je me demande si c’est le *Horst Wessel Lied*, dit Taggart.

— Le quoi ? demanda Carter.

— Ce chant qu’ils chantaient, est-ce que c’est le *Horst Wessel* ?

— Comment voulez-vous que je le sache ? dit Carter.

Taggart soupira faiblement, pensant que la seule curiosité que Carter n’avait pas était la curiosité intellectuelle. Il fit tourner son fauteuil et regarda par la fenêtre. Il y avait une pelouse en face de leur bâtiment et un petit bouquet d’arbres, que l’on avait commencé à élaguer. Le camion était garé sur la route et une vingtaine de prisonniers de guerre allemands en étaient descendus. Ils portaient des treillis gris et bleu avec des grands “PW” marqués en rouge sur leur dos et sur leurs pantalons. Quelques-uns portaient la petite casquette de l’Afrikakorps, d’autres la casquette de treillis des GI’s. Un seul de ces prisonniers, un sous-officier à l’air borné, portait un uniforme allemand complet, gris clair, avec des épaulettes. Les nazis attendaient, patients et militaires. Un peu plus loin se tenait un garde, le pied appuyé sur une souche, la carabine sur le genou.

En regardant les prisonniers, Taggart commençait à comprendre ce que les gens des pays occupés voulaient dire quand ils rappelaient continuellement que les nazis avaient été “très corrects”. Même captifs, ils avaient un air de compétence militaire. Indubitablement, ils avaient l’air de soldats.

— Ils ont l’air de durs, ça c’est sûr, dit Carter avec admiration.

Bien que cela fît écho à ses propres pensées, cette remarque irrita Taggart, comme les cris et les rires des dactylos l’avaient irrité la veille quand elles avaient vu arriver les prisonniers pour la première fois.

Cela pouvait paraître pompeux, mais il en avait rougi pour ses compatriotes. Tout le monde s’était mis à la fenêtre ; les civils étaient sortis pour les regarder de plus près. Ce spectacle donnait la nausée. Même les officiers, qui, pensait Taggart, auraient dû avoir une autre attitude, et qui étaient tous là à s’exclamer. Ils disaient tous que ces Allemands avaient plutôt l’air pas mal et qu’ils connaissaient quelqu’un qui parlait allemand et qui leur avait dit que les nazis détestaient les Russes, n’aimaient pas les Anglais mais respectaient les Américains. “Sûrement qu’ils nous respectent…”, pensa

Taggart. Quel pays gras et mou ça devait leur paraître, et peuplé de crétins ! La seule voix dissonante que Taggart avait entendue était celle du colonel Marsh, qui avait fait la guerre précédente et qui pensait que tous les Allemands devaient être exterminés. Leur seul crime, aux yeux du colonel Marsh, était d'être allemands. Personne ne semblait être très au courant de ce que pensaient et croyaient ces hommes, pourquoi ils avaient combattu et tué. Taggart avait le sentiment que lui et les Allemands étaient les seuls adultes du coin. Un peu plus tard, Carter quitta le bureau et Taggart revint à la fenêtre examiner de nouveau les prisonniers. Mais toujours derrière les stores vénitiens, car la curiosité devait rester décente, pensait-il.

Les nazis travaillaient dur maintenant, à tailler les branches, à scier, à arracher les feuilles. À contrecœur, Taggart pensa à un autre cliché : “Il faut bien rendre cette justice aux Boches : ils travaillent !”

Quand ils n'avaient pas le sentiment d'être observés, les Allemands regardaient activement autour d'eux. Ils observèrent ainsi un bombardier, un B25 Mitchell qui faisait son point fixe sur l'aérodrome à côté ; ils se retournèrent pour suivre du regard tous les véhicules qui passaient – les camions, les jeeps, les transports de munitions. Quand le bus de la caserne s'arrêta et que de jolies filles en descendirent, les nazis se redressèrent pour les regarder avec une expression d'avidité. Puis ils se mirent à regarder un autre groupe. Le long de la route descendaient nonchalamment deux soldats américains, un grand maigre et un petit maigre. C'étaient des taulards venus de la prison du camp ; ils portaient des sacs et des bâtons garnis de clous pour ramasser les papiers par terre. Avec eux, il y avait un grand garde, lugubre, tout en os, qui portait sa carabine comme une batte de base-ball. Les trois hommes avançaient si lentement, avec tellement de pauses pour se gratter, regarder le ciel ou le paysage, qu'on avait l'impression qu'ils étaient cloués au sol. Les prisonniers de guerre regardaient ces autres prisonniers avec des visages sans aucune expression mais des yeux vifs.

Taggart se détourna brusquement de la fenêtre. Il était temps d'aller au rendez-vous du docteur Griffin. Il sortit du bâtiment, descendit les marches et passa devant les prisonniers en faisant bien attention d'avoir l'air de ne pas les regarder.

Comme il arrivait devant le sous-officier nazi, l'homme claqua des talons et tendit brusquement le bras pour le saluer. Instinctivement, Taggart rendit le salut, et c'est seulement au moment où il reposa son bras qu'il se rendit compte qu'il avait répondu à un salut nazi.

Le pire, pensait Taggart, les lèvres serrées, en attendant le bus, c'est que comme officier du Corps de santé, et ne s'occupant que de recherche, il n'avait pas une idée très précise des règles de la politesse militaire, surtout en ce qui concernait les prisonniers. Il ne savait pas si le salut militaire allemand était le même que celui du parti nazi et, dans tous les cas, il se reprochait de s'être laissé aller à rendre ce salut. Il aurait mieux valu tendre le poing en signe d'antifascisme, ou les deux doigts en V, comme Churchill. Mieux encore, il aurait préféré lui envoyer à la gueule, à cet Allemand, un truc finissant en "*Dummkopf*", "tête de con". Mais il ne savait pas assez l'allemand.

Les deux prisonniers américains et leur garde à la gueule sinistre étaient arrivés à sa hauteur. Le spectacle du garde se curant le nez d'un air absent sembla à Taggart mettre une touche finale à ce tableau d'indignité.

— Par ici, soldat ! lui cria-t-il.

— Moi, mon capitaine ? dit le garde, en se montrant du doigt. Puis il traversa la rue, en ébauchant un salut avec son fusil.

Taggart le toisa de bas en haut.

— Ça fait combien de temps que vous êtes dans l'armée ?

— À peu près… Le soldat plissa le front ; il avait l'air de réfléchir profondément. À peu près dix mois, mon capitaine.

— Merde, c'est long, vous auriez dû apprendre un petit peu les règles du respect ! Boutonnez votre blouson, tenez-vous droit !

Taggart lui demanda son nom et son unité.

— Bon, ça va, retournez à votre travail. Mais ayez l'air d'être en vie, bordel !

Le petit groupe se remit en marche, les deux prisonniers ricanant derrière leur garde.

Quand le bus arriva, Taggart monta et s'assit près du conducteur. Il était rempli d'une colère irraisonnée qui ne faisait qu'empirer quand il réfléchissait qu'il s'était payé le garde uniquement pour rassurer son propre ego. Le bus s'arrêta à un passage à niveau. Taggart vit sur la voie un autre groupe de prisonniers allemands qui travaillait au ballast. L'un d'eux attira particulièrement son regard, un géant blond. Taggart le vit un instant, juste avant que le train n'arrive à toute vitesse et cache les prisonniers. Mais cette vision, c'était d'un seul coup tout ce qu'il haïssait. Le dernier Siegfried, l'arrogance de l'allure, le profil d'oiseau de proie. Un vrai guerrier avec son attitude de dédain absolu pour le reste du monde. Il avait même l'air d'être à l'écart des autres prisonniers qui devaient sûrement être, pour lui, pires que de la merde.

Le train était passé, et Taggart jeta au blond Viking un regard froid et dur. Alors, tout à coup, il se releva à demi sur son siège, stupéfait. Il venait de s'apercevoir que le prisonnier tenait dans sa main un bâton clouté et qu'il piquait les papiers le long de la voie. Et Taggart voyait le grand blond s'éloigner du groupe des petits nazis contrefaits. Il n'y avait pas marqué "PW" sur son dos. Mais un grand "S" pour *Stockade* ("détenu"). Taggart réalisa que son superman nazi était un GI de la prison du camp. Il se retourna, baissa la tête et vit son poing serré sur son genou. "Relax", se dit-il, et il ouvrit la main.

"Il va falloir que j'aille chez le psy", se dit-il tristement en sortant du bus, devant le laboratoire de toxicologie. »

10

Scènes de la vie quotidienne

Qu'en était-il du quotidien des prisonniers allemands dans les camps aux États-Unis ?

Oberleutnant Klaus Michaelsen, 605e bataillon d'infanterie des blindés, camp Ruston, Louisiane

« On n'avait pas assez de whisky, à cause des restrictions en Amérique. Mais comme chez nous il y avait tous les métiers, ça n'a pas été difficile de trouver des gens qui savaient distiller ; nous recevions des oranges, il y en avait pas mal de gâtées déjà ; alors nos "experts" les mettaient dans des lessiveuses, les boulangers du camp nous fournissaient de la levure, ça fermentait. Il y avait des types qui n'avaient pas la patience d'attendre et qui buvaient ça comme ça. Mais il valait mieux distiller. On avait transformé des poêles en alambics, ça ronflait toute la journée, les Américains arrivaient complètement stupéfaits : il faut dire que c'était l'été en Louisiane et que, avec ces poêles qui chauffaient dans les baraques, il régnait une chaleur insupportable. Ils nous disaient : “Mais ça va pas, vous êtes marteaux !” Et nous on répondait : “Mais non, mais non, il y en a qui ont du paludisme, ils ont toujours froid...” Nos “experts” connaissaient leur affaire : on a eu un très bon schnaps. Même après plusieurs verres on n’était pas malades. Les Américains nous achetaient ça volontiers. C’est comme ça qu’on a eu des dollars. »

Sous-lieutenant Horst L., camp Mexia, Texas

« En 1944, j’avais déjà économisé 20 dollars, je les ai passés à un copain en lui demandant d’écrire à ses parents de virer l’équivalent à ma banque en Allemagne. J’en ai informé mon père qui m’a répondu, mais sa lettre a été censurée, ça je ne l’ai su que plus tard : “Tu sais, tu ferais mieux de garder tes dollars, on ne sait jamais ce que va devenir notre monnaie...” »

Enseigne de vaisseau Wolfgang Verlohr, camp Papago, Arizona

« On recevait des colis d’Allemagne, des livres, mais aussi de la nourriture. Ma mère m’avait envoyé notre fameux *Weihnachtsstollen*, le gâteau de Noël, il est arrivé en mars, complètement moisi. Avec, il y avait quelques cigarettes. C’était à pleurer... nous qui avions tout en abondance... je passais mon temps à lui écrire ça, mais elle n’a pas dû me croire, ou c’était peut-être censuré... Et moi qui ai dû jeter le gâteau en pensant qu’ils n’avaient rien, là-bas... »

Sous-officier pilote Walter F., camp Hearne, Texas

« Longtemps après Noël, on a reçu chacun ce *Weihnachtsstollen*, le gâteau traditionnel, avec une petite carte de l'OKW, le commandement suprême de la Wehrmacht. Ils n'étaient plus mangeables. On a tous écrit à l'OKW que, dorénavant, nous renoncions aux colis en faveur des enfants allemands. »

Caporal-chef Willibald Bergmann, Fort Sheridan, Illinois

« Notre commandant n'avait qu'une idée, c'était qu'on aménage un *Biergarten*, une taverne bavaroise. Il avait été à Munich avant la guerre et il a absolument voulu qu'on installe des tables, des chaises, du gravier. C'était sa joie de nous retrouver là, le soir. On chantait un peu, il parlait allemand, il s'appelait Ernst Schuelke, le lieutenant-colonel Schuelke ; sa famille venait de la Prusse-Orientale, et c'était lui, le commandant du camp Sheridan ! Un vrai Prussien ! »

Caporal-chef Hans Gurn, camp Roswell, Nouveau-Mexique

« Moi, j'ai continué mes études en prenant des cours par correspondance en Allemagne. Comme les autorités allemandes, dans l'optique de la germanisation, inscrivaient plutôt les étudiants dans les villes de la périphérie du Reich, comme Strasbourg ou Königsberg, j'ai été inscrit à l'université d'Innsbruck. Mes cours arrivaient avec du retard, bien sûr, mais ça marchait... Après, j'ai pu m'inscrire à l'université d'État de Washington, et c'est comme ça que j'ai commencé mes études de médecine. »

Caporal-chef Willibald Bergmann, Fort Sheridan, Illinois

« Un jour, nous avons vu arriver le cirque Barnum, le fameux Barnum, avec ses trois pistes, le plus grand cirque du monde. Le directeur était allé à Washington en avion demander l'autorisation pour les prisonniers allemands d'assister à son spectacle. Un dimanche matin, on nous a réunis, par rangs de dix, et tous ensemble nous sommes allés au cirque, en chantant : "En avant vers l'Angleterre !" et les sentinelles, tous des Juifs, criaient : *"Lied aus !"* (Vous pas chanter !) »

Adjudant Werner Baecker, camp Roswell, Nouveau-Mexique

« On avait le droit d'avoir un poste de radio, mais sans les ondes courtes. On écoutait souvent la radio, surtout Jack Benny, moi je l'écoutais toujours, il articulait bien… Ça a été lui, mon vrai professeur d'anglais… Et, avec la radio, on participait à la vie quotidienne des Américains… »

Caporal-chef Willibald Bergmann, Fort Sheridan, Illinois

« Un jour, on devait semer du gazon devant le bureau du commandant du camp. Les types ont semé de façon à ce que ça forme une énorme croix gammée. Quelques jours plus tard, après une bonne nuit de pluie, il y avait donc une belle croix gammée devant les fenêtres du commandant. Alors, hurlements, ordres, on nous a envoyés enlever ça. Les types ont très soigneusement bêché exactement où il y avait la croix gammée, de sorte qu'au lieu d'une croix gammée en gazon, il y en a eu une en terre, au milieu de la pelouse… »

Caporal Friedrich Hohmann, Ford Custer, Michigan

« On allait très souvent au cinéma, ça ne coûtait pas cher, 15 cents. On voyait des quantités de films en couleurs, alors qu'en Allemagne c'était rarissime. J'ai vu plein de films [1]. J'ai vu… *Gilda* de Charles Vidor avec Rita Hayworth et Glenn Ford, *To Have and Have Not* [2] de Hawks avec Humphrey Bogart et Lauren Bacall, *Mrs Miniver* de Wyler avec Greer Garson, etc. »

Parmi les films montrés aux prisonniers à cette époque, il y avait : *Abraham Lincoln* (Griffith, 1930, avec Walter Huston), *Rose-Marie* (W. S. Van Dyke, 1936, avec Jeannette MacDonald), *Holiday Inn* (*L'amour chante et danse*, de Mark Sandrich, 1942, avec Bing Crosby) et aussi : *The Seventh Cross* (*La Septième Croix*, d'après le livre antinazi d'Anna Seghers, réalisé par Fred Zinnemann avec Spencer Tracy) ou *Invisible Agent* (*L'Agent invisible contre la Gestapo*, d'Edwin Marin, 1942, avec Peter Lorre).

S'il n'y avait pas de problèmes pour *Rose-Marie* ou *Holiday Inn* où Bing Crosby créait son fameux « White Christmas », en revanche les films de guerre étaient plus fraîchement accueillis, on s'en doute.

1. Friedrich Hohmann est un vrai cinéphile, il est devenu, avec talent, compétence et gentillesse, l'un des responsables des Archives cinématographiques allemandes à Coblence.

2. *Le Port de l'angoisse.*

Lieutenant Werner Wappler, camp Como, Mississippi

« On a vu un soir *Five Graves to Cairo* [1]... Erich von Stroheim jouait Rommel. Mais alors là, ça n'était pas du tout la vérité, c'était un Rommel qui n'avait jamais existé, Rommel n'aurait jamais lancé sa cravache dans la figure d'une femme ! »

Caporal-chef Hans Gurn, camp Roswell, Nouveau-Mexique

« Fred Astaire nous a terriblement impressionnés ! Et aussi Harry James, avec sa trompette... »

Lieutenant Werner Wappler, camp Como, Mississippi

« Le YMCA [2] nous donnait des instruments de musique. Nous avions formé un orchestre de 90 musiciens. Un officiel de la Croix-Rouge nous avait dit un jour en visitant notre camp : "Pour écouter un bon orchestre de musique classique, il faut aller dans un camp..." »

CICR, Comité international de la Croix-Rouge
s/JPS/GD
États-Unis d'Amérique (transmis à la Croix-Rouge allemande)
Camp Roswell, New Mexico
Visité par Mr P. Schnyder le 22 novembre 1944

1. *Les Cinq Secrets du désert*, Billy Wilder, 1943.
2. Young Men's Christian Association.

Ce camp a déjà été visité au mois d'août 1943. Nous n'avons pas remarqué de changements importants depuis cette visite.

Effectif : le jour de notre visite, l'effectif était de 5 545 prisonniers allemands.

Bibliothèque : la bibliothèque comprend environ 1 059 romans et 22 livres de médecine.

La bibliothèque est tournante et à la disposition de tous les prisonniers. Nous leur avons fait de nouveaux envois de livres.

Éducation : chaque secteur organise son propre plan d'études.

Les professeurs sont qualifiés pour l'enseignement et sont presque tous bien versés en pédagogie. Les cours donnés sont les suivants : latin, français, anglais, physique, littérature, histoire, sciences économiques, chimie, sténographie, mathématiques, biologie, géographie.

Les cours réguliers sont suivis par environ 800 prisonniers – chaque secteur a son directeur d'études et ces derniers sont payés par les autorités américaines.

Divertissements : les prisonniers ont formé un orchestre de 12 hommes. Ils ont deux théâtres. 52 acteurs y jouent.

Les prisonniers jouent aussi aux échecs et aux cartes. Ils reçoivent le *New York Times*. Ils ont aussi des postes de TSF. Un des prisonniers a fabriqué un violon avec une caisse de bois, violon qui a un fort beau son.

Sports : les prisonniers ont un très beau terrain pour la pratique des sports et aussi tout l'équipement dont ils ont besoin.

Cantine : les prisonniers n'aiment pas la poudre dentifrice vendue à la cantine.

La présence des prisonniers allemands sur le sol américain n'est pas sans inquiéter jusqu'aux lectrices, qui s'empressent d'écrire à leurs journaux préférés.

Lettre de Mrs Anna G. Erlichman au *Philadelphia Record* le 5 novembre 1944

« Je viens de lire votre article sur le traitement accordé aux prisonniers de guerre allemands dans notre pays, leurs nombreux privilèges et la bonne nourriture qu'on leur donne.

Il est grand temps que nous, les Américains, nous nous rendions compte de ce qui se passe ici, dans notre pays, chez ces nazis qui sont venus à nos frais et vivent comme des princes à nos crochets pendant que nos garçons, dans leurs camps, survivent grâce aux colis de la Croix-Rouge.

Vraiment nous sommes trop mous, et les Allemands comptent sur cette mollesse pour s'en tirer avec une bonne paix.

Pourquoi nous faire nous-mêmes du mal ? Pourquoi ne pas donner à ces nazis un régime qui leur permette tout juste de subsister, juste assez de chauffage pour qu'ils n'attrapent pas une pneumonie, et le minimum du nécessaire, de façon qu'ils ne puissent pas retourner dans leur pays, gras et forts, prêts à faire la Troisième Guerre mondiale ? C'est le moment. N'attendez pas que la guerre soit finie. »

Lettre de Mrs P.S. Evans, Los Angeles, Californie, à l'*Atlantic Monthly* de janvier 1945

« Mon attention a été attirée par un article de *Time* (du 13 novembre) expliquant que mille prisonniers de guerre allemands envoyés pour sauver une récolte de pommes près de Washington n'arrivaient pas à remplir leur quota pourtant facile de soixante-cinq caisses de pommes par jour, et que le gouvernement, "pour être bien avec les nazis, avait réduit ce quota à quarante caisses" après qu'un groupe de prisonniers eut commencé une grève sur le tas et qu'un autre eut entrepris de détruire les fruits. Est-ce qu'ils sont nos invités ? Nos enfants gâtés ? Les discipliner ? Pensez donc ! Les Américains ne peuvent pas s'abaisser à faire ça ! Mon sursaut vous semblera peut-être sans objet, mais je suis très anxieuse pour mon fils aîné, dont l'avion a été abattu au-dessus de Hambourg, et dont je suis sans nouvelles depuis le 13 juillet. »

Caporal-chef Willibald Bergmann, Fort Sheridan, Illinois

« La première fois qu'on avait fait grève, c'était le 9 novembre 1943, pour notre fête nationale, l'anniversaire du putsch d'Hitler de Munich de 1923.

Les Américains avaient été un peu surpris, ils ne savaient pas trop quelle attitude adopter. Ils ont fait venir des chars tout autour du camp. Ça s'est calmé ce jour-là, mais on a continué plus tard. On a fait grève plusieurs fois. Par exemple, on nous a demandé un jour de décharger un camion de matériel de guerre ; on a refusé. C'était contre la Convention de Genève. Les Américains n'ont rien dit. »

Le *Philadelphia Inquirer* du 10 août 1944 titre : « 500 prisonniers nazis en grève ».

« Stockton, Californie.

Mille huit cents prisonniers de guerre allemands, la plupart anciens du corps d'élite d'Afrique du maréchal Erwin Rommel, ont été enfermés dans leurs baraquements à la suite d'une grève déclenchée par cinq cents d'entre eux pour protester contre la journée de travail de neuf heures, à la caserne de l'intendance de l'armée à Stockton.

Les prisonniers et le personnel américain de la caserne avaient reçu l'ordre lundi de travailler neuf heures par jour au lieu des huit heures habituelles, en application du nouveau plan de l'armée pour augmenter la production.

Les prisonniers ont envoyé un porte-parole à la porte du camp lorsque les camions sont venus les chercher à 8 heures. Le porte-parole a déclaré aux officiers américains que les Allemands ne travailleraient pas neuf heures. Les cinq cents prisonniers se sont assis alors sur le sol et ont refusé tout travail. Le major Arthur Cook, officier de relations publiques de la caserne, a déclaré que des mesures allaient être prises, et que ces hommes pourraient être privés de base-ball, de musique et de cantine. »

Cet article est suivi d'un éditorial du *Philadelphia Daily News* du 16 septembre 1944 signé Julia Shawell.

« Cela m'a rendue furieuse d'apprendre que ces prisonniers allemands s'étaient mis en grève parce qu'on leur demandait de travailler neuf heures par jour.

Les nazis font travailler leurs prisonniers dix-huit heures par jour avec un bol de soupe et deux pommes de terre. Et maintenant voilà les nazis du Wyoming qui se mettent en grève parce qu'ils n'aiment pas les balles de tennis qu'on leur a fournies !

Pendant des mois, nos officiels ont arrêté tous les livres prodémocratiques et tous les magazines qui pouvaient heurter leur sensibilité. Mais nous leur avons permis de lire *Mein Kampf*. En fait, nous le leur avons même distribué gratuitement. Dans le même temps, nous interdisons à nos soldats en Angleterre d'acheter les journaux anglais par peur que cela puisse les influencer politiquement.

C'est une chose que d'être juste avec les prisonniers, c'en est tout à fait une autre que de se faire continuellement avoir par eux. Et nous ne répéterons jamais assez qu'il est nécessaire de leur apprendre le respect de nos officiers et de notre système. Nous n'y arriverons jamais par la douceur parce que les nazis n'ont que du mépris pour les faibles. »

Oberleutnant Klaus Michaelsen, camp Ruston, Louisiane

« On avait déjà gagné pas mal d'argent avec notre whisky qu'on vendait aux Américains, et puis on a fait autre chose.

Les sentinelles américaines devaient monter la garde six heures d'affilée, c'était dur pour eux. Un jour, un groupe de nos gars a réussi à s'infiltrer derrière la première ligne de barbelés, puis a grimpé à l'échelle qui menait au mirador et a ouvert la porte du mirador sans faire le moindre bruit… La sentinelle dormait, ils ont enlevé la mitrailleuse, pris aussi les bandes de cartouches, et ils sont revenus avec au camp. Ensuite ils ont jeté des cailloux contre les vitres du mirador. L'Américain s'est réveillé, affolé. Avant qu'il puisse donner l'alarme, ils lui ont crié : “Si tu veux avoir ta mitrailleuse, c'est dix mille cigarettes.” L'autre a réfléchi. Une demi-heure après, on avait les cigarettes. Il n'y a pas eu de suites.

Alors voilà, on avait une caisse bien garnie. Ça nous permettait d'acheter des articles de sport et de financer les évasions. »

11

Évasions

Les prisonniers n'ont pas besoin de l'exemple fameux de Franz von Werra pour rêver d'évasion ; dans tous les camps de prisonniers de tous les pays et de toutes les guerres, la première pensée est de s'évader. Mais l'exemple du lieutenant permet d'entretenir la chimère d'une évasion possible *d'Amérique*.

Cela paraît à ce point improbable aux autorités américaines que, dès 1942, le chef de l'état-major, le général George Marshall, établit la doctrine du *calculated risk* (le risque calculé), ainsi résumée : « La surveillance peut être effectuée d'une manière limitée, l'évasion de quelques prisonniers ne devant pas avoir de suites très graves. »

La garde sera donc instituée selon un rapport de un à dix : une sentinelle pour dix Allemands. Chaque camp est bien entendu entouré d'une triple ceinture de barbelés, de cinq ou six miradors avec des sentinelles armées de mitrailleuses et disposant de projecteurs, mais l'atmosphère de nombreux camps, on l'a vu, est telle que le nombre des évasions atteint rapidement des chiffres records : trente *par jour* pour l'ensemble des camps, dans la seule année 1944. Le rapport sur les camps (4-43 AA vol. 3) mentionne quelques raisons d'évasion données par les prisonniers repris et interrogés :

« Pour les nazis endurcis il est considéré comme un devoir d'essayer de s'évader. La confusion ainsi créée et le surcroît de travail occasionné aux Américains sont une contribution à l'effort de guerre allemand. D'autres prisonniers veulent rejoindre des parents émigrés aux États-Unis, mais cela est vrai pour les Italiens plus que pour les Allemands. Beaucoup aussi s'évadent parce qu'ils en ont tout simplement assez d'être prisonniers. Enfin, un certain nombre a déclaré avoir voulu "voir l'Amérique" et faire un peu de tourisme. »

Aussi beaucoup de ces évasions ne sont-elles pas très sérieuses. Les prisonniers passent quelques heures à l'extérieur et reviennent d'eux-mêmes ou sont repris rapidement par les shérifs locaux.

Harold Ellsworth, shérif de Lewistown près du camp Ellis, Illinois

« Moi, je peux vous dire qu'ils nous faisaient plutôt pitié, ces évadés. On les trouvait là, dans la rue, incapables de prononcer un mot d'anglais, à Bloomington, à Peoria, à Galesburg, ou alors dans les bois, complètement perdus comme des moutons égarés. Oui, je vous le dis, c'était plutôt pitoyable. D'ailleurs les gens n'avaient pas peur. Quand ils en rencontraient un, ils nous appelaient, on arrivait, on leur mettait la main sur l'épaule gentiment et on les ramenait au camp. »

Seules les évasions « graves », préparées et destinées en principe à réussir – c'est-à-dire à permettre un retour en Allemagne –, sont notées. Au 1er mars 1945, on en comptabilise 1 369. Sur ces 1 369 évadés, 12 ne sont pas repris ; un est repris le 24 juillet 1946, les autres courent encore. Mais où ? Ils contreviennent toujours à la loi sur l'immigration, et on les imagine, ayant refait leur vie sous un autre nom, dans l'anonymat d'une grande ville américaine, ou dévorés par les coyotes pendant leur fuite, ou disparus sans laisser de trace dans quelque geôle mexicaine. Car, pour les trois quarts des prisonniers dans ces camps du Sud, le salut, c'est le Mexique, distant parfois de quelques dizaines de kilomètres seulement des camps du Nouveau-Mexique ou de l'Arizona. Et de là, pourquoi ne pas envisager l'Amérique du Sud, et notamment l'Argentine, sympathisante à la cause nazie et donc remplie d'Allemands ? Mais très vite les prisonniers apprennent à ne se faire aucune illusion sur le sort qui les attend s'ils sont capturés par les Mexicains.

Sous-lieutenant Horst L., camp Mexia, Texas
« L'idée de s'enfuir d'Amérique, d'atteindre l'Europe... non. Très peu pour moi. Même ceux qui arrivaient à atteindre le Mexique trouvaient là une autre prison. Et ils en arrivaient vite à la conclusion qu'un camp de prisonniers était grandement préférable à une prison mexicaine... »

Ces idées raisonnables semblent partagées par de nombreux prisonniers.

Enseigne de vaisseau Wolfgang Verlohr, camp Papago, Arizona

« Je n'ai jamais participé à ces folles entreprises. Il y avait toujours des types qui ne savaient pas comment employer leur temps et qui s'efforçaient par tous les moyens d'embêter les Américains.

Par exemple, un soir de fête, le commandant du camp nous a dit : "Ce soir, c'est la paix des deux côtés des barbelés, pas d'appel." Tout le monde était d'accord et on avait donné notre parole qu'il ne se passerait rien. Quatre prisonniers en ont profité pour s'évader. En fait, ils sont allés sur la colline d'en face, mais, quand même, on avait donné notre parole ! »

Des histoires circulent, sur de prétendues atrocités américaines, qui servent utilement à dissuader les candidats à l'évasion.

Caporal Heinrich Severloh, camp McCain, Mississippi

« Quand je suis arrivé au camp, on m'a montré cinq tombes, et on m'a raconté que c'étaient les tombes de cinq prisonniers allemands qui s'étaient évadés et qui avaient été repris quinze jours plus tard. Ils avaient été ramenés au camp et là ils avaient été conduits près des barbelés, le long de ce qu'on appelait "l'allée de la mort", la séparation entre la deuxième et la troisième rangée de barbelés, où les sentinelles avaient l'ordre de tirer dès qu'elles voyaient quelque chose. Alors ils leur ont dit, à nos camarades : "Montrez-nous comment vous avez fait pour traverser les barbelés." Ils ont refusé, en demandant que les sentinelles quittent d'abord leurs miradors. Le commandant leur a répondu : “Ne vous inquiétez pas, ils ont l’ordre de ne pas tirer.” Alors les autres ont franchi les barbelés pour montrer comment ils avaient fait, et les sentinelles ont ouvert le feu. Les cinq sont morts. »

Vraie ou fausse, cette histoire, de toute façon, paraît vraisemblable aux soldats de la Wehrmacht. Si elle n’est pas dans la manière des Américains, elle l’est bien dans celle des SS, qui ont fusillé quarante aviateurs américains dans une tentative d’évasion en Allemagne.

D’autres anecdotes courent, qui donnent à penser aux plus lucides que les randonnées en Amérique sont sans espoir.

Lieutenant Werner Wappler, camp Como, Mississippi

« Un ami à moi a été repris parce qu’il était monté dans un autobus. Il n’avait pas pu lire les inscriptions *“Colored people only”* avec une flèche vers l’arrière [*Noirs à l’arrière, Blancs à l’avant*]. Il s’était mis à l’arrière et, en plus, il s’était levé pour céder sa place à un vieux Noir. Un shérif l’a vu et l’a arrêté aussitôt. Il ne pouvait pas être américain… »

Tout cela n’empêche pas, bien entendu, des centaines de prisonniers d’être candidats à l’évasion. C’est la tâche du FBI de les retrouver ; son chef, le célèbre J. Edgar Hoover, s’en explique longuement en avril 1944 dans *The American Magazine* :

« Le FBI coordonne toutes les recherches de prisonniers de guerre évadés. Dès l’annonce de l’évasion, nous alertons toutes les autorités légales, les stations de radio, les journaux. Une véritable armée de citoyens passe la région au peigne fin, avec des chiens policiers, des voitures radio, et cela jour et nuit. Rappelez-vous que toute assistance à un prisonnier évadé est considérée comme un acte de haute trahison et punie de l'emprisonnement à vie et même de la peine de mort.

D'autre part, si les prisonniers ont commis un délit pendant leur période d'évasion, ils seront punis. Ainsi, deux prisonniers évadés du camp Clark, Nevada, ont été condamnés à deux ans de prison ferme par le tribunal militaire pour avoir volé deux voitures pendant leur fuite.

Quelques cas d'évasions : Hugo Hanke, un boulanger de Carlsbad, prisonnier au camp Livingston, Louisiane, s'échappe en passant sous les barbelés par une nuit sans lune. Il ne parlait pas un mot d'anglais et n'avait aucune provision. Il portait des bottes allemandes, un pantalon volé dans un hôpital et une chemise verte. Il n'avait aucune idée de l'endroit où il pouvait être aux États-Unis.

Alors, le voilà sans nourriture, sans vêtements civils, sans aucune connaissance de la langue ni du pays, seul face à un monde entièrement hostile, au milieu d'une immensité dont il n'avait même pas idée. Il a erré désespérément pendant vingt-quatre heures dans la sombre forêt qui entoure son camp, puis il s'est endormi, épuisé de fatigue, sur le sol. La pluie l'a réveillé. Puis il a entendu les aboiements des chiens. Désespéré, terrorisé, il s'est rendu. À ce moment-là, les chiens n'étaient plus qu'à cinq cents mètres de lui.

De nombreux prisonniers réussissent néanmoins à parcourir de longues distances. Il est tout à fait étonnant de constater combien rares sont nos compatriotes, civils ou même militaires, qui les reconnaissent, même quand ils parlent avec l'accent allemand ou quand ils portent des vestes d'uniforme allemand.

Il y a quelques mois, un grand type blond à la figure taillée à coups de serpe s'est présenté dans une petite ferme près de Heavaner, Oklahoma, et, avec un accent épais, guttural, a demandé un verre d'eau. Il portait une veste de para allemand, des pantalons d'uniforme allemand, une chemise civile et une casquette qu'il avait manifestement confectionnée lui-même. Mais le vieux fermier et sa femme le prirent pour un vagabond. Ils lui donnèrent à boire et lui offrirent de partager leur repas. Ce sont des gens simples, isolés et confiants, dans ces collines où le voisin le plus proche habite à dix kilomètres.

L'étranger n'était pas très bavard. Après le dîner, il s'est assis en silence sous le porche et il a fumé une cigarette. Finalement le fermier lui a demandé son nom. Il a eu droit à un mauvais sourire et à quelques mots bredouillés : "Suédois. Vais au Texas." C'est tout ce que ces vieilles gens tirèrent de Carl Anton Schwingenheuer, sergent dans les Panzer et évadé du camp Chaffee, Arkansas. Les fermiers lui ont donné des couvertures, l'ont fait dormir dans la grange, et le lendemain lui ont souhaité bon voyage.

Il n'est pas allé très loin. Après sa capture, nous avons interrogé ces deux vieux pour savoir s'ils avaient aidé ce prisonnier en connaissance de cause. Ils ont été stupéfaits. Ils étaient tout à fait innocents. Leur fils unique est dans l'armée.

Un autre prisonnier allemand, Michael Huebinger, s'est échappé au retour du travail, dans son uniforme bleu de prisonnier, avec les lettres PW, *Prisoner of War*, sur le dos et sur ses poches de pantalon. Il portait sa veste sur l'épaule pour cacher les PW et des gants dépassant de ses poches pour cacher ceux de son pantalon. Lui, au moins, parlait parfaitement l'anglais. Il s'est engagé sur une route interdite aux civils et a été arrêté par une sentinelle, qui lui a demandé où il allait. Huebinger a répondu qu'il vivait à Fort Smith, dans l'Arkansas, et qu'il rentrait chez lui. "Mais c'est dans l'autre sens", a dit la sentinelle. "Oui, mais je travaille de nuit", a répliqué Huebinger.

Le garde l'a laissé passer. Le jour suivant, il a couché dans un camion à l'arrêt, puis, ayant achevé les quatre tranches de pain qu'il avait emportées avec lui, et ne sachant plus trop quoi faire, il est entré dans une église, à Charleston, Arkansas. Cela peut paraître incroyable, mais personne n'a remarqué cet homme avec ses PW marqués partout. L'alarme avait pourtant été donnée dans tout le pays, son signalement diffusé par tous les journaux et toutes les radios… Et voilà notre Huebinger assis au milieu de la foule des fidèles, perdu dans ses méditations. Il s'est quand même trouvé une femme, une mère de famille, agenouillée près de lui, pour s'apercevoir enfin qu'il avait des lettres jaunes peintes sur lui. Elle est sortie de l'église pour chercher son mari, et tous deux sont allés trouver le curé pour lui faire part de leurs soupçons. Le curé a été voir Huebinger et lui a dit : "Il faut retourner à votre camp, mon fils." Huebinger a hoché la tête, puis est allé tranquillement prendre le café chez les gens qui l'avaient découvert, lesquels l'ont mis ensuite dans leur voiture et l'ont ramené au camp !

Nous n'avons pas pour le moment de cas de prisonniers évadés qui auraient attaqué des civils, mais au moins un évadé capturé nous a déclaré qu'il aurait tué, le cas échéant, pour trouver de la nourriture. Rappelez-vous que tout prisonnier de guerre a prêté serment au nazisme, ce nazisme que nous-mêmes nous nous employons à détruire. Et nous ne devons jamais oublier que chacun d'entre eux, il n'y a pas si longtemps, cherchait à tuer nos *boys* et à détruire notre Nation et notre Liberté. »

Les cas cités par le patron du FBI ne sont que du menu fretin, de malheureux sous-officiers ou des soldats allergiques aux barbelés. Chez les officiers, les seigneurs de la guerre, s'élaborent des plans d'évasion autrement sérieux. Dans les camps américains, parallèlement aux organisations nazies et à la Gestapo des camps, existe une puissante « organisation d'évasion », analogue à celle qu'a connue Franz von Werra en Angleterre, et dont la fonction est la même : étudier les candidatures, juger du bien-fondé des plans d'évasion et mettre en œuvre tous les moyens pour la réussite des projets, financement, fourniture de vêtements civils, de cartes, de faux papiers, etc. Pour l'impression des faux papiers (des faux cachets au moyen de pommes de terre coupées en deux et de lettres découpées dans du linoléum), les Allemands n'ont rien inventé, cela se pratique tout au long de la guerre dans les camps de prisonniers alliés en Allemagne. Mais il semble que la patience maniaque et le savoir-faire germaniques fassent des miracles. Et les prisonniers allemands ont tout ce qu'il faut comme papiers, parfaitement imités.

Alors, ces évadés de luxe, ces officiers pur sang de la Wehrmacht, vont-ils réussir mieux que les autres, et retourner se faire tuer, comme von Werra, en Allemagne, pour le IIIe Reich ?

Major Tilman Kiwe, camp Trinidad, Colorado

« J'avais 28 ans, j'étais major, oui, commandant à 28 ans. Dans l'Afrikakorps, c'était l'avancement rapide ou la mort. Je commandais un bataillon de chasseurs parachutistes. J'avais d'abord fait la Russie, Moscou, ça avait été très, très dur, puis l'Afrique, et j'ai été fait prisonnier comme les autres, au cap Bon. Je me suis retrouvé dans les montagnes Rocheuses, au camp Trinidad.

Il faut vous dire que j'avais fait mes études en Amérique. Je venais d'une très bonne famille d'Aix-la-Chapelle : mon père était historien d'art, ma mère pianiste de concert, une famille très catholique. Moi, à 16 ans, j'étais plutôt communiste ; à 20, de nouveau catholique. Puis, à partir de 1934, nous étions tous très intéressés par le national-socialisme. En 1936, je suis parti continuer mes études en Amérique, à la John Hopkins University de Baltimore. J'étudiais l'ethnologie. Ensuite je suis parti pour l'Institut d'ethnologie d'Albuquerque, au Nouveau-Mexique. C'est là que j'ai reçu mon ordre de mobilisation. Ça faisait onze mois que je traînais à travers l'Amérique. Je suis vite rentré pour ne pas être déserteur. Ensuite, la guerre et je me retrouve donc en Amérique.

Pour moi les choses étaient claires, j'avais beaucoup d'adresses du temps où j'étais à l'université, j'avais aussi de la famille en Argentine, ça n'allait pas être compliqué de m'évader. L'organisation du camp m'a d'abord procuré un uniforme américain, et comme on était en février 1944 et qu'il faisait froid, un tailleur du camp m'avait coupé un manteau à partir d'une tenue de motard. C'était un de ces manteaux très larges, faits pour porter des tas de choses en dessous. Il en a fait un manteau civil très chic. Évidemment, l'ennui c'est qu'il était vert-de-gris. Mais on ne manquait pas de chimistes dans le camp. Avec des oignons bouillis, ils obtenaient un ton merveilleux, jaune orangé, et avec du thé on le fonçait un peu. C'était parfait, très naturel. Une couleur pas voyante.

Avant de partir, j'avais tenu à me perfectionner en anglais, surtout dans le *slang*, l'argot américain. Il y avait dans le camp un officier qui avait passé vingt-trois ans en Amérique, il était interprète et il m'a bien pris en main. Je passais absolument pour un Américain. Cette histoire de la langue était évidemment primordiale pour moi. Mais il y avait aussi tout le reste… Je connaissais par exemple un type qui avait réussi à rester évadé pendant trois mois et demi. Il parlait parfaitement l'américain, il avait vécu dix ans aux États-Unis avant la guerre. Il s'est fait prendre à cause de sa déclaration d'impôts… Après son évasion, il avait réussi à se faire embaucher dans une ferme. Au début, tout allait bien, mais en fait ça allait trop bien. Comme il travaillait mieux que tout le monde, son patron lui a dit : “C'est bien, ça, mon gars, je t'augmente.” L'ennui, c'est que son nouveau salaire le plaçait dans la première catégorie imposable. Comme le contrôleur des impôts n'avait ni son nom ni son adresse, il a fallu qu'il aille se faire enregistrer. Et, comme il était jeune, deux jours après la Military Police était à la ferme pour savoir pourquoi il n'était pas mobilisé…

Bon, pour moi les préparatifs avançaient. L'organisation m'avait fourni l'argent nécessaire – une centaine de dollars. Le jour fixé pour l'évasion, j'ai d'abord utilisé un truc pour qu'on ne remarque pas mon absence. Nous allions au cinéma dans le camp des sentinelles. Les prisonniers devaient d'abord sortir du camp, et j'ai laissé passer tout le monde. Ils ont été comptés, j'ai attendu un petit moment puis je me suis précipité en criant : "Moi aussi, je veux aller au cinéma !" On m'a laissé passer. Comme ça les types allaient être comptés au retour, et il y aurait le même nombre qu'à l'aller…

Une fois dans le camp américain, je me suis glissé sous une baraque – elles étaient toutes sur pilotis – mais il n'y avait pas énormément d'espace, alors pour me changer, ça a été du sport. Après, j'étais en uniforme de lieutenant américain. J'ai attendu encore un peu et je suis allé au poste de garde. La sentinelle a dû penser que je faisais une promenade. J'ai fait un petit signe de la main, en disant "Hello !", un vague salut et hop ! j'étais dehors !

J'ai marché une vingtaine de kilomètres, jusqu'à la gare de Trinidad. J'ai pris le premier train arrivant en gare, en direction de La Junta, à soixante-quinze kilomètres. Là, il y avait un embranchement, les trains partaient pour Colorado Springs ou pour Kansas City. Va pour Kansas City. Là, je suis descendu du train et j'ai filé à une cabine téléphonique. J'ai appelé deux amis américains d'origine allemande, qui ont eu l'air épouvanté au téléphone. Ils me suppliaient : "Surtout ne venez pas nous voir !" Bien, bien… J'avais une autre adresse à Toledo. J'ai pris le train pour Saint-Louis, puis pour Toledo, et là j'ai trouvé un meilleur accueil. C'étaient aussi des Américains d'origine allemande. Ils m'ont aidé et donné de l'argent.

Mon but, c'était d'aller à New York. J'avais connu dans mon camp un lieutenant qui s'appelait von Hanau et qui était duc. Il avait des propriétés aux États-Unis, et un avocat à New York, un certain Mr Lowenthal. Je devais l'appeler en arrivant à New York.

J'avais déjà fait pas mal de chemin, et c'est en arrivant à Springfield, dans l'Illinois, que j'ai eu ma première alerte sérieuse. Dans mon compartiment il y avait un type, tout petit, qui me regardait sans arrêt. Tout à coup, il commence à me parler en allemand, avec un accent autrichien. Moi, je faisais semblant de ne pas comprendre… il avait remarqué le tissu de mon manteau… qui n'existait pas en Amérique. Et sa coupe ! Tout à fait militaire, malgré les retouches et les manches raglan. Et ma serviette… je voyageais avec une serviette, grossière erreur, les Américains ne font jamais ça. C'était une de ces serviettes typiques : les Allemands vont toujours au travail avec, leur gamelle ou leur bière dedans…

Et ce type qui m'expliquait tout ça ! Le train s'arrête à ce moment-là, je saute sur le quai, je cours prendre en marche un autre train, qui allait, lui, dans le sens d'où je venais. Après deux stations, je vois monter les MP dans le train. Je les fuis de wagon en wagon, et le train s'arrête. Je me retrouve à la gare de Saint-Louis. Ouf !

J'ai soufflé un peu. Et je suis allé téléphoner. Mais j'ai commis *la* faute. Dans chaque gare il y avait une *restricted area*, une zone réservée, interdite aux civils. J'y suis allé tout droit. Sans le savoir. Un MP m'a fait sortir de la cabine téléphonique pour voir mes papiers. Je n'en avais pas beaucoup… Il a aussitôt appelé les agents du FBI qui m'ont emmené à la prison d'État de Saint-Louis.

Pendant deux jours ils m'ont interrogé sans arrêt. Moi, je disais que j'étais un Américain d'origine hollandaise, que j'avais perdu mes papiers. L'organisation du camp m'avait donné une identité. Ils ont vérifié, le type que je prétendais être faisait partie d'une unité qui combattait quelque part dans le Pacifique. Ça n'a pas résolu la question. Après tout, pourquoi est-ce que ça ne serait pas moi ? Pourquoi est-ce que je ne serais pas un déserteur ? J'ouvrais de grands yeux… Ils m'expliquèrent qu'ils cherchaient surtout les déserteurs : il y en avait cent mille à l'époque aux États-Unis. “Tu as le choix : ou tu es déserteur, et tu vas voir ce qui va t'arriver, ou tu es un prisonnier évadé, et tu retournes dans ton camp.” Là, il n'y avait pas beaucoup à hésiter. Je suis retourné dans mon camp.

C'est l'officier en second qui est venu m'accueillir. Je le connaissais bien. Il parlait allemand et il venait souvent bavarder avec nous. Il s'appelait Fischer, il était banquier dans le civil, sa famille était allemande. Il m'a dit : “Me faire ça à moi… Comment, à moi, un ami, me faire ça !…”

La punition réglementaire pour les évasions, c'était trente jours d'arrêts, au pain sec et à l'eau. Mais la prison du camp n'était pas bien méchante. La plupart du temps, les portes des cellules étaient laissées ouvertes, on se baladait à l'intérieur de la prison, on bavardait, les gardes étaient plutôt arrangeants. Mais, après ces trente jours, on m'a envoyé dans un autre camp. »

Le train avait dépassé Oklahoma City, et traversait maintenant à toute allure un désert comme Tilman Kiwe n'en avait encore jamais vu. Plat, immense, une vraie poêle à frire sous le soleil. Et dans le lointain, apparaissaient déjà les miradors du camp.

« Le camp Alva, dans l'Oklahoma. J'y suis arrivé début juin 1944. C'était vraiment un camp spécial. »

12

Des petits camps nazis bien tranquilles

Pendant que dans l'Ouest américain le major Kiwe, par la fenêtre de son compartiment, regarde le désert défiler, sous l'Atlantique le lieutenant de vaisseau Günter Wedekind essaie désespérément de réparer son schnorkel.

À bord de son sous-marin U-385, ça n'est pas encore la panique, mais c'est déjà l'asphyxie. Le long tube qui monte au ras de la surface pour évacuer les gaz des moteurs et amener l'air ne fonctionne plus.

L'U-385, un petit sous-marin de type 7 C de 500 tonnes avec à bord 45 hommes d'équipage, 4 officiers et 20 sous-officiers mariniers, rentre à Saint-Nazaire après la dure campagne du printemps 1944.

Lieutenant de vaisseau Günter Wedekind, U-385

« À bord de mon sous-marin, tout le monde toussait, crachait, la moitié de l'équipage était hors service, il fallait remonter. Ça devenait urgent.

On est remontés. Exactement au milieu de cinq destroyers américains. Qui se sont tous mis à nous tirer dessus. En trente secondes, tout le monde était à l'eau, on nageait dans le mazout et les débris, pendant que notre sous-marin allait au fond de l'océan. Et, du haut de leur bateau, les Américains nous criaient : "*What is the number of your boat ?*" (Quel est le numéro du sous-marin ?) Comme on ne répondait pas, ils nous laissaient barboter et nous affaiblir dans l'eau. Au bout d'un quart d'heure – c'est long – de ce manège, ils ont consenti à nous repêcher. Et là, changement de décor, hospitalité extraordinaire : ils avaient préparé des bains chauds, un énorme petit déjeuner, en nous demandant si on préférait les œufs au plat ou brouillés, et en nous donnant des corn-flakes, je me rappelle, je ne savais pas ce que c'était… Et puis des vêtements frais et repassés. Vraiment très bien, très généreux, ces Américains… Pendant deux jours ils nous ont dorlotés comme ça. Nous nous remettions de notre naufrage. Nous étions tous très angoissés. Nous nous demandions : est-ce qu'on a fait tout ce qu'il fallait faire ? Est-ce qu'on n'aurait pas pu sauver le sous-marin… Enfin, c'était trop tard.

Nous sommes allés à Liverpool, puis on nous a mis dans des bateaux et, le jour de mes 22 ans, je suis arrivé à New York.

Dans ce transport de quatre cents prisonniers, nous étions une dizaine de marins. On s'est retrouvés au camp Alva, dans l'Oklahoma. Tout le monde disait que c'était un *Straflager*, un camp disciplinaire, qu'on y mettait les suspects, les nazis. Pourquoi nous ? Sans doute le hasard…

Il y avait des gens étranges dans ce camp. Par exemple des types qui avaient fait la guerre au Groenland. Nous, nous étions les plus décontractés : on ne se saluait pas beaucoup, les grades, la discipline, nous… Pour nous la guerre c'était plutôt un genre de sport… On s'est soigneusement tenus à l'écart. Tout de suite… »

Major Tilman Kiwe, camp Alva, Oklahoma
« Pour les Américains, le camp Alva c'était un camp super-nazi. Une partie du camp était aménagée spécialement pour les SS. Nous, nous étions une centaine d'officiers. Il y avait là tous ceux que les Américains appelaient les *troublemakers*, les "fauteurs de troubles", les évadés, les porte-parole de chambrées un peu trop arrogants. La discipline militaire allemande, la vraie. »

Enseigne de vaisseau Wolfgang Verlohr, U-175
« J'avais 23 ans. Je suis de Berlin. Volontaire pour les Jeunesses hitlériennes de la marine. École de torpilles à Flensburg. Officier à bord de l'U-175, type 7 C, 500 tonnes. En avril 1943, avec une meute de sous-marins, nous avons attaqué un convoi au sud-ouest de l'Irlande. Nous avons été grenadés par des destroyers. J'étais près du périscope, au poste de commandement, et j'ai vu les derniers moments : c'était épouvantable. La coque était trouée, nous descendions, cinquante mètres, cent mètres, les manomètres tournaient dans tous les sens, pas moyen de remonter, les cris… L'eau entrait partout… et par miracle, je ne sais pas comment, on s'est retrouvés dans l'eau, une eau glacée.

Je dois reconnaître que ces marins anglais ont été très fair-play d'arrêter leur convoi pour nous repêcher. Vous imaginez, un convoi de soixante-dix bateaux, étiré sur dix kilomètres, avec tous nos sous-marins autour... Franchement je ne sais pas si j'en aurais fait autant. Les bateaux étaient tous immobiles, ils avaient mis des canots à la mer, ils nous ont repêchés.

On nous a amenés à Glasgow, puis dans un camp spécial, et là, trois semaines de cellule et d'interrogatoires permanents. Ensuite nous avons été remis aux Américains. Début 1944, nous sommes arrivés dans un camp réservé aux sous-mariniers. Le camp Papago, près de Phoenix, dans l'Arizona. C'était en plein désert. Il faisait une chaleur atroce. Il n'y avait rien, mais absolument rien, pas une maison, pas un arbre, pas une plante à des dizaines de kilomètres à la ronde. Pas une goutte de pluie, 50 degrés à l'ombre, et dans la pierraille du désert tout ce que vous vouliez comme scorpions et serpents à sonnettes. »

Rapport du capitaine D. L. Schweiger, US Army

Visite au camp Papago, 6 mars 1944

À l'attention du *Provost Marshal General*, Washington DC

« Le camp Papago est un camp très difficile. Il y a de nombreux agitateurs politiques parmi les prisonniers. Ils produisent des incidents et entretiennent une forte opposition à toute coopération avec les autorités du camp. Il serait sans doute préférable de transférer ces agitateurs au camp Alva où ils seraient moins dangereux... »

Le transfert des *rabid nazis*, les « nazis enragés », comme les avaient surnommés les Américains, du camp Papago au camp Alva n'allait certainement pas améliorer la situation. Mais où les mettre ?

Et le rapport Schweiger conclut en présentant une nouvelle vedette :

« Le capitaine de vaisseau Jürgen Wattenberg est le *spokesman* (le porte-parole) des prisonniers. Il est jugé nécessaire de procéder à son remplacement à cause de son attitude systématiquement hostile et de son manque total de coopération. Cet homme est à l'évidence un nazi. »

Quand nous avons interviewé Jürgen Wattenberg en 1975, il vivait à Lübeck, dans une petite maison de briques rouges, avec un joli sapin devant. À 75 ans, il se tenait encore très droit, ses cheveux toujours blonds, et il vous scrutait avec ses yeux si bleus. Il s'est laissé tomber avec raideur dans un fauteuil de son salon douillet, au confort paisible si allemand. Près de lui, encore jeune et belle, sa femme le regardait avec un mélange de tendresse, de respect et d'amour.

M. Wattenberg nous a parlé sans cesser de jouer du bout de ses longs doigts distingués avec une grosse chevalière à pierre bleue gravée aux armoiries de la famille. Au-dessus de lui, une grande photo de l'amiral Dönitz, avec une belle dédicace. M. Wattenberg, le patron si peu clandestin de l'organisation nazie du camp Papago, Arizona. Le roi de l'évasion, avec le major Kiwe.

Major Tilman Kiwe, camp Alva, Oklahoma

« Nous avions un moral d'acier. Pour nous, la guerre était loin d'être perdue. Bien sûr, il y avait eu le Débarquement, mais nous considérions tous qu'il n'avait pas encore réussi. Le point décisif, c'était Paris. Si Paris tenait, la situation pouvait être rétablie...

Pendant trois mois j'ai préparé mon évasion, mais cette fois-ci beaucoup plus sérieusement. Je me suis laissé pousser la barbe, et j'ai complètement transformé mon apparence : j'avais les cheveux plaqués, avec une raie au milieu, et des lunettes. Et un vrai costume civil, cette fois. Et, pour ne pas commettre deux fois la même erreur, je m'étais procuré un vrai sac de voyage américain, pas une serviette digne du train de 8 h 15 pour Düsseldorf.

En plus je ne partais pas seul. J'avais choisi de m'évader avec un type formidable, le docteur Sens, qui avait mené sa petite guerre personnelle au Groenland. Il était médecin d'une station météo secrète que nous avions au milieu des glaces. Ils avaient été découverts et, pendant quatre mois, on les avait pourchassés à travers tout le Groenland. L'un après l'autre ils ont été capturés, et le docteur Sens avait été pris le dernier.

Nous n'étions pas entièrement d'accord sur l'évasion : moi je voulais passer au Mexique, et le docteur Sens voulait aller au Canada. Alors le plan final a été le suivant : nous nous évaderions tous les deux, pour nous séparer tout de suite après. Moi, j'irais au Mexique, et quelques jours plus tard deux autres camarades devaient s'échapper à leur tour. Je devais trouver le passage, aller voir au Mexique si tout allait bien – nous avions une très bonne adresse, des colons allemands, les von Korpf, établis à Santa Rosita, à cent cinquante kilomètres de la frontière. Je devais ensuite revenir aux États-Unis, retrouver mes camarades à un endroit précis, et leur faire passer la frontière avec moi.

Le plus dur, c'était de passer la frontière. Nous ne voulions pas avoir de faux papiers, le bruit courait que ceux qui en avaient étaient condamnés à de lourdes peines de prison.

Et, en dehors des postes-frontières, c'était assez dur, il y avait le Border Control, la police des frontières, qui faisait très attention à cause des déserteurs américains et aussi, déjà à cette époque, de la contrebande de la marijuana. Il y avait des avions qui patrouillaient sans arrêt, au-dessus d'un paysage plat comme la main, le désert. Mais, enfin, ça, on verrait plus tard. Il fallait d'abord sortir du camp.

Une fois par semaine, il y avait la corvée de chaussures. C'était une charrette à deux roues, on y jetait nos chaussures, nos bottes à ressemeler. Et, dans un camp de cinq mille hommes, il y a de la chaussure à ressemeler, vous pouvez me croire. J'avais remarqué qu'une sentinelle sondait le tas de chaussures avec un long bâton, pour empêcher que quelqu'un se cache dessous, mais il le faisait toujours au même endroit. Sens et moi nous avons attendu que ce soit précisément ce type qui soit de garde, et pendant un moment quelques camarades sont allés discuter avec lui, lui offrir une cigarette, faire un peu le cercle autour de lui. On s'est précipités et on s'est mis sous le tas de chaussures et de bottes. Ça puait horriblement. Comme prévu, le garde a sondé l'endroit habituel, et bien entendu n'a rien trouvé. Ensuite les copains nous ont traînés jusqu'au camp des sentinelles, nous étions horriblement secoués sous ces godasses.

Arrivés là, au magasin d'habillement US, il fallait encore distraire le sergent de garde. Dans l'entrepôt des couvertures, quatre camarades ont tout à coup appelé le sergent pour lui montrer une couverture à moitié brûlée : "Vous trouvez pas ça dégueulasse, de faire une chose pareille ?" qu'ils lui disaient. Et nous, pendant ce temps-là, on s'était glissés sous un autre tas de couvertures, où les camarades nous avaient bricolé une sorte de cache, avec du carton. Nous avons attendu dans cette cache jusque vers 9 heures du soir, et nous sommes partis, pas par la grande porte d'entrée, mais par le portail d'où venaient les travailleurs allemands dans la journée.

Ils étaient eux-mêmes chargés de fermer le cadenas... Bien entendu, ils l'avaient laissé ouvert, ce soir-là. Voilà comment fonctionnait "l'Organisation".

Une fois sur la route, on s'est embrassés et on s'est séparés. Le docteur Sens est donc parti, tout seul, vers le Canada. Il a été repris deux jours plus tard. Moi, j'ai marché jusqu'à la première voie ferrée, ensuite jusqu'à une gare. Et là, tout naturellement, j'ai pris mon billet, et je suis parti pour le Texas.

Personne n'a fait attention à moi. Je suis arrivé à San Antonio, où j'ai pris le bus pour la ville frontière la plus proche, Eagle Pass. À Eagle Pass, j'ai repéré une maison qui avait un écriteau : "*Rooms to rent*" ("Chambres à louer"). Il y avait là une vieille dame gentille. J'ai passé deux jours chez elle. Elle me reprisait mon pantalon et me parlait de son petit-fils qui était dans l'armée. Tout allait bien : je m'appelais Nelson, je venais du Canada, d'Edmonton.

En arrivant à Eagle Pass, j'avais tout de suite vu des grandes affiches, partout, qui annonçaient une corrida dans la ville mexicaine de Piedras Negras, de l'autre côté de la frontière, avec des toreros vedettes venus de Mexico. J'ai donc attendu le jour de la corrida et j'ai vu arriver des milliers de gens, qui venaient de tout le Texas, par cars entiers, de Fort Worth, de Dallas, de San Antonio. Et tous passaient en criant, en riant, en gesticulant, le pont-frontière au-dessus du Rio Grande. Personne ne pouvait les contrôler. Alors je me suis mêlé à eux, et en criant, en gesticulant comme eux, j'ai passé la frontière. Au moment de passer la frontière, je me suis soudain aperçu que j'avais oublié mon sac avec toutes mes affaires chez ma logeuse. Tant pis… j'ai continué. J'étais au Mexique !

Alors, j'ai tranquillement pris le bus pour Santa Rosita, et je suis arrivé à la *finca*, la ferme des von Korpf. Mais là, grosse déception. Il n'y avait que deux femmes, mortes de peur, qui m'ont supplié de partir en me donnant 80 dollars…

Je ne savais pas trop quoi faire. Mais enfin, au moins, je connaissais un moyen de passer la frontière. Alors il fallait que j'aille au rendez-vous fixé avec mes deux copains du camp, sur la Highway 246. J'ai donc repris le bus pour la frontière, Piedras Negras. Mais là, le pont était désert, il y avait des policiers, des douaniers partout, pas question de passer comme ça. J'étais très ennuyé parce que j'avais rendez-vous ; il fallait que j'y aille.

J'ai marché le long du Rio Grande pour trouver un endroit où passer à la nage. Deux jours. La deuxième nuit, je me suis décidé. Le fleuve coulait à cet endroit-là plus lentement. Je me suis glissé jusqu'à l'eau, et à ce moment précis je me suis aperçu que j'étais dans des sables mouvants. J'avais déjà lu ça dans les romans d'aventures, mais, quand ça vous arrive, c'est terrifiant. Je m'enfonçais, je n'arrivais plus à bouger, je n'ai jamais eu si peur de ma vie. J'essayais de m'en sortir. Tout à coup, j'ai agrippé quelque chose, c'était une canalisation. J'ai réussi à remonter, à me retrouver dans l'eau, et j'ai traversé le fleuve. Ouf !

Et c'est juste à ce moment-là que j'ai pris en pleine figure la lumière d'une torche électrique. Et des bras solides sur les épaules, à la taille. Trois types de l'American Border Patrol me tiraient sans douceur de l'eau. Ils m'ont laissé retomber sur le sol, et avec leur torche ils me regardaient : j'étais nu comme un ver, mes vêtements en paquet autour du cou. J'étais complètement épuisé, et je mourais de faim. Ils m'ont ramené à Eagle Pass.

C'était une très jolie prison, dans le style baroque espagnol. Il y avait deux types dedans, un capitaine qui s'appelait Bronson et qui m'interrogeait d'une manière très douce, très feutrée, et un grand policier qui avait l'air d'un Indien et qui répétait tout le temps : "Vous voyez bien que c'est un déserteur, laissez-le-moi, mon capitaine." Moi, je disais : "Je suis canadien." L'autre : "Mais ils sont mobilisés aussi, au Canada..." Et l'Indien : *"Leave him to me, leave him to me !"* À la fin, le capitaine m'a dit : "Bon, eh bien je ne peux plus rien pour vous. Je dois vous remettre à la police." Et l'autre m'a emmené en cellule. Je me suis réveillé le lendemain matin, avec un trou de mémoire et une énorme bosse sur la tête. L'Indien avait dû m'assommer dès mon arrivée dans la cellule. J'avais des menottes aux mains et aux pieds, et elles étaient trop petites, elles me faisaient mal, mes pieds étaient enflés. Devant moi, il y avait un type, l'air très anglais, avec une moustache, qui m'a dit : “Je suis du FBI.”

Il m'a interrogé pendant trois semaines. Mon cas était difficile : j'avais du mal à prouver que j'étais un prisonnier évadé… Il ne me trouvait pas dans le livre des recherches, il y avait ma photo (depuis ma dernière évasion), mais j'étais très différent – vous vous rappelez les lunettes, la barbe – et, comble de malchance, il n'y avait pas d'avis de recherche contre moi, car au camp Alva ils ne s'étaient tout simplement pas aperçus de mon absence ! Et il me répétait sans arrêt : “Vous êtes un déserteur, ça va aller mal pour vous !” J'ai quand même réussi à prouver que j'étais un prisonnier de guerre évadé.

Et je me suis retrouvé à la prison du camp, avec mes trente jours de cellule, comme prévu. Au pain et à l'eau. Après toutes ces aventures je pesais cinquante kilos. Au bout d'une quinzaine de jours, un officier de la MP entre dans ma cellule, et me dit : “Ça va ?” Moi je réponds : “Eh bien, oui, ça va pas trop mal…” Et l'autre : “Non ! Mais vous ne savez pas que vous avez l'interdiction absolue de parler ! Trente jours de plus !” Au bout d'un mois, il revient, et me dit : “Ça va ?” Je ne réponds pas, bien entendu. Il me dit : “Je vous donne l'ordre de me répondre.” Moi, bon, un ordre est un ordre, je lui dis :

“Ça va.” Lui : “Interdiction de parler ! Vous me ferez trente jours de plus !”

En tout, j’ai fait cent onze jours de cellule. Heureusement que de temps à autre on me faisait passer un peu de viande ou des fruits… Mais je ne leur ai rien dit. Ni comment nous nous étions échappés, ni les contacts que j’avais eus. Rien ! J’ai été à l’hôpital. Il y avait une infirmière, très mignonne. Si j’étais resté plus longtemps…

Ah, oui, j’oubliais. Au Mexique, j’avais vu un journal. Il annonçait ce que je redoutais le plus : la chute de Paris. »

Extrait du magazine à grand tirage allemand *Quick* nº 31 de juillet 1959

« Le camp s’appelle Papago Park, mais ce n’est pas un parc, c’est l’enfer. Au moins pour les 3 500 marins et 120 officiers entourés de toutes parts de barbelés. Autour, le désert, le soleil.

— Est-ce que les Américains soupçonnent quelque chose ? murmure le lieutenant de vaisseau Becker. S’ils découvraient la boussole, la carte, les provisions…

— Trouveront rien, chuchote Hellwege. Ils ne se doutent pas que la moitié du camp veut s’évader… Tous les prisonniers ont été rassemblés au milieu du camp.

Tous sauf deux.

Le premier, c’est le quartier-maître Wolf Dreesen. Les Américains viennent de le trouver pendu dans le lavoir du baraquement T 844. Maintenant les Américains cherchent ses assassins.

Le second, c’est le capitaine de vaisseau Jürgen Wattenberg. Il vient d’être amené chez le commandant du camp. Il est soupçonné d'avoir organisé l'assassinat de Dreesen.

— Mettez votre main sur ce drapeau et dites : "Je jure que ce n'est pas moi", lui dit le commandant.

— Vous ne comprenez pas bien, répond Wattenberg. Je suis un officier allemand, j'ai rang de colonel, mon pays est en guerre avec l'Amérique, je ne prête pas serment sur le drapeau de l'ennemi.

— Lorsque votre sous-marin a été coulé, aux Antilles, vous vous êtes bien laissé sauver par l'ennemi…

— C'étaient des marins britanniques. Même comme ennemis, ils étaient restés des camarades.

— Nous avons d'autres moyens pour connaître la vérité. Vous connaissez le détecteur de mensonges. Étiez-vous au courant du projet d'assassinat de Dreesen ?

— Non.

— Approuvez-vous cet assassinat ?

— Mais il s'agit peut-être d'un suicide.

— Non, mais regardez cette photo, il y a des marques sur tout le corps.

— Une photo n'est pas une preuve.

Et l'interrogatoire continue, pendant trois heures. Pour les simples marins, c'est encore plus dur. Privés de nourriture pendant douze heures, debout dans la lumière aveuglante des projecteurs. Ou bien on les emmène dans le désert, et on les laisse des heures sous le soleil. Ensuite on leur met un masque à gaz, et dans le masque on met un oignon écrasé. Fleischer, Frowen, Reincke et Stein avouent. »

Nul ne sait ce que deviennent ces quatre assassins, que ce magazine allemand, bien représentatif de la presse à sensation de la République fédérale, cherche à présenter comme des martyrs de la cause allemande.

Quant à Wattenberg, il est relâché, faute de preuves.

C'est la veille de Noël 1944. Quelques jours auparavant, le capitaine de vaisseau Jürgen Wattenberg a organisé une manifestation monstre dans le camp, en signe de soutien à l'offensive Rundstedt dans les Ardennes.

Et *Quick* continue, sur le même ton, le récit de ces anciens prisonniers :

« Depuis trois mois, cent vingt officiers travaillent au tunnel. À tour de rôle, pendant une heure, dans une chaleur étouffante. Le tunnel a un mètre de large, un mètre de haut. Il part de la baraque des lavabos, la plus proche des barbelés. On a creusé trois mètres en profondeur, puis soixante-dix mètres horizontalement, sous les barbelés et la route qui longe le camp, et il reste encore dix mètres pour atteindre un canal d'irrigation. Attention : si nous creusons trop profondément, nous serons noyés en arrivant, si nous creusons trop haut, nous déboucherons chez le gardien...

Une caisse de charbon à double fond masque l'entrée du tunnel. Wattenberg est là, pour diriger le travail. L'évasion est fixée au soir de Noël.

Le commandant du camp est le colonel William A. Holden. C'est un grand type maigre, au cheveu gris rare et à la peau tannée comme du cuir.

Sur une porte, une inscription : "FS" pour *"Fremdsprache"* (langue étrangère), mais qui peut vouloir dire aussi *"Fluchtschulung"* (cours d'évasion). Assis à des tables, une vingtaine d'officiers de marine et quatre sous-officiers mariniers, avec devant eux un livre d'anglais. Le professeur : "Parlons de la nourriture. Pour chacun, un peu de lard, quelques conserves, des fruits secs, de l'huile et du chocolat. Notre souci : le pain blanc américain, il prend de la place et ne se conserve pas. La solution : le pain est frit dans l'huile, haché et pressé en une masse compacte. Ce concentré de pain se conserve bien et a une grande valeur nutritive. Mais tous ces vivres ne dureront que quatre semaines : après il faudra manger de l'écorce, des fleurs, des fourmis. Une livre de termites contient autant de calories qu'un steak tartare. Les larves sont très nutritives aussi, et très bonnes pour la soif."

20 décembre. Le tunnel est terminé. Un lieutenant de vaisseau fait un essai. Il arrive jusqu'au canal, nage de l'autre côté, se promène deux heures dans le désert et revient, trempé mais heureux. Il fait son rapport à Wattenberg. Tout est au point : les cartes, les faux papiers, les lignes pour pêcher, même un canot que Hellwege et Becker ont fabriqué.

22 décembre. Dernière réunion dans la baraque de Wattenberg. Vingt-cinq hommes, officiers et sous-officiers. Les itinéraires des différents groupes sont encore une fois mis au point. Direction générale : le sud jusqu'à la frontière mexicaine. Distance d'un groupe à l'autre : dix kilomètres.

Départ fixé le 23 après la tombée de la nuit. Il n'y a pas d'appel le 24, c'est Noël ; l'évasion sera découverte au plus tôt le 24 après-midi.

23 décembre : 16 heures, dernier appel. Becker dit rêveusement : "J'irai d'abord en Forêt-Noire. Des sapins, de la fraîcheur. L'eau des sources…"

18 h 30. Du mess on entend le bruit des fourchettes. Dans une baraque, des officiers répètent un chant de Noël.

Les vingt-cinq se réunissent dans le lavoir. Chaque homme doit respecter un intervalle de huit minutes, cela représente trois heures pour que tout le monde soit parti. Pas un mot. On tire au sort l'ordre du départ. Wattenberg met des papiers dans sa casquette, chacun tire un numéro. Wattenberg a le numéro 8.

À 20 h 05, il entre dans le tunnel. Il entend des chants venant du camp : les sous-officiers ont organisé une fête pour détourner l'attention des Américains. Wattenberg s'enfonce dans le tunnel.

À la sortie, l'eau est froide, elle arrive à la ceinture. Il avance dans l'eau pendant une centaine de mètres, pour ne pas laisser de traces. Et il passe de l'autre côté du canal.

À 21 h 10, le dernier officier est passé. La plus grande évasion d'un camp d'Amérique a réussi. »

Télégramme n° 11 de l'attaché naval Dietmar

Ambassade d'Allemagne à Lisbonne, au ministère des Affaires étrangères du Reich

« Lisbonne, 4 janvier 1945

« Une dépêche Associated Press du 26 décembre nous apprend l'évasion de vingt-cinq officiers de sous-marins du camp des prisonniers de Papago Park, Arizona. L'officier le plus âgé dans le grade le plus élevé est le capitaine de vaisseau Jürgen Wattenberg. Les prisonniers avaient creusé un tunnel de soixante mètres de long, à trois mètres sous terre. »

Time du 8 janvier 1945

« Deux jours après l'évasion, les gardes ont découvert le tunnel, d'une longueur de cinquante mètres. Pour le creuser, les prisonniers ont dû passer des mois, car le sol est très dur. Ils ont dû utiliser des pelles à charbon. »

Newsweek du 16 janvier 1945

« L'annonce par l'armée de l'évasion la nuit de Noël de vingt-cinq prisonniers du camp de Papago par un tunnel de quatre-vingts mètres de long paraît "fantastique et hautement improbable" aux ouvriers civils employés par le camp et qui connaissent le genre de rocher sur lequel le camp est construit. En revanche, les prisonniers pouvaient être souvent vus se promenant, sortant du camp à leur guise, etc. »

Alors ? Tunnel ou pas tunnel ?

Newsweek du 16 janvier 1945

« On parle d'une commission d'enquête du Comité des affaires militaires du Sénat, et d'une autre commission d'enquête au War Department. En attendant, le colonel William A. Holden, commandant du camp, a été relevé de ses fonctions et remplacé par le lieutenant-colonel Verne Austin, qui s'était distingué l'année dernière en restaurant l'ordre dans un camp japonais. »

Le dimanche 24 décembre à la station de pompage du canal à trois kilomètres du camp, George Jackson est de garde. Le jour de Noël. Pas de chance. Il est 7 heures du matin. Jackson sommeille, quand il voit dans le lointain une silhouette avancer vers lui. Il écarquille les yeux.

L'homme se rapproche, il porte un treillis militaire bleu. Il s'assoit près de Jackson, stupéfait, et lui annonce tranquillement qu'il est un prisonnier évadé et qu'il cherche quelque chose à manger. Jackson se précipite vers le téléphone et l'autre le laisse faire. Le plus étonnant est qu'il transporte un sac avec cinquante kilos de vivres divers. Sans doute est-il très fatigué.

Au même moment, deux autres évadés trouvent une ferme perdue dans le désert, à quatre kilomètres du camp, frappent à la porte poliment et, en s'excusant du dérangement, disent qu'ils se constituent prisonniers.

Les deux bricoleurs mentionnés par l'article de *Quick*, l'enseigne de vaisseau de 1re classe Hellwege et l'enseigne de vaisseau de 2e classe Becker, arrivent à monter leur « canot » et atteignent la rivière Gila, un affluent du Colorado. Ils n'ont pas prévu le courant, et se fracassent sur un rocher après quatre cents mètres de course folle dans leur caisse. Transis, épuisés, ils se traînent dans le désert où ils sont repérés par un avion de chasse de la Garde nationale, qui les mitraille pour leur faire peur, puis tourne au-dessus d'eux jusqu'à ce que des MP en jeep arrivent. À la fin de la première semaine, six prisonniers sont encore capturés, des sous-officiers, qui déclarent tous qu'ils pensent avoir servi d'appât, et que les officiers les ont lancés sur une fausse piste pour égarer leurs poursuivants.

Trois semaines plus tard, il reste encore trois prisonniers en liberté : les quartiers-maîtres Gericke et Baum, et le capitaine de vaisseau Wattenberg. Ils ont marché vers l'ouest au lieu du sud, et se retrouvent en Californie au lieu du Mexique, près du fleuve Colorado.

Là, réfugiés dans une grotte, ayant épuisé leurs vivres, ils commencent à se regarder en chiens de faïence. Un matin, Gericke rassemble toutes ses forces, physiques et surtout morales, pour affronter Wattenberg.

« Je rentre », dit-il.

Et il rentre au camp.

Quatre jours plus tard, Baum s'éclaircit la voix et ose demander à Wattenberg d'aller chercher Gericke. « Il s'est peut-être perdu, je vais voir où il est… » Une sentinelle américaine le découvrira, épuisé, rôdant autour du camp.

Resté seul, sans vivres, Wattenberg revient lui aussi sur ses pas. Puis il marche vers le nord, vers Phoenix, avec l'intention d'entrer dans une épicerie et d'acheter quelque chose à manger. Il erre dans la banlieue de Phoenix, jusqu'à ce qu'une patrouille de police l'arrête et lui demande ses papiers. « Mes papiers ? » répond Wattenberg.

La suite fait l'objet d'un nouvel article dans *Newsweek* :

« Le capitaine de vaisseau Jürgen Wattenberg est l'un des plus rusés et des plus téméraires officiers nazis qui soient. Officier à bord du *Graf von Spee*, il avait été interné en Argentine après le sabordage du cuirassé en décembre 1939, mais il s'était évadé aussitôt. Deux ans plus tard, les Alliés l'avaient capturé ; cette fois il commandait un sous-marin. Depuis son arrivée dans notre pays fin 1942, cet officier de la Kriegsmarine, grand, blond, les yeux bleus, a été une véritable plaie pour tous les commandants de camp qui ont eu la malchance insigne de le compter parmi leurs prisonniers. Son apparition dans un camp signifiait immanquablement le désordre, la bagarre, et souvent le meurtre. Mais il réussissait toujours à prouver son innocence ; il était surtout préoccupé de dégager sa responsabilité sur les autres. Les officiels américains, harassés, le transféraient de camp en camp ; les ennuis arrivaient avec lui. »

Jürgen Wattenberg est condamné à trente jours d'arrêts, au pain sec et à l'eau.

La deuxième vague des prisonniers allemands, après le Débarquement du 6 juin 1944. Ceux-ci ont la honte supplémentaire d'avoir été capturés par un soldat noir.

En mer vers
les États-Unis.
Avec toutes sortes
d'arrière-pensées.

L'arrivée en Amérique.

Sur la ligne vers la Virginie.

Un camp.

Prisonniers au travail.

La vie est belle en Amérique!

La queue à la cantine.

© Nara

« Il ne faut pas qu'ils retournent dans leur pays, gras et forts, prêts à faire la Troisième Guerre mondiale. » (Une Américaine, p. 152)

La peur rôde dans le camp.

© Nara

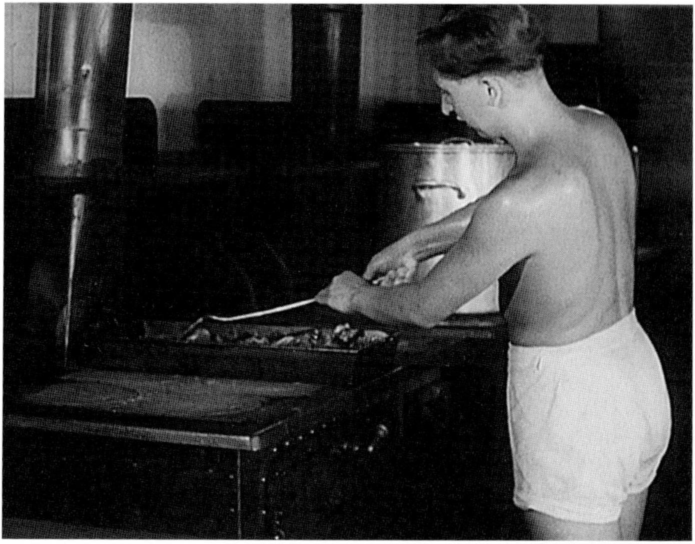

Un prisonnier aux fourneaux.

Les prisonniers se ravitaillent au magasin du camp.

La pelouse du commandant.

Généreuse Amérique !

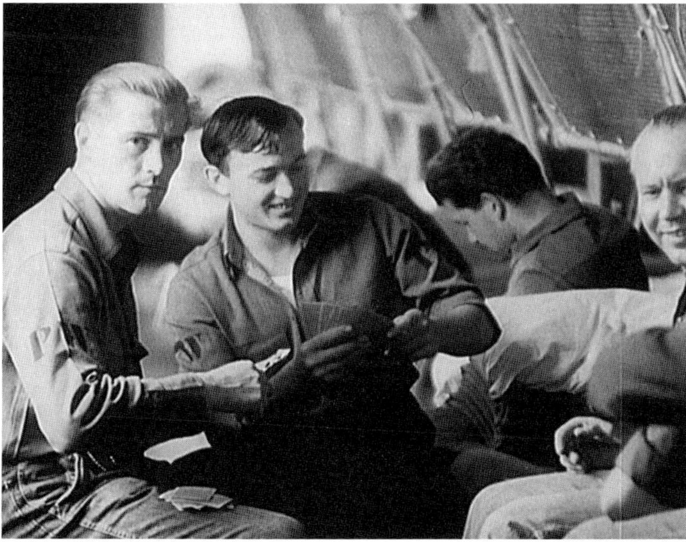

Une bonne humeur de façade.

Imperméables à la propagande américaine.

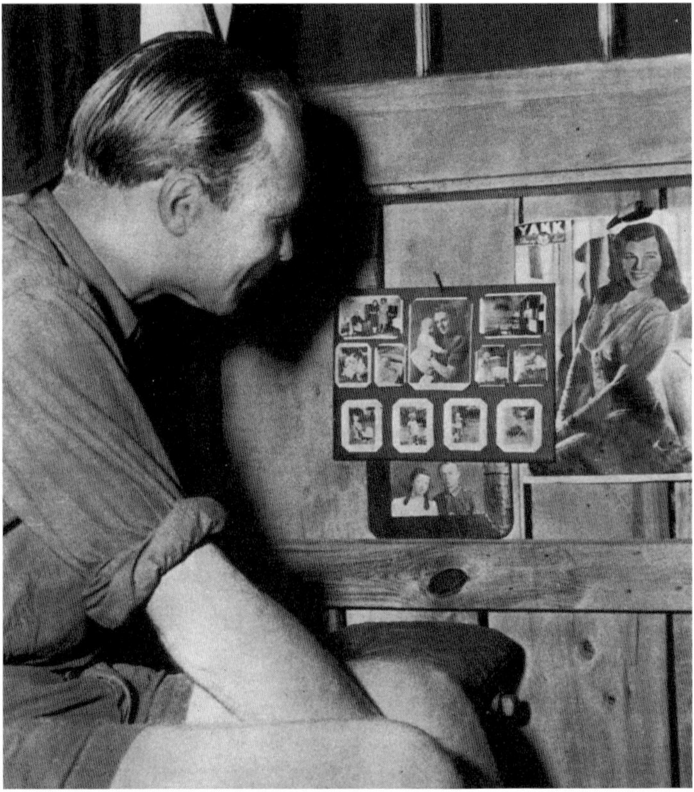

En bas à gauche, la Gretchen à nattes, à droite Rita Hayworth.
L'idéal du IIIe Reich et le rêve de l'Amérique.

15 novembre 1943. Camp Campbell, Kentucky. Un caporal de l'Afrikakorps reçoit la visite de ses deux sœurs, émigrées aux États-Unis et devenues citoyennes américaines, Mrs Hildegard Binder et Mrs Anna Erichsen, qui vivent toutes les deux à Highland, New York.

Photo diffusée le 24 décembre 1943. Camp McAlester, Oklahoma. Un prisonnier de guerre allemand (le cinquième à partir de la gauche) vient de se marier par procuration avec sa fiancée en Allemagne. Au centre de la table, la photo de la jeune fille et le petit gâteau de mariage.

Camp Jefferson, Missouri, 25 octobre 1944. Enterrement du soldat Gustav Pfarrherr, 35 ans, originaire de Kallen. Capturé à Anzio, il avait perdu un bras et ne s'était pas remis de sa blessure. Dernières paroles du pasteur ; drapeau à croix gammée sur le cercueil. Salut nazi par les hommes.

Concurrence déloyale au travail saisonnier.

« C'est à ce moment-là qu'il entendit les prisonniers. Ils chantaient.
– Je me demande si c'est le *Horst Wessel Lied*, dit Taggart. » (p. 139)

Photo diffusée le 29 octobre 1943, n° 62260. International Chicago. Légende des Services d'information américains : « Caresses nazies. Ceci est l'une des trois photos montrant l'interlude romantique entre un prisonnier de guerre allemand évadé et une Japonaise. Les photos ont été trouvées sur le prisonnier après sa capture. Cinq jeunes Japonaises sont interrogées en ce moment. Camp Trinidad, Colorado. »

13

Le moral est bon

Les prisonniers écrivent de longues lettres. Les Américains leur fournissent un papier spécial, traité chimiquement pour faire apparaître aussitôt toute encre invisible. Et les lettres passent ensuite à la censure qui raye soigneusement tout ce qui peut de près ou de loin ressembler à une indication d'ordre militaire.

Les sacs de lettres sont ensuite rassemblés et embarqués à bord de bateaux neutres, suédois, sud-américains ou suisses – et amenés à Marseille, où ils sont mis dans des wagons plombés à destination de Genève. Ils sont ensuite transportés à la frontière et remis aux Allemands.

Les lettres sont alors de nouveau ouvertes et lues par la censure allemande, qui raye soigneusement tout ce qui de près ou de loin peut ressembler à un éloge de l'Amérique.

Entre les paragraphes entiers passés à l'encre noire, les parents, les femmes ou les enfants des prisonniers peuvent toujours essayer de deviner la vie de leur être cher. Il faut dire que, de toute manière, le seul fait qu'il soit prisonnier les rassure déjà pleinement.

Dans le sens inverse, le trajet est le même, et les prisonniers reçoivent des pages entières rayées par la censure, allemande d'abord, américaine ensuite. Ils peuvent toujours essayer de deviner ce qui se passe en Allemagne – pour leurs parents, leurs femmes ou leurs enfants – mais, de toute manière, la seule pensée qu'ils soient en Allemagne, sous les bombardements, suffit à les inquiéter.

Nous avons retrouvé quelques-unes de ces lettres de prisonniers.

Extraits de lettres, janvier et février 1944, camp Ruston, Louisiane

Caporal H. K.

« Nous avons pu mettre sur pied un orchestre, grâce au don de 9 000 dollars du Führer et du Vatican. »

Soldat R. S.

« Nous nous sommes acheté des ventilateurs et des appareils de sport avec le don du Führer. »

Sous-officier von M.

« On vient de nous lire une note nous informant que, si les évasions ne cessaient pas, on nous enverrait continuer notre captivité en Russie. »

Médecin-capitaine H.

« Lors de notre fête nous avons pensé à la prise du pouvoir il y a onze ans, et le plus beau, ce fut l'unanimité, à 100 %, de tous les prisonniers. »

Extrait de lettres de février à mars 1944, camp Opelika, Alabama

Caporal-chef Herbert W.

« J'espère que la guerre prendra vite fin, et qu'elle sera victorieuse pour l'Allemagne. Si cela devait se passer autrement, alors je resterais où je suis maintenant, je quitterais ma Patrie, mes parents, mes sœurs, mes frères, à jamais ! »

Extrait de lettres de mars à juillet 1944, camp Tonkawa, Oklahoma

Caporal-chef F. B.

« Dans tous les cas, nous ne perdrons pas la foi dans le Führer. Il nous apportera la paix et nous mènera vers un futur meilleur.

Jusque-là, nous voulons attendre patiemment et accepter les choses telles qu'elles sont. »

Extraits de lettres d'avril à août 1944, camp Bowie, Texas

Caporal-chef K. R.

« Nous avons reçu une livraison de bagues, alliances et montres à la cantine. Vous allez en faire des yeux quand je rentrerai à la maison avec toutes ces belles choses ! »

Sous-officier H.

« On nous a pris nos armes, mais on ne nous prendra pas notre honneur et notre foi en la victoire finale de l'Allemagne. Celui qui croit pouvoir vaincre l'Allemagne doit être anéanti.

Nous vivons une époque qui demande des gens forts. Nous savons ce que nous devons à la Patrie. Nous ne nous laisserons pas abaisser. »

Dernière lettre d'Erich Gauss, avant sa pendaison pour le meurtre d'un camarade de chambrée (adressée à un certain M. Georg Würster, dans le Wurtemberg)

« Peut-être avez-vous déjà appris par ma femme que je ne dois plus revoir notre bien-aimé pays et que j'ai été condamné à mort par pendaison avec un autre camarade. Ceci parce que nous avons défendu et protégé l'honneur de notre Patrie. »

Note de l'OKW (Oberkommando der Wehrmarcht) de décembre 1944

Au ministère des Affaires étrangères

« *Objet* : Engagements signés par des prisonniers allemands pour un service de douze ans dans la Wehrmacht.

L'OKW demande au ministère des Affaires étrangères de se mettre en rapport avec la Puissance protectrice des prisonniers de guerre allemands en Amérique pour communiquer à tous les hommes de confiance de ces camps que les demandes d'engagement pour la Wehrmacht d'une durée de douze années ne peuvent être prises en considération qu'après le retour des prisonniers dans la Patrie. »

14

La guerre est finie

L'année 1945 commence. Réélu en novembre, Roosevelt entame son quatrième mandat. Dans sa grotte près du fleuve Colorado, Wattenberg croit encore qu'il réussira son évasion ; au camp Ellis, Hans Werner Richter prépare son cours de littérature, en faisant bien attention à ne pas aller trop loin. Ça n'est pas encore le moment de parler de Thomas Mann, les esprits ne sont pas mûrs. Dans les Ardennes, depuis le grand matraquage de Noël par l'aviation alliée, c'est le reflux. L'offensive Rundstedt a échoué. Et, le 15 janvier, tout est terminé de ce côté-là. Cependant rien n'est perdu. Le Reich n'a pas été envahi, les villes sont en ruine, mais les V2 pleuvent sur Londres, et les chasseurs à réaction menacent les bombardiers américains. Le Reich est encore puissant. Sur le papier, Hitler dispose de 10 millions d'hommes – près de 8 millions de combattants, 300 divisions, deux fois plus qu'en 1940. Sur le papier seulement. Car les divisions sont à la moitié de leurs effectifs, les Panzerdivisions n'ont plus de chars ou plus d'essence pour faire avancer ceux qui restent. Les soldats sont épuisés, manquent de tout, d'uniformes, de munitions, de vivres et de moral. Les voies ferrées sont démolies, rien ne marche, rien ne circule. « Sur le papier » signifie donc sur le papier des communiqués. Et ces communiqués sont lus dans les camps.

Major Tilman Kiwe, camp Alva, Oklahoma

« Que la victoire d'Hitler soit certaine, ça, nous ne le croyions pas vraiment ; mais nous pensions tous que l'Allemagne aurait une paix avantageuse. Nous pensions surtout qu'il y avait une possibilité de jouer les Américains contre les Russes. Je me rappelle un exposé que nous avait fait un de mes camarades, un officier allemand prisonnier, qui avait été avant la guerre correspondant de presse du groupe Hearst. Il nous avait parlé des rapports soviéto-américains, et ce qu'il croyait possible pendant la guerre est arrivé après.

Nous pensions que les Américains ne voudraient pas d'une puissance russe prépondérante en Europe, et qu'ils termineraient la guerre plus tôt. »

À l'Est, sur un front de mille kilomètres, les Russes ont massé 5 millions d'hommes, 7 000 chars et 50 000 canons. Le 12 janvier, les maréchaux de Staline, Joukov, Koniev et Rokossovski, lancent la grande offensive. Direction : Berlin. En dix jours, les armées soviétiques avancent de deux cents kilomètres, atteignent Breslau, Poznań, la Prusse-Orientale, la Baltique.

Sous-lieutenant Horst L., camp Mexia, Texas

« Chacun d'entre nous recevait des coups durs. On voyait arriver les Russes chez nous. Il y avait bien la censure, mais les adresses changeaient, qui montraient que les gens avaient été évacués, on le voyait bien. Les messages de malheur se multipliaient. Les Russes arrivaient en Prusse-Orientale. Mais on ne voulait pas admettre que ça finirait mal. L'attitude normale de chacun était l'espoir que tout irait bien. Peut-être des doutes, mais nous ne pouvions pas admettre la situation. C'est un peu comme si vous aviez un malade dans votre famille ; on croit toujours que ça n'est pas si grave que ça, que ça va s'arranger. Car, nous, les soldats d'Afrique, depuis longtemps maintenant loin des combats, nous avions conservé notre sentiment national allemand, et la tradition du soldat. Et puis il y avait les armes secrètes, et toutes les nouvelles qui nous arrivaient, nous les interprétions à notre manière ; par exemple : “L'Américain produit par mois tant de bombes. Leurs usines marchent si mal que la moitié arrive au port d'expédition inutilisable, l'autre moitié est coulée par nos sous-marins, etc.” »

Sur le front de l'Ouest, Eisenhower dispose de 100 divisions – dont 25 divisions blindées, 6 000 chars, 10 000 avions. Tout le long du Rhin, Anglais, Américains et Français s'élancent à l'assaut, franchissent la ligne Siegfried, prennent Cologne, traversent le Rhin à Remagen et s'enfoncent en Allemagne.

Adjudant Werner Baecker, camp Roswell, Nouveau-Mexique

« J'ai dû me faire opérer, je suis allé à l'hôpital. Un vrai rêve, cet hôpital. J'étais très bien soigné. Je m'étais acheté une petite radio avec ce que j'avais gagné en travaillant et je l'avais emportée avec moi. Le médecin me l'a fait confisquer le premier jour. Il ne voulait pas que j'écoute les informations. Il pensait que ça pouvait nuire à mon état général, compromettre ma guérison. Même les infirmières n'avaient rien le droit de me dire… »

Sous-officier pilote Walter F., camp Hearne, Texas

« On n'avait pas le droit d'écouter autre chose que les émissions américaines, mais on avait trafiqué nos radios et on écoutait les ondes courtes, on captait les émissions allemandes. On pouvait comparer les communiqués allemands avec les trucs des Américains… Malheureusement ça a été dénoncé par un prisonnier. Un soldat. La nuit, le commando est venu s'occuper de lui. Il est mort à l'hôpital huit jours plus tard. »

Robert Bauer, émigré autrichien employé à Voice of America

« En février 1945, nous étions allés dans un camp pour enregistrer des “messages personnels”, des prisonniers qui parlaient quelques instants pour dire : “Je suis à tel endroit, je suis en bonne santé, je pense à vous, etc.” Nous avions des ennuis avec les nazis qui pensaient que ça aussi, c'était de la propagande, et ils venaient souvent nous demander, au nom de la Convention de Genève, de casser nos disques…

Donc, en février 1945, j'étais dans un camp, au milieu des prisonniers, et je leur disais : "Bon, alors maintenant que la guerre se termine…" Alors là, ils me disaient : "Mais pas du tout, la guerre n'est pas finie, elle sera gagnée par l'Allemagne, le Führer a de nouvelles armes secrètes, etc." Moi, je leur dis : "Écoutez, vous savez où se trouvent les armées alliées, vous écoutez la radio, tout de même." Deux ou trois m'ont soutenu que la radio diffusait des nouvelles spéciales, uniquement pour tromper les prisonniers. "Enfin, mais vous lisez les journaux, aussi ! – Oui, mais ils sont imprimés spécialement pour nous…" Là, j'étais battu. »

Mars 1945. Les Américains ont pris Heidelberg, Coblence, ils avancent vers Francfort. Les Anglais avancent vers Münster et Hambourg, les Français vers Stuttgart.

À l'est, les Russes assiègent Dantzig et Königsberg. Ils sont sur l'Oder, ils avancent vers Berlin.

Lieutenant Michelsen, camp Como, Mississippi

« On voyait bien que ça se détériorait. Mais la question était uniquement : "Jusqu'où ?" Et : "Et que va devenir le Reich ? Va-t-il disparaître ?" Cette idée n'était pas facile à admettre.

On a rassemblé toutes nos forces morales et on s'est dit : "Jusqu'à la fin, nous resterons les représentants de la Wehrmacht allemande. Pas de défaitistes." »

Avril. Les chars de Patton foncent sur les autoroutes, les Anglais envahissent le Nord, les Français marchent sur Berchtesgaden. Berlin est encerclé par les Russes et 25 000 canons – un par mètre – écrasent ce qui reste de la ville et de ses défenseurs. Dans son bunker, Hitler, traqué et détraqué, entend les Russes se rapprocher.

Hans Werner Richter, camp Ellis, Illinois

« Ils ont voulu fêter l'anniversaire d'Hitler… le 20 avril 1945 ! Avec tout le tremblement, le cérémonial habituel, le rassemblement, le drapeau, le défilé ! Mon Dieu ! Je suis allé trouver aussitôt le responsable allemand du camp, qui commençait déjà à ne plus être tout à fait nazi, et je lui ai dit : "Tu ne peux pas permettre ça ! Cette fois-ci, mes amis et moi, nous nous y opposerons. Par la force !" Et l'autre me disait : "Mais, si je les laisse pas faire, ils me tueront !" Moi : "On verra bien s'ils te tueront, maintenant on est beaucoup." On était vraiment prêts à se défendre. Mais il ne s'est rien passé. Vous vous rendez compte… Fêter l'anniversaire d'Hitler dans un camp, en Amérique, fin avril 1945 ! Mais enfin, ce qui est sûr, c'est que, s'ils l'avaient fait, les Américains n'auraient rien dit. »

Lieutenant Dankwart von Arnim, camp antinazi Ruston, Louisiane

« Peu après Pâques 1945, on a vu arriver dans notre camp l'aumônier du camp Alva, le camp super-nazi. Il nous a raconté son histoire. Pendant la messe de Pâques, il avait dit dans son sermon : "Prions pour notre pauvre patrie souffrante. Que la paix arrive vite." Cette phrase lui avait été violemment reprochée. C'était du défaitisme, de la trahison. Il a commencé à se faire injurier, à recevoir des coups. Il a été voir les Américains, et a demandé à être transféré dans un camp antinazi. Ça a été fait aussitôt. Mais, juste avant son départ, comme c'était l'aumônier, tout de même, un groupe d'officiers allemands est venu le saluer. Et en leur nom, il y en a un qui a fait un petit discours : "Monsieur l'aumônier, nous regrettons votre départ, mais c'est de votre faute. C'est surtout triste pour vous, parce que n'oubliez pas, notre camp, le camp Alva, est un camp modèle, et c'est celui que le Führer rapatriera le premier !" »

Le 25 avril 1945, Américains et Soviétiques font leur jonction à Torgau, sur l'Elbe. Le 30 avril, dans l'enfer de Berlin, Goebbels tue sa femme et ses six enfants, et se suicide. Les Russes sont à cinq cents mètres du bunker d'Hitler.

Lieutenant de vaisseau Jaworski, camp Mexia, Texas
« On était tous autour des postes de radio, on était extraordinairement tendus. On se disait : "Comment est-ce que ça va se terminer ?" »

Le 30 avril, en fin d'après-midi, Hitler tue son chien et Eva Braun, et se tire une balle dans la tête.

Lieutenant de vaisseau Jaworski, camp Mexia, Texas
« On était autour de nos postes, haletants, comme aujourd'hui pendant un match de boxe. Toute la nuit on a écouté les informations qui se succédaient sans arrêt. Et puis, à un moment, plus de doute. Le Führer s'était

suicidé. On se disait : “Tu crois que c’est vrai ?... – Bah, oui... – Oui, il est mort.” »

Hitler avait désigné, pour le remplacer à la tête de ce qui restait du Grand Reich allemand, l’amiral Dönitz. L’ancien chef des U-Boote n’avait qu’une idée : retarder l’avance des Russes à l’Est, permettre au plus grand nombre de réfugiés de passer à l’Ouest. Mais c’est l’effondrement absolu, complet, total et, le 7 mai, à Reims, le 8, à Berlin, les Allemands signent l’acte de capitulation sans conditions.

Caporal-chef Alfons Heilmann, camp Tonkawa, Oklahoma

« Quand on a appris la capitulation, on a été très surpris. On savait bien que les Alliés avaient avancé, mais on ne croyait pas que c’était aussi loin. On pensait qu’on était encore très forts. »

Lieutenant Werner Wappler, camp Como, Mississippi

« Il y avait parmi nous un super-nazi, un Autrichien, qui avait le *Blutorden*, l’ordre du Sang, la plus haute décoration hitlérienne. Il la portait tout le temps. Le lendemain de la capitulation, il ne la portait plus. Et d’un seul coup il était devenu antinazi, et il s’est fait transférer dans le camp antinazi ! Heureusement pour lui, d’ailleurs.

Moi, ma seule pensée a été : maintenant on va rentrer à la maison. J’en avais ras le bol. Quatre ans. J’avais fait mon devoir, j’avais sacrifié les meilleures années de ma vie. C’était ça, le bilan. »

Dans son camp, Hans Werner Richter, lui, constate que les nazis ne désarment pas. L'épisode de l'anniversaire d'Hitler n'a servi en rien de leçon. Hitler est mort à présent, et les prisonniers hésitent entre l'indifférence et la folie.

Les Vaincus

« Tricots rouges et culottes noires, quelques joueurs de football revenaient du terrain.

— Notre trois-quarts gauche est une mazette, disait l'un d'eux. Avec lui, on ne pourra jamais gagner.

— Il est trop bien nourri. C'est tout, ajouta l'autre.

Gühler les croisa.

— As-tu entendu dire qu'Hitler était mort ?

— D'où tiens-tu cela ? demanda Gühler.

— C'est le porte-parole du camp qui vient de l'annoncer.

Ils l'entouraient.

— Crois-tu vraiment que nous perdrons la guerre ?

— Oui, répondit Gühler. C'est fini.

— C'est pas possible. Qu'est-ce qu'on va devenir ?

— Je n'en sais rien.

— Bah, fit celui qui portait le ballon. Il faudrait aussi remplacer l'arrière-droit. Il laisse tout passer.

— Oh, mon vieux, on ne peut tout de même pas chambouler toute l'équipe juste avant le match.

Gühler se rendit au bureau du porte-parole.

— Est-ce vrai ce que l'on raconte au sujet de la mort d'Hitler ?

— Oui, répondit l'autre en scrutant Gühler derrière les doubles verres de ses lunettes. La radio l'annonce.

— Et à Berlin, que se passe-t-il ?

— Ça tire à sa fin, là aussi.

Rouge, hors de lui, Gerlich fit irruption dans la pièce.

— Nous devons alerter le camp immédiatement !

— Qu'est-ce que cela veut dire ?

— Hitler est mort. Il faut rassembler les hommes en l'honneur de la mort du Führer. »

Kurt W. Böhme, dans *Geist und Kultur der deutschen Kriegsgefangenen in Westen* (« Esprit et culture des prisonniers allemands à l'Ouest »), donne à lire le journal d'un prisonnier allemand anonyme.

« Camp Aliceville, Alabama

28 janvier 1945

Un prisonnier lit le communiqué :

"Les Russes se trouvent devant Elbing, Schneidemühle et Breslau. Le moment et l'endroit où ils seront arrêtés sont encore incertains."

Ce ton est profondément révélateur.

Mes camarades... d'un côté, ils ne doutent plus des communiqués, ni de ce qu'ils lisent dans les journaux. Mais, de l'autre, il semble que le bon sens les abandonne. Je les entends dire : "Quand le Führer donnera-t-il l'ordre d'arrêter les Russes, et de les anéantir ?" Ils attendent que le Führer arrive avec son arme secrète, qu'il appuie sur le bouton et que, instantanément, les armées russes disparaissent comme au son des trompettes de Jéricho.

Le moral du camp est encore très élevé, et douter des capacités du Führer est considéré comme criminel.

12 avril 1945

Le président Roosevelt est mort. Maintenant qu'il n'y a plus d'espoir que nous puissions gagner la guerre, cet événement complètement secondaire est interprété dans le camp comme le signe que tout n'est pas encore perdu : "Le plus grand fauteur de guerre n'est plus !"

16 avril 1945

À la radio, on apprend que M. von Papen a été fait prisonnier dans sa propriété en Westphalie. Ces messieurs avaient, bien sûr, une vie plus agréable pendant la guerre.

20 avril 1945

Toutes les manifestations prévues pour l'anniversaire d'Hitler sont interdites par les Américains.

23 avril 1945

Protestation dans le camp contre la publication des communiqués.

Les nouvelles sont si mauvaises qu'elles ne peuvent tout simplement pas être vraies.

Nous sommes là, la bouche ouverte.

2 mai 1945

Nous lisons dans les journaux le récit de la mort d'Hitler. Le communiqué de l'OKW du 2 mai avait annoncé la mort d'Hitler avec la formule suivante : "Le Führer est tombé à la tête des défenseurs héroïques de la capitale du Reich !" Nous apprenons aussi que Dönitz est chargé du gouvernement et que les Russes occupent Berlin.

Aujourd'hui, sur le panneau d'affichage de notre camp – comme, j'imagine, dans tous les camps –, un ordre du jour qui nous annonce la fin amère de l'Allemagne a été placardé.

ORDRE DU JOUR

Commandement du camp des prisonniers de guerre d'Aliceville, Alabama.

Pour l'information et la bonne conduite de tous les prisonniers de guerre de ce camp, nous vous transmettons la proclamation suivante, du ministère de la Guerre :

À tous les prisonniers de guerre allemands.

Toute résistance organisée des forces armées allemandes a cessé.

Le gouvernement national-socialiste n'existe plus.

Les autorités d'occupation alliées exercent tous les pouvoirs en Allemagne.

Les membres des forces armées allemandes sont déchargés de toutes leurs obligations envers un gouvernement qui n'existe plus.

En tant que prisonniers de guerre, vous continuez à être assujettis aux lois américaines et vous devez continuer à obéir aux ordres des personnes placées au-dessus de vous.

Une conduite militaire et correcte est attendue de vous tous, en toute occasion.

Par ordre du colonel G. Warren, com. off.

Suit un autre ordre qui stipule que le salut nazi, obligatoire jusqu'à ce jour, est interdit ; que les drapeaux à croix gammée qui ont jusqu'ici été utilisés officiellement pour les enterrements ou les fêtes militaires, comme le *Heldengedenktag*, le jour des héros morts pour la patrie, sont confisqués ; que les images ou photos des chefs nazis ne doivent plus être exposées. Jusque-là, les prisonniers avaient le droit de mettre le portrait d'Hitler au-dessus de leur lit, à condition qu'il ne dépasse pas le format d'une carte postale.

6 mai 1945
Maintenant la fin est là. La fin que des millions d'hommes ont espérée ardemment, la fin d'Hitler et celle du régime nazi. La fin de la guerre pour l'Europe.

8 mai 1945
Bien qu'on ait été préparés depuis des années à cette fin, elle est trop énorme pour qu'on puisse la saisir entièrement.

9 mai 1945
La radio transmet les fêtes de la Victoire dans toute l'Europe. Il est étonnant que les journaux s'occupent beaucoup plus de nous, les prisonniers, maintenant. Ils disent que nous accueillons la nouvelle de la défaite de l'Allemagne avec des pleurs. Mais il y en a quand même qui disent que beaucoup d'entre nous sont contents, que les lettres ne seront plus contrôlées par la Gestapo.

11 mai 1945

Je n'ai jamais éprouvé une telle déception dans toute ma vie.

Je sais maintenant que cela ne veut rien dire, que cela n'a aucune valeur d'être antinazi. Les Américains s'en moquent. Pour eux, chaque Allemand doit être nazi. Ils n'ont pas mené une croisade contre une idéologie folle et criminelle, ils ont fait la guerre aux Allemands.

Des centaines de fois, ils ont dit qu'ils faisaient la guerre aux nazis. Maintenant ils laissent tomber le masque. Que c'est bien pour les nazis ! Ils ne doivent pas se convertir ! Je les vois jubiler autour de moi. Ils disent : "Tu vois ! On a eu raison !" Ils me regardent en triomphant. Je sors de mon lit le matin complètement épuisé, les joues creuses. J'ai un voile noir devant les yeux. Cette déception est plus grande que la faim qui nous tourmente. Partout on ressent la haine. Partout la provocation. Je lis dans le journal à propos d'un homme d'État allemand qui vient d'être libéré d'un camp de concentration : "De toute façon, un seul Américain vaut cent fois mieux que 70 millions d'Allemands, même les meilleurs."

2 juillet 1945

Le seul endroit où nous soyons bien traités, c'est encore au travail parce qu'il y a des Noirs. Même ceux qui nous détestent le plus et qui d'habitude nous traitent le plus mal font un effort, pour ne pas montrer aux Noirs qu'il peut y avoir des hommes blancs qui aient moins de valeur qu'un *Nigger*.

30 septembre 1945

Le sergent américain qui nous garde vient de me dire : “Tu sais, Léo, la seule chose de bien qu’Hitler ait faite… les Juifs…”

J’ai rencontré plus d’antisémitisme en Amérique qu’en Allemagne. »

Les Vaincus

« Ils regardaient monter les fusées dans le ciel du soir.

— Maintenant on peut s’offrir les salauds, dit Schmidt.

Ils étaient assis sur les marches d’une baraque. Du camp américain, de l’autre côté des barbelés, venait un tumulte de victoire.

Les sentinelles avaient été doublées aux tours de guet. Les mitrailleuses étaient pointées. Gühler regarda Schmidt.

— Les Amerloques ont mis le camp en état d’alerte. Ils ne veulent pas de désordre.

— Quand même, c’est le moment de se payer ces salauds.

— Tiens-tu à passer devant le conseil de guerre américain, maintenant que toute cette saloperie est passée ?

— Non, pas essentiellement.

— Alors ?

Gühler suivait de l’œil les vacillements de quelques soldats ivres, marchant avec peine de l’autre côté des barbelés.

— *Hello, boys, the war is over !* cria l’un d’eux.

Ils ne répondirent pas.

— Mon vieux, il nous faut une révolution. Mais une vraie ! dit Schmidt.

D'un signe de tête, Gühler montra les miradors.

— Ils l'empêcheront, dit-il. Ils empêcheront tout.

— Saloperie ! jura Schmidt.

Les fusées se croisaient au-dessus de leurs têtes. Les accords syncopés d'une musique de jazz montaient des baraquements des soldats américains. Böhmer regardait les fusées.

— Curieuse sensation que d'être à la fois vainqueur et vaincu.

— Oui, vraiment curieuse, en effet, fit Gühler.

Un frais éclat de rire de femme résonna soudain, venant de la gare, de l'autre côté du terrain de sports.

— Depuis combien de temps n'ai-je pas vu de femme ? Je ne sais plus.

— Une éternité ! dit Böhmer.

Se levant à pas lents, ils suivirent les barbelés. Une sorte de stupeur pesait sur le camp. Ils marchaient sans hâte, les mains dans les poches.

— *You damned nazis !* leur lança la sentinelle.

L'homme riait, derrière sa mitrailleuse.

— Pour eux, nous sommes tous des nazis, dit Böhmer.

— Oui, pour eux, nous avons tous perdu la guerre. Toi, moi, les nazis que ces baraques abritent et qui nous souhaitent la potence. Ils ne font aucune différence.

Loin, très loin, un coup de canon roula sur la plaine. L'écho passa sur le camp. En crachant, une fusée monta griffer le ciel.

— Victoire… dit Böhmer.

Sans cesse, les fusées montaient, retombant en gerbes multicolores, sur le fond de la nuit.

— Je m'en étais fait une idée bien différente, dit Gühler. Douze ans, j'ai attendu. Jour après jour. Je les haïssais comme la peste, ces nazis. Mais je ne me représentais pas la fin de cette façon. Nous voulions régler nos comptes avec eux. Fêter, nous enivrer de joie. Et ce sont les autres, là-bas, qui rient. Nous, nous sommes derrière les barbelés.

— Sois heureux que tout soit fini !

— Espérons-le. Bon Dieu ! Quel rêve !

— Oui. Un rêve de fou. »

Hans Werner Richter

« Je n'ai absolument pas compris l'attitude des Américains après le 8 mai. Avant, on pouvait tout comprendre, qu'ils fassent très attention aux prisonniers allemands à cause de la Convention de Genève, et de leurs milliers de prisonniers dans des camps en Allemagne. Mais après ? Après que tous leurs prisonniers étaient rentrés en Amérique ? Mais pourquoi ont-ils fait cela ? La punition collective – tout le monde dans le même bain, les rations réduites de moitié du jour au lendemain. La fin de la guerre, pour nous, fut le temps des harengs saurs. »

Les Vaincus

« As-tu entendu ? dit Konz, à côté de lui, quand il fut dans son lit.

— Quoi ?

— Les cuistots racontent que le ravitaillement va être réduit demain. Plus que mille cinq cents calories. Mesures disciplinaires.

— Pourquoi ça ?

— Pour la guerre perdue. Plus de cigarettes, ni de chocolat dans les cantines. Ils disent aussi qu'on ne bouffera plus que des harengs salés. Tous les jours.

— Ridicule !

— Non, c'est vrai ! Les Amerloques disent qu'on est tous coupables. Toute cette saleté est de notre faute !

— D'où tiens-tu tout cela ?

— Ils en parlent à la bibliothèque. Demain, on commencera notre rééducation. Histoire d'Amérique et histoire d'Angleterre. Il faut qu'on devienne tous des démocrates. Quand on saura l'histoire anglaise et américaine, on y sera. Il paraît que ceux qui ne suivront pas les cours ne rentreront pas chez eux.

— Rien que des imbécillités !

— En tout cas, ils se sont tous présentés ce soir, au cours. Ils vont se rééduquer, pour rentrer chez eux, parce qu'ils veulent rentrer.

— Les nazis aussi ?

— Ce sont les plus pressés !

— Bon Dieu ! dit Gühler. Faute collective, harengs salés et histoire américaine, c'est du délire !

— Ils sont vainqueurs.

— Ils ne peuvent tout de même pas répéter en sens inverse la même ânerie. C'est idiot !

— Tu n'y es pas encore habitué ? On est bons pour écoper, nous ! D'abord la caserne, puis Stalingrad, Cassino, à curer la merde, et maintenant on bouffe du hareng salé !

Il riait.

— Après tout, c'est encore bien beau d'en avoir !

Gühler, couché sur le dos, fixait le plafond qui, lentement, commençait à tourner.

— Tu es un idéaliste, disait Konz. Aussi toqué que les autres.

Gühler suivait de l'œil la danse du projecteur au plafond, qui l'entraînait dans une ronde folle.

— Ça ne peut pas toujours continuer, dit-il enfin. Il faudra bien qu'on sorte de cette sale machine ! »

Caporal Heinrich Severloh, camp Belle Haven, Floride

« À partir du 8 mai, de l'eau, des haricots et du pain sec.

On travaillait dans les cuisines des hôtels de Miami. Des hôtels réservés aux officiers américains, aux prisonniers américains revenus d'Allemagne. Dans les cuisines, on jetait plein de choses encore bonnes. On nous obligeait toujours à jeter de l'eau savonneuse dessus pour que les prisonniers ne puissent pas les manger. »

Lieutenant Werner Wappler, camp Como, Mississippi

« Après la capitulation : rationnement de tout, plus de Coca, plus de sucre, c'est devenu très, très dur. Encore aujourd'hui, au moment où je vous parle, je n'arrive pas à comprendre ça. »

Caporal-chef Willibald Bergmann, Fort Sheridan, Illinois

« En 1943, quand on est arrivés à New York, on nous avait lu un message du président Roosevelt, qui disait : “Vous les soldats allemands de l’Afrikakorps, vous n’êtes pas ici en tant que prisonniers, mais en tant qu’hôtes des États-Unis.” Alors, après le 8 mai, étant donné la manière dont on était traités, chaque fois qu’on en avait l’occasion, on rappelait aux Américains ce message de Roosevelt… »

Caporal-chef Alfons Heilmann, camp Tonkawa, Oklahoma

« La femme de Roosevelt est venue dans notre camp, pour nous parler, nous expliquer que le monde était assez grand, que tous les pays pouvaient coexister pacifiquement. On était obligés d’aller à ces conférences, et il fallait signer un registre, comme on a été ensuite obligés d’aller voir les films sur les camps de concentration. Là aussi, il fallait signer une attestation par laquelle on certifiait qu’on avait vu ces films. »

Adjudant Werner Baecker, camp Roswell, Nouveau-Mexique

« Pendant la projection de ces films, ils nous ont photographiés, pour montrer le choc qu’on éprouvait. Mais ce qu’ils ne pouvaient pas comprendre, c’est qu’on n’était pas au courant. Non, on n’était pas au courant. Bien sûr, on savait qu’il y avait des camps politiques, mais les camps d’extermination, ça il n’en a jamais été fait mention dans les journaux allemands… »

Caporal-chef Alfons Heilmann, camp Tonkawa, Oklahoma

« Ma famille habitait près de Dachau. J'avais vu, bien sûr, l'extérieur du camp, et je savais que des choses se passaient là-bas, parce que mon père y avait été interné. Un matin, la Gestapo et des SS étaient venus le chercher. Il a passé un moment dans le camp, il est revenu, il ne nous a jamais dit ce qu'il avait vu, il n'en a jamais parlé. Il n'avait pas le droit. Je n'ai jamais su pourquoi il avait été à Dachau. J'avais 10 ans. Tout ce que nous savions, c'est qu'il y avait des gens à l'intérieur qui travaillaient, que la discipline était sévère et qu'on leur tirait dessus s'ils voulaient s'échapper.

Quant à ces films qu'on nous a montrés, on pensait que c'était de la propagande. On nous a montré par exemple de grandes fosses communes. Mais on voyait des tas de cadavres qui avaient un numéro accroché au cou. Eh bien, c'étaient des Allemands tués pendant les bombardements. Ils étaient dans des couvertures de l'armée allemande. Alors, on n'a pas cru tout ça. »

Caporal Heinrich Severloh, camp McCain, Mississippi

« On nous a montré un film de Bergen-Belsen. Notre ferme était à quarante kilomètres de là. Je savais qu'il y avait un camp d'entraînement, mais pas un camp de concentration. Alors, je n'ai pas cru tout ça et j'ai dit à mes camarades : "Si c'était vraiment comme ça, mes parents m'en auraient parlé pendant mes permissions. Ça ne pouvait pas ne pas se savoir." »

Major Tilman Kiwe, camp Alva, Oklahoma

« Les films des camps… Disons que 10 % étaient au courant. Les autres étaient outrés, ils disaient : “Ce n’est pas vrai, ce n’est pas authentique.” Un commandant a crié dans la salle : “Regardez, ce hangar avec des cadavres, c’est une photo de mon usine après un bombardement, je la reconnais, et on nous présente ça comme étant un camp de concentration.” Je comprends bien qu’on ait recherché un effet journalistique, mais notre opinion était que, si on avait truqué ça, on avait pu tout aussi bien truquer le reste. »

Les films présentés étaient entièrement et intégralement tournés à Buchenwald ou Bergen-Belsen. Certifiés exacts par les chefs du service cinéma de l’armée américaine, ces films ne peuvent en aucun cas être l’objet d’un doute quelconque.

Capitaine Fritz Lempp, camp Como, Mississippi

« À Como, on nous a montré ce film sur les camps, et d’abord on a été très sceptiques, on pensait que tout cela était énormément exagéré.

Ensuite des bruits ont commencé à circuler. Un tel, un autre, étaient au courant, ils avaient entendu parler de certaines choses, ils y avaient été. Alors, pour moi, le vrai choc est venu après. C’était surtout cette réflexion, toujours la même : “Comment est-ce possible qu’on n’en ait rien su ?” Et surtout : “Comment ces choses, ces énormités ont-elles pu exister dans ces proportions, sans qu’il y ait eu la moindre protestation, après toute l’éducation que nous avions reçue, à l’école, à la maison, à l’église. Et la Tradition allemande !” »

Caporal-chef Willibald Bergmann, Fort Sheridan, Illinois

« Après nous avoir montré les films des camps de concentration, ils ont encore réduit la nourriture, un poisson pour douze hommes. On avait faim toute la journée. »

À Fort Douglas, dans l'Utah, une sentinelle américaine, chargée de garder les prisonniers pendant la projection des films sur les camps de concentration, regarde aussi les films, puis se retourne vers les prisonniers et vide le chargeur de son pistolet-mitrailleur sur eux, faisant huit morts et dix blessés.

15

La rééducation

Jusqu'à la capitulation, les Américains continuent à transférer leurs prisonniers aux États-Unis. C'est ainsi que le chiffre maximum de la population des camps d'Amérique est atteint en juin 1945, avec 371 505 prisonniers. Après quoi, capturant les Allemands par armées entières, ils les remettent à la France, qui les réclame pour la reconstruction. 700 000 Allemands sont ainsi internés dans les camps français. Employés à des tâches dangereuses comme le déminage, maltraités et affamés, ils connaissent un taux de mortalité particulièrement élevé. La Croix-Rouge proteste à plusieurs reprises contre le traitement qui leur est infligé. Il est vrai que la nourriture est rare, et le pays en ruine. Vrai aussi que le ressentiment général contre les Allemands est sûrement plus grand en France que dans le Middle West.

Après de nouvelles protestations de la Croix-Rouge, toujours auprès des États-Unis (les Suisses considèrent que les Américains, ayant capturé ces prisonniers, en sont responsables), le commandement US décide de s'occuper directement de la nourriture et de l'habillement des Allemands détenus par les Français. L'accord franco-américain, qui porte sur le transfert de 1,3 million de prisonniers, est limité aux 700 000 déjà livrés. Un million d'autres Allemands sont prisonniers des Américains en Allemagne même : ne sachant qu'en faire, les Américains décident de les libérer, en commençant par ceux dont l'âge est inférieur à 18 ans ou supérieur à 50 ans, sauf les criminels de guerre et les officiers au-dessus du grade de lieutenant-colonel. Fin 1945, ils libèrent peu à peu les autres classes d'âge. Quant aux 371 000 prisonniers toujours internés en Amérique, il n'est toujours pas question de les élargir, les priorités de transports navals allant à l'aide à l'Europe et au rapatriement des troupes américaines.

C'est ainsi que les prisonniers allemands aux États-Unis voient s'achever l'année 1945, et commencer la suivante. La guerre est désormais complètement terminée. Le 2 septembre, le Japon capitule à son tour, après que les premières bombes atomiques ont rasé Hiroshima et Nagasaki. Ils continuent à travailler dans leurs champs de coton ou leurs usines de cigarettes mais, après la capitulation et le retour des prisonniers américains, leur sort va connaître un changement brutal – ils en témoigneront tous. Le pain blanc disparaît avec les otages des stalags, et la Convention de Genève, subitement, n'est plus tellement d'actualité. Mais bientôt le bruit se répand dans les camps que les prisonniers sont transférés en France, et leur sort, même aggravé, leur paraît préférable à celui de leurs camarades employés à déminer les plages de la Manche ou à redresser les rails de chemin de fer.

La vie continue dans les camps américains. Comme avant. Les antinazis subissent le choc de la deuxième plus grande désillusion de leur vie. La première a été l'arrivée en Amérique. Ils lui ont tendu les bras, éperdus d'espoir, elle les a rejetés dans la chaudière nazie. La seconde désillusion est la capitulation, lorsque les Américains, de nouveau, mettent tout le monde dans le même sac, celui de l'opprobre. Du coup, les nazis, eux, relèvent la tête. Passé le premier mouvement de panique, ils peuvent de nouveau faire régner leur loi. Les camps de prisonniers allemands en Amérique sont souvent le seul endroit au monde où l'on trouve encore des nazis.

Caporal Heinrich Severloh, camp McCain, Mississippi

« Le 15 septembre 1945, un ouragan avait fait tomber des arbres, et nous avons été envoyés pour réparer les dégâts. Alors, on nous a fait marcher au pas à travers la ville, et les Américains se disputaient la place pour nous commander. Ils aimaient qu'on marche derrière eux en chantant. On pouvait chanter ce qu'on voulait. Alors on chantait : "En avant contre l'Angleterre !" Quand on avait fini, ils nous disaient : "Allez, encore une fois !" Vraiment, je ne les ai jamais compris, ces Américains… »

Extrait du rapport d'inspection du capitaine Maxwell S. McKnigh, camp McCain, Mississippi, 12 octobre 1945

« Les prisonniers antinazis ont rempli un questionnaire concernant les circonstances de leur capture, en demandant que ces questionnaires ne soient pas transmis au gouvernement allemand, pour qu'on ne croie pas dans leur pays qu'ils aient pu se rendre à la première occasion. Ils ont peur des représailles contre leur famille.

Les pronazis ont refusé de remplir ce questionnaire par peur d'être pris pour des antinazis par le gouvernement allemand. »

C'est une atmosphère folle en effet, où les prisonniers s'imaginent qu'en Allemagne il y a encore un gouvernement allemand dans la continuité d'Hitler…

Pourtant, tout au long de l'année 1944, la presse américaine n'a pas manqué de parler de rééducation. Comme elle a dénoncé l'oppression nazie dans les camps, elle a, à de nombreuses reprises, attiré l'attention des pouvoirs publics – et de l'armée – sur l'urgence d'un véritable programme de rééducation. Parfois de manière invraisemblable…

Le *New York Post* du 9 mai 1944

« En ce qui concerne le traitement des prisonniers de guerre, nos responsables militaires pourraient en apprendre beaucoup des Russes. Depuis le début, le gouvernement soviétique a fait ce qu'il fallait pour inculquer les idées de démocratie chez leurs prisonniers de guerre allemands.

Qu'a fait l'Amérique dans ce même sens pour apprendre la démocratie aux prisonniers de guerre allemands ? Rien. Même maintenant, les responsables militaires négligent d'apprendre à ces prisonniers de guerre les principes de la démocratie, tout en permettant aux prisonniers nazis de terroriser les prisonniers antinazis. »

Le *Washington Post* du 10 juillet 1944

« Comme il est généralement admis que l'une des tâches les plus importantes auxquelles les Nations unies auront à faire face sera d'essayer de rééduquer 70 millions d'Allemands, et de faire d'eux des citoyens non dangereux d'un monde démocratique, il nous semble que ce serait manquer une possibilité d'expérimentation que de ne pas commencer dès maintenant avec ceux que nous avons sous la main : les prisonniers de guerre allemands en Amérique.

Il est probable que le premier pas dans cette voie ne doit pas être l'utilisation directe de propagande prodémocratique. Avant d'en arriver là, il sera sans doute nécessaire de diviser les prisonniers en différents groupes. La simple division déjà pratiquée entre nazis et antinazis est très insuffisante. Il est très improbable que cette division ait été faite exactement. Dans les camps "nazis", il doit rester beaucoup d'Allemands qui refusent l'idéologie fasciste. Et il peut être tenu pour certain que dans les camps "antinazis" il y a des espions qui se sont déclarés opposés à l'hitlérisme pour être en mesure de garder un œil sur leurs ennemis politiques. En fait, on devrait les grouper en fonction d'autres considérations que la seule politique : région d'origine, religion, profondeur de leur foi, etc. Des arguments qui conviendraient à un Rhénan seraient peut-être insuffisants pour un Prussien ; l'angle à adopter avec un médecin peut être différent de celui qui convient à un forgeron.

Mais l'essentiel est que nous nous efforcions d'éloigner le plus grand nombre possible d'Allemands de l'idéologie nazie, et qu'ensuite nous les amenions à se convertir à la démocratie. Elle continue, la bataille psychologique et idéologique que le totalitarisme mène depuis longtemps contre la démocratie, dans les camps de prisonniers, sur le sol américain. »

Ces lignes écrites en juillet 1944 par Paul Winkler dans le *Washington Post* étaient toujours d'actualité quelques mois plus tard.

Ce qui frappe le plus les prisonniers, dans les mois qui suivent la capitulation, c'est l'incohérence du comportement des Américains.

Caporal-chef Friedrich Ebert, camp Roswell, Nouveau-Mexique

« Nous étions tous considérés comme de vrais nazis. Après la capitulation, les Américains ont eu besoin de leurs hommes, je crois que c'était pour aider au retour de leurs prisonniers, alors ils nous ont demandé d'assurer la garde du camp. On nous a donné de longs bâtons, et on nous a demandé… de garder le camp antinazi à côté ! »

Caporal Heinrich Severloh, camp McCain, Mississippi

« Chez les Américains, il y avait toujours cette attitude non cohérente, disons des saloperies, comme ne pas tenir leur parole, et pourtant cela aurait été si facile de nous convaincre, on serait rentrés en Allemagne en ayant appris ce qu'était la démocratie. Mais non ! Tout ce qu'ils ont fait, quand l'Allemagne a capitulé, c'est de nous affamer. Alors que c'était l'abondance dans le pays… »

Caporal-chef Willibald Bergmann, Fort Sheridan, Illinois

« On réussissait quand même à avoir des conversations avec les Américains et on leur disait : "Vous n'auriez pas dû laisser les Russes aller si loin en Allemagne." Je me rappellerai toujours un officier qui m'a répondu : "L'Allemagne sera autorisée à fabriquer des piles pour lampes de poche et des pendules à coucou…" »

En réalité, cette incohérence et ces derniers propos reflètent une profonde division des Américains dans leur ensemble et du gouvernement américain lui-même quant à l'attitude qu'il convient d'adopter vis-à-vis de l'Allemagne vaincue. Laquelle attitude n'a pas cessé d'évoluer tout au long de la guerre.

En 1940, alors que les cinémas de Yorkville, le quartier allemand de New York, refusent du monde aux projections du film *Sieg im Westen* et que le Bund, organisation d'émigrés allemands pronazie, ou le mouvement isolationniste de Charles Lindbergh, America First, tiennent encore le haut du pavé, l'opinion publique est dans son ensemble indifférente. Encore une fois, pour l'Américain moyen, l'Allemagne est un de ces pays de l'Europe, très loin de l'autre côté de l'océan, très petit et sans grand intérêt. En revanche, le gouvernement, derrière Roosevelt, est déjà partisan d'une intervention aux côtés de l'Angleterre. Pour Roosevelt, l'Allemagne ne cessera jamais d'être l'adversaire numéro 1, bien plus dangereux à ses yeux que le Japon.

Cette attitude générale des Américains vis-à-vis de l'Allemagne change complètement au cours du conflit. Des best-sellers comme *La Septième Croix* de l'émigrée Anna Seghers ou les articles féroces de William Shirer, dans l'âpreté générale de la guerre, y sont pour beaucoup. La découverte épouvantable des camps de concentration, au fur et à mesure de l'avance des GI's en Allemagne, porte bien évidemment le ressentiment à son comble. Alors naît la théorie de la « culpabilité collective ». *« They are all guilty, punish them »*, écrit Shirer – « Ils sont tous coupables, punissez-les. » Dès l'automne 1945, les murs des villes – ce qu'il en reste du moins – d'Allemagne se couvrent d'affiches représentant des scènes d'horreur de camps de concentration, avec comme seule légende : « C'est votre faute. » Roosevelt l'exprime clairement à son ministre de la Guerre, Henry Stimson, en août 1944 :

« Il faut bien enfoncer dans la tête du peuple allemand considéré dans son ensemble que cette nation tout entière s'est trouvée engagée dans une conspiration sans frein contre les lois de la civilisation moderne. »

À la seconde conférence de Québec, en septembre de la même année 1944, Roosevelt fixe avec Churchill une attitude commune vis-à-vis de l'Allemagne. Reprenant en partie les idées développées par le « plan Morgenthau », du nom du ministre des Finances américain, le banquier Henry Morgenthau, les deux dirigeants s'accordent sur les trois points suivants. Premièrement, l'Allemagne devra céder la Prusse-Orientale et la Haute-Silésie à la Pologne, la Sarre et une partie de la rive gauche du Rhin à la France. Deuxièmement, son équipement minier et industriel sera démantelé. Troisièmement, l'Allemagne deviendra un pays uniquement agricole.

Le 2 août 1945, à la conférence de Potsdam, il est précisé :

« [...] Le peuple allemand commence à expier les terribles crimes commis sous la direction de ceux qu'il a ouvertement approuvés à l'époque de leurs succès et auxquels il a aveuglément obéi. »

Enfin, en octobre 1945, une directive du gouvernement américain donne une touche finale à cette politique de la « culpabilité collective » :

« Il faut faire sentir aux Allemands que les méthodes de guerre sans pitié de l'Allemagne et la résistance fanatique nazie ont détruit l'économie allemande et rendu inévitables le chaos et la souffrance et qu'ils ne peuvent fuir les conséquences d'actes dont ils sont responsables. L'Allemagne n'est pas occupée dans le but d'être libérée, mais en tant que nation ennemie vaincue. »

À cette thèse, officielle, et largement partagée par l'opinion publique américaine, s'oppose la thèse plus modérée de la responsabilité des nazis, pas de celle des Allemands dans leur ensemble. À la « Société pour la prévention de la Troisième Guerre mondiale » de tendance Morgenthau, très anti-allemande, s'oppose « l'Association américaine pour une Allemagne démocratique », plus modérée, et qui tient à faire une distinction entre les Allemands et les nazis.

Après la mort de Roosevelt, l'influence de Morgenthau décroît très vite au profit de celle d'Henry Stimson et de Cordell Hull, respectivement ministre de la Guerre et ministre des Affaires étrangères, plus réalistes, plus pragmatiques, et qui voient dans ces directives sauvages et ces idées de démantèlement de l'Allemagne un danger réel d'avoir pendant des années à nourrir les Allemands aux frais du Trésor public américain. Le général Lucius D. Clay, commandant américain en Allemagne, écrit dans ses Mémoires :

« Il nous apparut clairement que l'Allemagne devait mourir de faim si elle ne produisait pas pour l'exportation et qu'il fallait commencer tout de suite à convertir la production industrielle dans le cadre d'une économie de paix. »

Le successeur de Roosevelt à la présidence, Harry Truman, met rapidement fin à la controverse. Les idées de Morgenthau se voient abandonnées et la notion de rééducation prend le pas sur la notion de punition collective. La punition sélective, appliquée d'abord aux grands responsables nazis, avec le procès de Nuremberg, et aux moins grands et aux petits, avec les tribunaux de dénazification, continue et achève ce processus.

Sur le terrain, en l'occurrence dans les camps, les prisonniers allemands en Amérique subissent naturellement les contrecoups de ces hésitations, de ces luttes. Au jour le jour, et sans rien y comprendre, ils traversent trois grandes périodes : 1943-1944, les velléités de « faire connaître la démocratie » stoppées par l'application stricte des règles de la Convention de Genève ; printemps-été 1945, la période du ressentiment et de la culpabilité collective ; automne 1945-fin 1946, la rééducation.

En mars 1943, une conférence s'est tenue à Washington entre John McCloy, sous-secrétaire d'État à la Guerre, son adjoint Charles Poletti et le général Osborn, chef de la Special Service Division, qui contrôle les camps de prisonniers. Il en sort une ébauche de programme de rééducation, plutôt d'instruction civique ; il est demandé aux responsables des camps de faire connaître aux prisonniers allemands l'histoire des États-Unis, les mécanismes de la démocratie parlementaire, etc., pour réduire les risques de propagation des idées fascistes pendant et après la guerre, et de transmettre la bonne parole américaine dans ce qui serait un jour l'Allemagne occupée :

« Il ne s'agit pas de faire plaisir aux prisonniers ou d'accroître leur bien-être personnel ou encore de chercher l'approbation des bien-pensants. Ce programme vise uniquement à assurer la sécurité des États-Unis dans le monde de l'après-guerre. »

Mais ces idées se heurtent à l'article 17 de la Convention de Genève qui précise que les activités culturelles et intellectuelles des prisonniers de guerre, si elles doivent être encouragées par les autorités, ne peuvent être organisées que par les prisonniers eux-mêmes. Et de mars 1943 à septembre 1944, rien n'est fait. Comme pour le reste, la doctrine est la stricte observation de la Convention de Genève : les prisonniers nazis feront donc la loi, et la culture et l'information nazies seront seules diffusées dans les camps.

Restent les journaux.

Tous les journaux américains sont bien entendu autorisés dans les camps mais très peu sont tolérés ou lus – car encore faut-il que les prisonniers sachent lire l'anglais. Cependant il semble que le *New York Times*, le plus objectif à leurs yeux, et le *Chicago Tribune*, dont la rumeur publique dit que nombre de ses rédacteurs sont favorables aux nazis, ont la faveur des prisonniers allemands.

Parallèlement, les Américains favorisent la création de journaux en allemand à l'intérieur des camps. C'est un premier pas, un véhicule tout trouvé pour diffuser les idées démocratiques. Mais, avec le respect de la Convention de Genève, les Américains connaissent là aussi toutes sortes de déboires : en mars 1945, des 43 journaux de prisonniers existants, 8 sont violemment nazis, 25 plutôt pronazis, 7 neutres et 3 antinazis (cité par Jérôme Vaillant dans sa thèse, excellente, sur les journaux des camps).

Comme on l'a vu, l'opinion publique et son fidèle reflet – ou moteur –, la grande presse des États-Unis, réclament de plus en plus fortement un véritable programme de rééducation. Aussi les responsables militaires américains décident-ils de créer un grand et vrai journal, qui sera largement distribué dans tous les camps, où il remplacera les feuilles nazies interdites après le 8 mai 1945. Ce journal s'appellera *Der Ruf* (« L'appel »).

L'équipe rédactionnelle, recrutée parmi les prisonniers antinazis, si possible journalistes dans le civil, en tout cas intellectuels, fait paraître le premier numéro en mars 1945.

Le journal étant le produit de deux tendances antagonistes, c'est tout à fait logiquement qu'il les reflète. Ainsi, au côté « enfoncez-vous bien cela dans la tête », enfoncez-vous l'idée de la culpabilité collective, que bien sûr les Allemands n'apprécieront pas, s'oppose le côté « c'est beau la démocratie », que les Allemands n'envisageront pas plus, précisément en raison du premier. Dans les camps restés nazis, comme Alva ou Papago, le journal sera brûlé dès réception ; dans les autres camps, les camps « neutres », il sera plus ou moins lu, selon les cas, sans grand enthousiasme. Dans les camps antinazis, il provoquera une violente réaction de rejet. C'est une étrange aventure que celle du *Ruf*, une aventure dans l'aventure des prisonniers. Bien représentative en tout cas de la manière absurde dont les Américains se sont comportés avec leurs prisonniers de guerre.

Il ne s'agit pas de jeter la pierre aux Américains, et systématiquement ; mais leur comportement a obéi tout au long de cette histoire à une étrange logique. Il est évidemment facile aujourd'hui de jouer les bons apôtres et de décréter ce qu'il aurait fallu faire ; l'Amérique était en guerre, et les Américains se sont battus, pour nous, et nous leur devons notre libération ; mais dans cette affaire des prisonniers, nous ne pouvons hélas que constater l'accumulation des échecs. Après avoir laissé s'instaurer le nazisme dans les camps, les Américains vont rater la rééducation. Il est clair aujourd'hui, au XXIe siècle, que ce débat est clos puisque l'Allemagne s'est empressée d'oublier le nazisme, sauf pour quelques groupuscules violents qui se disent néonazis comme d'autres se prétendent d'extrême gauche. En Allemagne même, très vite après la guerre, la démocratie s'est imposée comme si le nazisme n'avait jamais existé. Mais l'étrangeté de la situation c'est que les 380 000 prisonniers coincés en

Amérique ont connu un sort très différent, comme s'ils étaient devenus un vestige du nazisme.

La première idée de l'administration américaine consiste à créer une sorte d'encadrement allemand, à réunir des « bons démocrates », si possible des intellectuels, des journalistes, et à faire d'eux les moteurs de la rééducation générale des prisonniers. Pour réunir ces *brain trust* de la démocratisation, les Américains érigent dès la capitulation trois camps, situés dans le Rhode Island, pas très loin de New York.

Le premier, Fort Kearney, regroupe cent cinquante personnes et se voit chargé de publier *Der Ruf*. Le deuxième, à Fort Getty, est plus particulièrement destiné à former des cadres « démocrates », l'élite de l'administration de la nouvelle Allemagne. Quant au troisième, à Fort Wetherill, il doit former les futurs policiers allemands, des policiers démocratiques et bien-pensants. Pour peupler ces deux derniers camps, les Américains épluchent les dossiers de plusieurs milliers de prisonniers, qui sont tous déjà dans des camps antinazis. Après de longs interrogatoires, 800 vont à Fort Getty et 2 900 à Fort Wetherill. Ces Allemands doivent recevoir une formation accélérée de « démocratie » : des cours d'anglais, d'histoire (des États-Unis) et d'explication des tâches du gouvernement militaire américain en Allemagne. « Afin, dit l'exposé des motifs de l'administration militaire, de mettre à la disposition du gouvernement militaire de l'Allemagne occupée un groupe d'Allemands bien intentionnés et bien informés. »

En fait, ces hommes « bien intentionnés et bien informés », une fois munis de leur « attestation de sortie » de ces écoles très spéciales, ne rencontrent qu'incompréhension à leur retour en Allemagne. Manque de transmission ou d'information des autorités militaires américaines ? En tout cas, ce n'est pas parmi eux que se recrutent les élites administratives de la nouvelle Allemagne.

Fort Getty et Fort Wetherill, ne servant pas à grand-chose, touchant un nombre infime de prisonniers, seront amenés à disparaître. Pourtant Fort Getty, surnommé *The Brain Factory*, la fabrique des cerveaux, dispensait un enseignement de tout premier ordre, avec des professeurs venus de Yale ou de Harvard.

Quant à Fort Kearney, il regroupe donc, dès mars 1945, les intellectuels allemands venus des camps de prisonniers antinazis, et les Américains leur confient la tâche de transmettre la bonne parole tout en évitant soigneusement de donner l'impression que *Der Ruf* puisse passer pour l'organe officiel des autorités américaines. Les Américains ne veulent pas commettre l'erreur des Britanniques, avec leur *Wochenpost* qui ne fut que la traduction allemande d'un journal entièrement rédigé par les Anglais.

L'équipe du *Ruf* est ainsi constituée : le gérant de la publication, Curt Vinz, est né en 1909 ; il a été éditeur à Iéna avant la guerre, et fait prisonnier à Paris en août 1944 ; il est au camp Ruston, en Louisiane. Le rédacteur en chef est Gustav Hocke, un journaliste de Cologne, né en 1908, un intellectuel libéral qui a cru, et pu, survivre pendant le nazisme, en écrivant des articles extrêmement allusifs auxquels Goebbels n'a rien trouvé à redire, et où les lecteurs ont pu, entre les lignes, apprendre parfois quelques nouvelles non officielles.

Correspondant à Rome en 1940, il passe à la clandestinité en 1943 et réussit à rejoindre les Américains à la libération de Rome en juin 1944.

Les deux responsables du *Ruf* sont secondés par deux Américains, les capitaines Pestalozzi et Schönstedt. Intéressant : Walter Schönstedt a longtemps fait partie des Jeunesses communistes allemandes, avant d'émigrer à Paris en 1933 et aux États-Unis en 1935.

Parmi les rédacteurs du *Ruf*, nous retrouvons des prisonniers antinazis déjà rencontrés dans ce livre : Alfred Andersch, Hans Werner Richter et Franz Wischnewski, qui sera chargé de la mise en pages.

Franz Wischnewski

« Voici comment j'ai été recruté pour le *Ruf*. Au camp Ruston, je peignais de petites aquarelles, qui avaient pas mal de succès, et je me faisais un peu d'argent. Il y avait un officier qui s'appelait Curt Vinz, et qui travaillait à la cantine. Un jour, il m'a dit : "J'ai des possibilités de vendre tes aquarelles auprès des Américains, fais-m'en quelques-unes." Je les ai peintes, et il les a prises, et je sais qu'il les a vendues. Et puis d'un seul coup on ne l'a plus revu. Ni mon argent. J'ai été voir le porte-parole des prisonniers, mais il n'en savait pas plus… Trois mois plus tard, un garde armé jusqu'aux dents vient me chercher, et me dit de faire mes bagages. Tous les amis étaient tristes, Andersch et les autres, ils pleuraient tous. Le bruit courait que les Polonais de l'armée allemande prisonniers allaient être rendus à la Pologne et tout le monde pensait que ça allait être aussi mon cas, à cause de mon nom. Mais moi, ma famille est de Dantzig, allemande depuis des générations. Je n'avais rien à faire avec la Pologne…

Donc, sous bonne escorte, je suis conduit de Louisiane jusqu'en Rhode Island, et j'arrive dans un camp dont on me dit : "C'est top secret." Je suis aussitôt reçu par un certain capitaine Pestalozzi, qui me dit : "Est-ce que vous connaissez Curt Vinz ?" J'hésite. Comme je pensais que ça pouvait avoir un rapport avec mon histoire, je lui dis non. Alors, il crie dans le bureau : "Vinz, y a encore un Wischnewski, et c'est pas encore le bon !" Et je vois arriver mon Vinz… qui dit : "Mais si, on se connaît… c'est lui." L'autre pousse un soupir de soulagement et me raconte son histoire : Vinz avait été recruté, et en arrivant il avait dit : "Je connais un type bien, un bon dessinateur, et qui s'y connaît en mise en pages." Alors ils n'ont rien trouvé de mieux que de demander à tous les camps d'envoyer les Wischnewski. Il y en a eu quatre-vingt-quatre. J'étais le quatre-vingt-cinquième… Cette machinerie de l'armée américaine, elle fonctionnait vraiment d'une manière dingue. Ils avaient même fait venir des Russes de l'armée Vlassov. Et Vinz qui me dit : "On t'a eu enfin, Franz !" et Pestalozzi : "Dieu merci !" Alors ils m'ont expliqué ce que je devais faire, la mise en pages, le graphisme, les illustrations… Je leur ai conseillé de prendre Andersch, aussi. Mais l'atmosphère était assez curieuse, il y avait un décalage entre les ambitions, entre ce qui était proclamé, et la réalité : on avait assez l'impression que c'était une affaire commerciale. »

Le premier numéro du *Ruf* paraît le 1er mars 1945. Il est tiré à 11 000 exemplaires, sur 8 pages, et coûte

5 cents (rappelons que les prisonniers gagnent 80 cents par jour). Au départ, les responsables américains se sont interrogés sur l'opportunité de vendre le journal ou de le distribuer gratuitement, mais ils ont vite estimé que la gratuité rendrait le journal suspect. En fait, le *Ruf*, paraissant deux fois par mois, devient vite une bonne affaire financière, sans que l'on sache très bien qui empoche les bénéfices.

Les principes du *Ruf* sont les suivants :

« Aider les prisonniers allemands à se préparer à leur travail face à la paix.

Laisser mûrir et devenir efficace le processus de fécondation mutuelle dans le contexte actuel et préparer son action continue dans la paix.

La condition de la préparation personnelle implique le dépassement des échelles de valeurs unilatérales par une éducation progressive vers des valeurs vivantes telles que la tolérance, la bonne volonté, le travail en commun, le respect des habitudes de vie étrangères. »

Ainsi, dès les premiers numéros, se forge le style du *Ruf*, un style pompeux, ampoulé, qui brasse les grandes idées et les belles théories.

Hans Werner Richter a raconté, dans une émission à la radio de Munich, comment il a été, lui aussi, recruté par le *Ruf* et quels furent, assez rapidement, ses sentiments vis-à-vis du journal et de son équipe.

« Été 45. C'est un vieux fort au nord de New York, au bord de l'Atlantique. Je ne sais pas à quoi a servi ce fort jadis. Maintenant c'est un camp de prisonniers allemands avec une centaine de prisonniers environ. Il s'appelle Fort Kearney. Une douzaine d'anciens correspondants et rédacteurs – la plupart ont été faits prisonniers lors de la prise de Rome – font ici un journal, qui est imprimé à New York, contrôlé et censuré par l'armée US. Les articles sont tous centrés autour de la culpabilité collective de tous les Allemands. Les prisonniers doivent comprendre qu'ils sont tous coupables.

Au camp Ellis, Illinois, où je me trouvais, *Der Ruf* est brûlé par beaucoup de prisonniers, qui refusent catégoriquement sa lecture. Moi aussi, je suis contre ce journal : eux c'est parce qu'ils sont nazis, moi parce que je suis antinazi. Mais je refuse la notion de culpabilité collective. Je ne veux ni ne peux la reconnaître, je trouve cette notion politiquement fausse.

La guerre est finie depuis quatre mois. Pour moi, ce fut une libération, une libération de la haine, de la peur, de la dictature.

Ma joie est à la mesure de l'allégresse des vainqueurs. Je me sens vainqueur. Mais ma conscience me dit que je fais partie des perdants. Contre ma volonté, je suis prévu comme rédacteur d'un journal dont je rejette la tendance. Aussitôt je refuse ce travail. Je déclare à tous, très fort, que ce n'est pas cela que l'on m'a promis, que je devais être libéré – mais rien n'y fait. La machine de l'administration militaire américaine travaille avec la même inflexibilité que n'importe quel appareil militaire. Alors j'ai clairement compris que je faisais partie des perdants. Que, si je voulais faire quelque chose pour l'Allemagne, il fallait que je sois absolument du côté des perdants, au besoin même contre les forces d'occupation. Nous seuls savions ce qu'avait été vraiment la dictature des nazis ; pas les

Alliés. Nous seuls pouvions maintenant agir en conséquence. Et ce n'était pas ce nouvel appareil d'oppression qui allait me faire changer d'avis : au contraire, c'est lui qui m'a transformé à ce point – et pas seulement mon indignation d'avoir été ainsi trompé. Et les autres rédacteurs partageaient mes idées. Nous essayions d'écrire des articles contre la notion de culpabilité collective, ils étaient censurés par les Américains ; nous nous opposions à la préparation du procès de Nuremberg, en tant que juridiction internationale. Nous réclamions une justice allemande, nous étions sûrs qu'elle n'aurait pas été moins dure dans ses jugements, mais elle aurait été plus juste vis-à-vis du peuple allemand. »

Par parenthèse, indiquons que ces juridictions allemandes ont effectivement existé et ont, pratiquement dans tous les cas, surenchéri et aggravé les sentences des juges alliés à Nuremberg. Le cas de von Papen, acquitté par le tribunal de Nuremberg, libéré et aussitôt arrêté par la police allemande, jugé et condamné, prouve que Richter n'avait pas tort.

Hans Werner Richter

« Tous nos articles nous revenaient de New York entièrement ou partiellement censurés. Et c'étaient de continuelles disputes, très désagréables, avec les officiers de presse américains, pour la plupart des émigrés allemands, et ça allait jusqu'à la menace de nous transférer dans des camps disciplinaires. On en est arrivés à ne plus traiter que des sujets sans intérêt.

Quand, plus tard, en Allemagne, nous avons recréé un journal, nous l'avons aussi appelé *Der Ruf*, mais son contenu était très différent : stricte opposition vis-à-vis des fautes politiques et pédagogiques des forces d'occupation, application de la critique comme arme démocratique, vocation à l'interprétation radicale de la démocratie, éloge de l'individualisme. »

En fait, il semble bien que cette équipe du *Ruf* en Amérique, composée parfois d'anciens militants communistes comme Richter, s'est heurtée à des Américains dont on peut dire aujourd'hui que beaucoup étaient de gauche, voire communistes, ce qui n'était pas encore un crime en cette fin 1945 en Amérique. Situation paradoxale, étrange conflit que celui qui oppose ainsi ces Allemands de gauche, qui refusent d'être punis comme les autres, aux Américains de gauche, qui leur assènent cette « culpabilité collective ».

Le ton du journal est parfois étrange, en cette fin 1945 :

« N'oubliez jamais qu'un jour le monde vous appellera de nouveau. Sans exception, homme par homme. Jusqu'à ce que cet APPEL arrive, attendu par nous tous, le *Ruf* sera pour vous la Voix de la Patrie ! »

Déjà naturellement enclins à un style assez lourd, oscillant entre le pompeux, le doctrinal et le raisonneur – bref, le style politique de l'époque –, les rédacteurs du *Ruf* ont aussi à l'esprit que leurs lecteurs sont des soldats allemands, et que le style de la Wehrmacht peut toujours servir :

« Nous voulons vous aider, en faisant suite aux instructions données par l'Oberkommando der Wehrmacht que nous pouvons résumer ainsi : "Gardez le moral, restez sains et intellectuellement vifs, car la Patrie a besoin de vous... Montrez que vous êtes tous PRÉSENTS ! Répondez avec le PRÉSENT bref et net du soldat. Et à cette réponse PRÉSENT aucun de ceux qui ont encore une étincelle de sens patriotique ne doit manquer !" »

Il est étonnant que la censure américaine ait laissé passer ce ton militariste et la référence à l'OKW. Mais, en fait, cela donne le change ; ce pathos militaire permet, plus loin, d'assener quelques vérités qui, elles, ne sont pas habituelles.

Ainsi dans son numéro du 1er décembre 1945 le *Ruf* fait-il le point sur ce qu'a été le nazisme dans les camps de prisonniers allemands d'Amérique :

« Les dirigeants américains annonçaient bien qu'ils assureraient la protection de chaque prisonnier allemand, mais le recours à une telle protection signifiait que le prisonnier s'excluait de la communauté allemande et s'attirait des menaces des pro-hitlériens. Fréquemment ils ne se limitaient pas à la menace pour l'avenir, mais se chargeaient de l'auto-justice. Certains "commandos" composés de durs étaient utilisés à ces fins. Ces fanatiques ne reculaient pas devant un assassinat. Dans certains camps, des tribunaux secrets, les "Kangaroo Courts", existaient, qui prononçaient des jugements. Parfois il a été essayé de faire passer des listes de noms et d'adresses de "traîtres" en Allemagne pour permettre à la Gestapo de "punir" sur place les membres de leur famille.

Tout cela faisait partie de la "camaraderie" prônée hautement dans la Wehrmacht allemande. »

Ce sont là des faits bien connus, mais exposés pour la première fois, dans un journal de camp, pour tous les prisonniers.

Capitaine Fritz Lempp, camp Como, Mississippi

« Oui, je me rappelle, j'ai dû voir le *Ruf* une fois. Oui, oui. On disait partout que c'était un journal de collaborateurs. »

Lieutenant Werner Wappler, camp Como, Mississippi

« Il y avait certainement de bons articles dans le *Ruf*. Mais toujours du même côté. J'avais l'impression en le lisant de subir une rééducation, et que tout ce que nous avions appris jusqu'ici était complètement faux, que nous étions tous complètement mauvais, et tout ça m'apparaissait extrêmement tendancieux… »

La « Prévôté générale », responsable des camps, comme nous l'avons vu plus haut (chapitre 6), indique dans son rapport n° 4-43 AA :

« Des affichettes publicitaires ont été distribuées dans les camps à partir du 6 mars 1945, ainsi que des instructions pour les personnels d'encadrement, concernant le bon usage du journal et la manière de l'utiliser. À cette époque, de nombreux camps étaient encore sous l'influence de groupes nazis qui ont employé tous les moyens pour empêcher la diffusion du *Ruf*. Ceux qui ont eu recours à la violence contre le journal ou ses lecteurs ont généralement été mis rapidement hors d'état de nuire. Dans leur grande majorité, les camps ont accueilli le journal avec enthousiasme. Les

11 000 exemplaires du premier tirage ont été épuisés rapidement. À cette date et jusqu'à la fin 1945, il existait aussi quatre-vingts journaux de camps, dont vingt-cinq nazis, cinq antinazis, un chrétien, et huit extrêmement nazis. »

Pour séduire ces nazis de la dernière heure, le *Ruf* ne lésine pourtant pas : son emblème reprend l'aigle allemand, encore qu'il ne tienne pas dans ses serres la croix gammée, mais un livre ouvert. Cependant, à mesure que s'éloigne le 8 mai, le ton change. En juin, le *Ruf* écrit :

« Nous devons regarder les réalités en face. Objectivement, et virilement. Cela concerne surtout ceux qui vivent encore dans un monde d'illusions. »

Très vite, le *Ruf* se couvre de photos, photos de ruines, de cadavres, de camps de concentration. Et petit à petit, quoi qu'en dise Richter, il fait son chemin dans les consciences.

Le numéro 1 s'ouvre sur cet appel du *Provost Marshal General* :

« Chaque prisonnier de guerre doit donc faire face à sa crise personnelle. Ne vivant plus désormais sous la menace de la terreur, chacun doit se mettre d'accord avec sa conscience. Chacun doit montrer qu'il est prêt à se rééduquer lui-même. »

Avec le *Ruf*, la rééducation comporte aussi des projections de films comme *Pourquoi nous combattons* et des conférences.

Quel est l'effet de cette « rééducation » sur les prisonniers ? On peut être sceptique. En 1946, Martin Tollefson, dans son rapport sur les camps, cite un sondage portant sur 22 153 prisonniers, venant de tous les camps et rassemblés au camp Shanks dans l'État de New York, avant leur rapatriement, à l'été 1946. Par groupes de 2 000, ces 22 153 prisonniers sont interrogés pendant six semaines par des spécialistes, qui aboutissent à la conclusion suivante :

« Nous sommes arrivés à ce que nous croyons être un bon échantillonnage de tous les prisonniers allemands en Amérique :

— 74 % vont repartir avec une bonne opinion de l'Amérique et de la valeur de la démocratie et une attitude amicale envers les Américains ;

— 33 % des prisonniers sont définitivement antinazis et pro-démocrates ;

— 10 % sont toujours des militants nazis ;

— 15 %, bien que non strictement nazis, ne sont pas favorablement disposés envers l'Amérique et la démocratie.

Comme beaucoup d'officiers de renseignements ayant observé les camps estimaient qu'avant le programme de rééducation les prisonniers de guerre allemands pouvaient être divisés en trois catégories, nazis 13 %, antinazis 13 %, neutres 74 %, il apparaît que le programme de rééducation a été la cause effective du changement suivant : 23 % de plus d'antinazis, 61 % sont passés de la neutralité à une appréciation positive de la démocratie. Mais l'ensemble des nazis n'a été réduit que de 3 %. »

En avril 1946, dans le *Liberty Ship* qui le ramène en Europe, avec 3 000 autres prisonniers allemands, Hans Werner Richter assiste à une scène significative.

Hans Werner Richter

« Nous naviguions depuis quelques jours. Tous les prisonniers portaient encore leur uniforme des camps, bleu avec les "PW" sur le dos et sur les genoux. J'étais l'un d'eux. Il y avait quelques rédacteurs du *Ruf* : Walter Mannzen, Franz Wischnewski, quelques autres. Nous ne connaissions personne. Mais, en principe, c'étaient tous des antinazis, libérés à cause de leurs opinions. Un soir, je suis allé au cinéma à bord. Il y avait un film avec Jane Russell, célèbre pour sa belle poitrine. Et les sentinelles américaines sifflaient, hurlaient, jetaient tout ce qu'ils trouvaient contre l'écran. Et les Allemands, comme eux, hurlant comme eux. »

16

Le retour

Sur le bateau qui le ramène en Europe, Hans Werner Richter, écœuré, assiste à cette manifestation qui montre une forme de « rééducation ». Mais il n'est pas au bout de ses surprises, avec ces prisonniers supposés, au départ, antinazis.

Hans Werner Richter

« Un matin, on appelle mon nom. Et un garde m'amène chez le commandant du bateau. J'entre dans sa cabine, et je vois un homme courtaud, trapu, avec un visage couperosé et l'air déjà pas complètement à jeun. À côté de lui, le capitaine Pestalozzi, sa casquette posée en arrière, l'air un peu parti, lui aussi.

Le commandant me dit : "On n'a jamais eu de journal de bord, c'est le moment d'en faire un." Alors Pestalozzi dit : "Vous êtes le type qu'il nous faut." Moi je refuse, je proteste, alors Pestalozzi tape du poing sur la table : "Vous êtes d'une arrogance insupportable !" Bref, il a fallu que je m'y mette. Ils m'ont donné tout ce qu'il fallait : des rédacteurs, des machines à écrire, un polycopieur. On était installés dans une sorte de hangar immense, au centre du bateau, et, pendant que nous écrivions notre pensum, autour de nous on jouait au foot ou au basket, et pas loin il y avait un piano sur lequel un GI jouait des boogie-woogies huit heures par jour sans interruption. C'était infernal. De temps à autre, on recevait un ballon sur la table où on essayait d'écrire. Le deuxième jour, tempête, mes rédacteurs deviennent verts et disparaissent, les machines à écrire parcourent les tables, tout valse, et moi, à quatre pattes, j'essaie de rattraper mes crayons, mes papiers… tout cela au milieu des joueurs de basket qui continuent, imperturbables. Le troisième jour, le journal paraît. Je l'avais baptisé *La Pieuvre*.

C'était assez libre comme ton, plein d'anecdotes, peu de politique. L'effet a été immédiat. Partout le silence, les regards méprisants, et finalement l'animosité ouverte. Quand j'allais sur le pont, j'entendais des observations haineuses derrière mon dos. Pour les trois mille prisonniers de ce bateau, j'étais à nouveau le traître que j'avais été au début de ma captivité aux États-Unis, dans ces camps soumis à la Gestapo.

J'essayais d'ignorer ces bruits, ces menaces de nous jeter par-dessus bord. Mais comme c'est difficile d'étouffer ce sentiment horrible : la peur de la terreur. Cette expérience, venant après tant d'autres, me montrait clairement que nous, mes amis et moi, étions vraiment assis entre deux chaises. D'un côté il y avait ces Allemands complètement infectés par le nazisme, qui n'acceptaient pas la défaite, ou la considéraient uniquement comme un événement transitoire, une étape avant la prochaine guerre. De l'autre côté, les vainqueurs avec leur politique de culpabilité collective et de fausse et même dangereuse "rééducation". Je n'étais pas loin de penser que tout travail en commun avec les forces d'occupation pouvait être considéré comme une "collaboration". Mais il restait peut-être une autre voie, la nôtre, une troisième voie. Essayer de continuer quelque chose de nouveau, qui serait socialiste et démocratique. Mais mon idée de la démocratie n'était pas celle des Américains, et mon idée du socialisme n'était pas celle des Russes. Et c'est ainsi que nous, les derniers rédacteurs du *Ruf*, une douzaine à peine, nous nous sommes retrouvés dans un dernier camp en Bavière, en demi-cercle autour d'un commandant américain venu spécialement de Francfort pour nous demander de travailler de nouveau pour eux. Nous étions tous là, silencieux, la tête baissée, sans répondre. Et ce commandant américain, petit, gros, transpirant, qui nous offrait tous les postes possibles. Et le plus affreux : après chaque proposition, il disait : "*One meal more, one meal more...*" Un repas de plus si vous acceptez ! Ça a vraiment achevé le tableau. Nous avons tout refusé, et nous sommes partis chacun de notre côté. Sans savoir où aller. L'Allemagne était un champ de ruines. Un pauvre néant. »

La décision de rapatrier les 380 000 prisonniers allemands est prise au début 1946, après de multiples protestations de la part des syndicats. Mais, dès le 15 mai 1945, le général Bryan, *Provost Marshal General*, fait à la presse cette déclaration – d'un style très personnel – pour apaiser les esprits :

« Dès qu'il y aura le moindre problème d'emploi, on se débarrassera des prisonniers dans la minute. Croyez-moi, on ne laissera pas l'herbe pousser sous nos pieds pour faire ça. On ne va pas laisser un seul Américain sans travail à cause d'un prisonnier. Nous ne voulons pas, et ne ferons pas, de surenchère ou d'entrave au travail libre. S'il y a un civil disponible pour un travail, il l'aura. »

Dans *History of Prisoner of War Utilization by the United States Army* (« Histoire de l'utilisation des prisonniers de guerre par l'armée américaine »), George Lewis et John Mewha donnent quelques précisions utiles – qui laissent peut-être penser que le rapatriement des prisonniers de guerre n'était pas souhaité partout de la même manière :

« Le succès du programme d'utilisation des prisonniers grâce à la coopération et à la productivité des prisonniers a largement compensé le risque de sécurité qui avait été pris.

L'emploi des prisonniers a permis de diminuer celui des civils et par conséquent d'augmenter le nombre des enrôlements dans l'armée. En ce qui concerne le travail payé, sur les seules installations de l'armée, il a représenté pour les prisonniers 90 629 233 journées de travail, pour la période du début 1943 à décembre 1945. Si l'on prend comme base le chiffre de 4 dollars par jour comme salaire moyen d'un travailleur civil non spécialisé, on peut estimer qu'en 1943, le travail effectué par les prisonniers dans les installations militaires américaines a représenté une valeur de 14 millions de dollars. En 1944, ce chiffre est monté à 70 millions de dollars.

L'un dans l'autre, l'utilisation des prisonniers de guerre à la place de civils ou de militaires américains dans nos installations a permis au gouvernement d'économiser 131 millions de dollars, et cela, pendant qu'il gagnait, dans le même temps, 39 millions de dollars en paiement des contrats civils de travail des prisonniers. Le total net des bénéfices réalisés par l'emploi des prisonniers de guerre aux États-Unis a pu être estimé à un chiffre aussi élevé que celui de 230 millions de dollars. »

Et des dollars de 1945… Cela a dû sans doute faire réfléchir les responsables militaires américains, qui commencent prudemment à rapatrier les Japonais, début 1946 (5 413 prisonniers au 2 septembre 1945), puis le reste des Italiens, enfin les Allemands, à raison de 5 000 par mois. 50 000 Allemands font encore la moisson 1946, et 32 000 autres attendent que leur « contrat » se termine début juin 1946. Le 30 juin 1946, la plupart sont partis. Restent encore 141 Allemands, 20 Italiens et 1 Japonais, purgeant des peines de prison dans les pénitenciers américains. Et la poignée d'évadés non repris.

Enseigne de vaisseau Günter Wedekind, camp Mexia, Texas

« À vrai dire, personne n'avait envie de partir. Si j'avais pu, je n'aurais pas hésité, je serais resté. J'ai essayé, sans succès. Une fois de retour, j'ai demandé à de la famille en Amérique de m'envoyer un *affidavit*, une garantie de séjour. Mais c'était très difficile. Pour travailler il aurait fallu faire partie d'un syndicat…

C'est dommage. On s'était tous dit : "Pourvu qu'on puisse rester en Amérique !" »

Sous-officier pilote Walter F., camp Hearne, Texas
« Ce fermier chez qui je travaillais… et sa fille, à qui je parlais… Ils voulaient que je reste… et ça m'aurait bien plu. Mais on ne m'a pas autorisé. Dommage. J'y serais bien resté, moi, au Texas ! »

Au fur et à mesure des rapatriements, les prisonniers sont amenés dans des camps de transit.

Sous-officier pilote Walter F., camp Hearne, Texas
« On n'a pas tout de suite été renvoyés en Allemagne, on nous a employés dans un camp qui servait au retour des troupes américaines d'Europe ou du Pacifique. Nous avons déballé des caisses dans lesquelles les Américains avaient entassé des tas de choses, de la porcelaine, de l'argenterie, des souvenirs, pris sur les soldats allemands, des poignards ou des canifs de la Hitlerjugend, mais surtout, surtout, des horloges à coucou. Qu'est-ce qu'il y en avait !…
Tout ce que je peux vous dire, c'est que ce genre de caisses, c'était rare qu'on les manipule avec soin… »

Embarqués à New York ou dans des ports de la côte est, les prisonniers sont entassés dans des *Liberty Ships* et débarqués au Havre. De là, ils sont amenés au grand camp de Bolbec, à une trentaine de kilomètres du Havre. Bolbec, un nom qui sème rapidement la terreur chez tous les prisonniers allemands. Bolbec, c'est le tri, le passage devant une commission d'enquête française, et l'éventualité de rester prisonnier en France.

Caporal-chef Willibald Bergmann

« À Bolbec, on passait devant la commission française. La première des choses qu'ils demandaient, c'était de lever les bras en l'air, pour voir si on avait le tatouage SS. Mais, dans notre camp, il n'y en avait pas. Ensuite… j'ai eu de la chance : j'ai rencontré mon ancien médecin militaire ; il était prisonnier là et employé par la commission. Il m'a déclaré inapte ; mais je peux vous assurer que 80 % de notre transport sont restés en France deux ans de plus. »

Sous-lieutenant Horst L.

« Moi, je n'ai pas eu de chance. On m'a envoyé près de Soissons, dans le nord de la France. Il faisait très humide, très froid, on couchait à trente dans des trous creusés dans de l'argile et recouverts d'une bâche. La nourriture était très mauvaise, les conditions sanitaires épouvantables. Officiers et hommes de troupe mélangés, c'était vraiment abominable. »

En 1945-1946, la France détient 1 065 000 prisonniers de guerre allemands. 740 000 ont été « fournis » par les Américains. 237 000 ont été faits prisonniers par les armées françaises. Le reste vient d'Afrique du Nord ou a été cédé par les Britanniques. 81 870 prisonniers allemands réussissent à s'évader. 24 178 meurent pendant leur captivité en France. Beaucoup restent prisonniers jusqu'en 1949.

Capitaine Fritz Lempp

« Débarquement mi-mars au Havre, puis Bolbec. Ce camp était très craint. J'ai un ami qui a été envoyé un an dans le sud de la France pour y faire des travaux épouvantables. Moi, j'y suis resté trois semaines. Ça m'a suffi. J'étais parti avec des bagages que je ne pouvais même pas porter, tellement il y en avait et c'était lourd. Des livres, et surtout le grand rideau de scène de notre théâtre. Je l'avais emmené parce que je ne savais pas très bien ce que j'allais retrouver en Allemagne. Il a servi à tailler des vêtements à mon premier enfant, et à boucher la fenêtre de notre cuisine. Pendant trois ans. »

Caporal-chef Alfons Heilmann

« J'avais acheté une radio en Amérique, j'avais plein de choses en partant du camp, ils nous ont dit qu'on ne pouvait pas emporter tout ça, qu'il fallait l'expédier par la Croix-Rouge. J'ai tout mis dans une caisse, que j'ai donc expédiée à Nuremberg. La caisse est arrivée en 1950. »

Caporal Hans Edwin Gurn

« J'ai encore la liste de tout ce que j'ai pu envoyer d'Amérique en Allemagne à mon retour : mille cigarettes, du talc pour les pieds, dix pierres d'agate non polies, une radio, une cravate, et tout est bien arrivé. »

Adjudant Werner Baecker

« En arrivant en Allemagne, j'ai retrouvé ma mère, qui était folle de joie, bien sûr… mais en même temps elle était toute triste… elle n'avait rien à me donner à manger. Elle me disait : "Voilà, mon fils… l'Allemagne c'est la ruine, le néant." Moi, je n'avais que mon sac marin et des cigarettes. Ma mère a dit : "Des cigarettes ! Mais c'est la richesse ! Des cigarettes américaines… Cela veut dire du pain. Et du beurre…" »

Capitaine Fritz Lempp

« En arrivant à la gare de Munich, les gens nous regardaient… Nous avions réussi à garder nos uniformes et nos décorations. On sentait que les gens nous regardaient avec hostilité. Quelqu'un s'est approché de moi et m'a dit en touchant ma veste d'uniforme : "Ça n'est plus le moment de mettre ça !" Mon camarade, à côté de moi, a répondu : "Je ne vois pas pourquoi je n'irais pas comme ça à la maison…" »

Lieutenant Werner Wappler

« Chaque fonctionnaire à qui on s'adressait était soit un super-démocrate, soit un super-communiste. Si on disait qu'on était officier, les réponses étaient toujours blessantes, déprimantes. C'était tragique. Il fallait survivre. J'ai cloué des caisses. Je suis devenu chauffeur. Je ne savais pas où aller. Ma maison était en zone russe, et les Américains nous avaient dit tout de suite : "On ne vous conseille pas, à vous les officiers, de rentrer chez les Russes." Quelques-uns l'ont fait : on n'a jamais plus entendu parler d'eux. »

Sous-lieutenant Horst L.

« On s'était tous arrangés entre nous pour que personne ne déclare son domicile à l'Est. Au besoin en donnant l'adresse d'un ami, mais il y en a qui sont allés se faire libérer en zone russe. Ils ont été mis dans le camp de concentration de Sachsenhausen et ensuite on les a envoyés travailler dans les mines. »

Hans Werner Richter

« Je suis allé dans la zone d'occupation soviétique, à Bansin, sur l'île d'Usedom, chez mes parents pêcheurs. Des amis communistes de ma jeunesse m'ont offert un tas d'emplois. Mais j'ai préféré ramper sous les barbelés, courir à travers champs et repasser à l'Ouest. Les rafales de mitrailleuses tirées des miradors étaient plus qu'un avertissement pour moi. »

De retour en Allemagne et à la vie civile, le caporal-chef Willibald Bergmann est devenu directeur commercial dans une maison d'essuie-mains à Nuremberg. Heinrich Severloh a abandonné l'agriculture pour les assurances. Walter F. est devenu épicier en gros, Verlohr cadre chez Siemens, Gurn médecin, Lempp libraire, von Bressensdorf éditeur, le docteur von Arnim a été chef de clinique, Heilmann contremaître, Franz Wischnewski a aménagé les musées d'Allemagne, Carl Amery est devenu un écrivain connu de science-fiction en Allemagne ; il est mort en 2005. Son œuvre abondante n'a pas été traduite en français. Hans Werner Richter, après son retour, a participé à un nouveau *Ruf*, avec Alfred Andersch et Curt Vinz, et fondé le « Groupe 47 », l'un des plus importants groupes d'écrivains allemands de l'après-guerre, que Günter Grass réunirait encore en 1990. Hans Werner Richter, couvert d'honneurs et de prix, est mort en 1993. De sa vingtaine de livres, ont été traduits en français, chez Pierre Horay, outre *Les Vaincus* (1950), tellement révélateur,

Empreintes sur le sable (1951) et *Tombés de la main de Dieu* (1952). Des prisonniers ont réussi à revenir aux États-Unis comme Werner Baecker, correspondant de la chaîne de télévision allemande NDR à New York (mort en 1993). Horst L. est revenu, en touriste, au camp de Mexia, dans le Texas.

Le *Mexia Daily News du* mardi 5 octobre 1971 titre sur trois colonnes en première page : « Ex-prisonniers de guerre allemands en visite à Mexia ».

« Après plus d'un quart de siècle, trois anciens prisonniers de guerre allemands sont revenus visiter ce qui fut un grand camp de prisonniers, à l'endroit où se trouve aujourd'hui une école. "Ça n'était pas si désagréable que vous pourriez le penser", dit Horst L.

L., qui est aujourd'hui chimiste en Allemagne, est accompagné de M. Karl Ramish, un fonctionnaire autrichien en retraite, et de M. et Mme Tichter, de Siegen, Allemagne ; M. Tichter est aujourd'hui colonel dans l'armée allemande. "Tout est beaucoup plus vert, et les arbres ont poussé", dit le colonel Tichter. »

Horst L.

« Nous avons été faits citoyens d'honneur de Mexia. Nous sommes restés une huitaine de jours. On a revu le shérif de l'époque, Mr James Ball, c'est lui qui retrouvait les évadés, et puis le type qui sortait les ordures du camp, il est devenu milliardaire. Il s'appelait Elliott… il a dû trouver du pétrole dans son jardin… il est mort aujourd'hui… Oh, vous savez, Mexia est une petite ville, ça leur a fait de l'animation de nous voir… On y avait été en charter. Le camp… il reste cinq ou six baraques, et il y a des constructions en pierre, une école de l'État du Texas pour les handicapés, c'est très triste. On a vu quelques vieux. Et puis, on est partis. »

Général Blackshear M. Bryan, ancien *Provost Marshal General*, ancien responsable des camps de prisonniers allemands

« Je suis un soldat. Je détestais garder les prisonniers. Tout cela n'a plus d'importance maintenant. Les prisonniers sont arrivés ici, ils ont vécu sous le régime de la Convention de Genève. Bon, c'est tout.

Pour des tas de raisons, j'ai chassé tout ça de mon esprit. Le War Department avait décidé de les faire venir. Un samedi après-midi, je me rappelle, on m'a dit : "Les Anglais ne savent plus où les mettre, prenez-les."

— *Vous étiez au courant de la terreur dans les camps ?*

— Ouais. »

Nous n'avions pas eu, à l'époque, en 1975, d'autres témoignages ni d'autres réactions de la part des Américains impliqués dans cette étonnante aventure, pourtant pas si scandaleuse que cela. Parce que les officiels américains, confrontés à une telle dérive, ne pouvaient pas vraiment réagir autrement qu'ils l'ont fait. Dès que l'on tente de trouver une logique à des événements guerriers, on perd pied car, justement, la logique de la guerre tord le cou à la logique tout court.

Il n'était certainement pas *convenable* de voir flotter le drapeau à croix gammée dans le ciel du Texas, mais la logique de la Convention de Genève aboutit immanquablement à des dérives absurdes de ce genre.

Mais ce qui est vraiment intéressant, c'est que l'on a vu ici la Seconde Guerre mondiale se continuer, et même avec violence, sur le sol américain. Car la douceur des draps blancs, du pain blanc, de la musique douce, la profusion et l'accueil dans ces camps de rêve de Virginie ou du Mississippi étaient analysés avec inquiétude par les militaires nazis dans leur lutte de plus en plus désespérée. Tout se savait vite, par le courrier transmis par la Croix-Rouge et les pays neutres, et les combattants allemands *savaient*, à partir de 1943, que le sort qui leur était réservé s'ils étaient faits prisonniers était bien plus enviable que le quotidien sordide et le combat mortel auxquels ils étaient exposés en permanence. Leurs chefs devaient alors, s'ils ne voulaient pas être confrontés à des désertions massives, faire passer d'urgence un message fort : « Vous ne serez pas en sécurité en Amérique. » Il s'agissait donc pour eux de veiller à la continuation de la guerre, mais par d'autres moyens, sur le sol américain. Pour ce faire, les courriers et la presse devaient relayer l'information selon laquelle le comportement des officiers et soldats qualifiés de nazis et de brutes était dicté par leur hiérarchie. Ils devaient faire régner la terreur et que cela se sache pour dissuader les combattants sur les fronts de courir les bras levés vers l'ennemi. Dans son ouvrage *Les Guerriers du froid* (Fayard, 2012), l'historienne britannique Catherine Merridale cite un colonel soviétique de Stalingrad. « C'est horrible à dire, mais en maltraitant et en affamant, en faisant mourir nos prisonniers de faim, les Allemands nous aident », disait celui-ci. Du coup, les soldats russes sur le front de l'Est y déployaient une ardeur particulière, préférant mourir au combat que mourir affamés par ceux d'en face. *A contrario*, sur le front de l'Ouest, la désertion ou la capture par l'ennemi étaient synonymes de vie tout court. Aussi, pour les Allemands, fallait-il trouver d'urgence une parade, et pour les Américains, trouver la parade de la parade, d'où les camps antinazis. Tout cela était donc logique, qui entraîna, on l'a vu, un humour noir, décalé, qui ressort de tous ces témoignages parfois surréalistes apportés il y a tant d'années mais qui n'ont pas pris une ride.

Quand j'ai présenté pour la première fois ces témoignages au public, dans les années 1970, j'avais voulu les faire précéder d'un texte de Maurice Nadeau, grand éditeur et critique, aujourd'hui âgé de plus de 100 ans [1]. En 1950, il avait préfacé *Les Vaincus.* Que ces lignes d'un grand écrivain soient aujourd'hui la conclusion de mon livre, en 2012.

« Gülher-Richter, qui a rempli jusqu'au bout son devoir d'Allemand et de soldat, pour qui ce devoir fut difficile puisqu'au nom d'une fraternité de race il devait ruiner une fraternité d'esprit, se laisse capturer. "Nous sommes libres, enfin. Prisonniers et libres." Ce n'est pas là seulement le soupir de soulagement d'un condamné désormais placé hors d'atteinte "de cette saloperie de machine à tuer", c'est le cri d'un homme qu'on vient à la fin de délivrer, c'est un cri d'espoir : "De l'autre côté, nous aurons notre vie personnelle, même derrière les barbelés." "On nous expédia, au bout

1. Maurice Nadeau, né à Paris en 1911, est décédé dans la même ville le 16 juin 2013. Il était âgé de 102 ans.

d'un mois, dans un camp de prisonniers dans l'Illinois", reprend Richter, dont on imagine qu'il dut se dire comme son héros posant le pied sur un sol libre : "Et maintenant les nazis, on les emmerde !" Ce fut précisément le contraire : dans le monde cadenassé du camp où vit Gülher les nazis règnent sous la protection des Américains ; la "Gestapo du camp" épie, surveille, juge et tue ; elle a ses hommes partout et jusque dans les services officiels ; ils "maintiennent le moral" en faisant planer au-dessus de leurs camarades dont ils partagent pourtant la condition l'abjecte terreur qui leur a permis de mener à coups de trique leurs esclaves à la conquête de l'Europe. Ils sont odieux, grotesques, tristement imbéciles ; le talon sur la nuque et à des milliers de kilomètres des champs de bataille ils croient encore qu'ils vont subjuguer le monde ; jamais on n'avait vu comme ici les effets stupéfiants d'un poison glissé dans l'âme par le rêve millénariste du fascisme. Le drogué se fait zélateur et veut à toute force donner sa folie en partage. La défaite de Normandie, l'invasion de l'Allemagne, la chute de Berlin, la mort du Führer, l'armistice, la paix, il faudra tous ces degrés plongeants de la catastrophe et la joie méprisante des Américains pour que le rêve s'écroule. On verra alors nos brutes, nos tueurs et nos fanatiques se mettre comme un seul homme et au pas cadencé à l'école de la "rééducation démocratique". Quels bons démocrates ils feront ! »

Eh oui…
« Nous sommes libres, enfin. Prisonniers et libres. »

Postface

Les prisonniers : les grands oubliés

par le colonel (e.r.) Frédéric Guelton
ancien chef du département de l'armée de terre
du Service historique de la défense

Le livre que nous venons de lire est étonnant. Il l'est au sens étymologique du terme, qui veut que le lecteur termine la lecture en ayant été « frappé par le tonnerre ». C'est bien ici le cas pour plusieurs raisons. La première tient à l'auteur. La simple idée de consacrer un livre aux prisonniers de guerre allemands sur le sol américain est en soi étonnante car originale et inattendue. Lorsqu'un lecteur français se pose la question de savoir ce qu'il connaît des prisonniers de guerre, quelques images viennent à l'esprit, celle de Fernandel dans *La Vache et le Prisonnier*, celle de Steve McQueen dans *La Grande Évasion* et, plus rarement, celles de Jean-Pierre Cassel et de Jean Carmet dans *Le Caporal épinglé*, ce dernier film renvoyant au souvenir de la cohorte peu glorieuse des presque deux millions de soldats emmenés en captivité au cœur du Reich après la calamiteuse défaite de 1940. Ces images ont en commun d'évoquer des films. Pas des livres. Qui plus est, les ouvrages existants sont souvent centrés sur des récits d'évasion, comme *La Grande Évasion* de Paul Brickhill (France Empire, 1967) qui donnera le film éponyme ou plus récemment et dans une perspective différente, plus politique, *Prisonniers de la liberté* de Jean-Louis Crémieux-Brilhac (Gallimard, 2004). Vient alors le livre de Daniel Costelle dont le premier mérite est d'avoir su tirer de l'oubli un sujet largement ignoré, comme si les prisonniers de guerre, ici allemands, étaient, de tout temps, les grands oubliés de l'histoire des guerres en raison de leur position particulière de « sous-vaincus » pour les vaincus et d'antihéros pour les vainqueurs. Son second apport tient à la méthode utilisée. Daniel Costelle a cette qualité rare de savoir trouver, de « dénicher » les sujets intéressants et ignorés, et celle, encore plus rare, de les mettre en valeur en en rendant la lecture facile, agréable et attachante.

Ce livre d'histoire, comme nous l'avons constaté tout au long de sa lecture, est fondé sur la mise en valeur des témoignages des prisonniers, des gardiens et de la population américaine. Il se lit, et nous l'avons lu, comme un de ces romans dont il est difficile de se séparer. Et, lorsque la lecture s'est terminée, les images créées par l'auteur nous sont revenues à l'esprit. Nous avons revu, nous revoyons encore, les images des premiers prisonniers de l'Afrikakorps, jeunes « loups maigres » qui arrivent aux États-Unis, découvrent le « savon qui mousse », ne pensent qu'évasion et attendent, à défaut de mieux, la libération qui suivra, bien évidemment, la victoire inexorable du Reich. Nous voyons les premiers prisonniers antinazis subir le sort, inimaginable sur le sol américain, que leur réserve la Gestapo des camps ; nous revoyons ces Américains jeunes et vieux, hommes et femmes naïvement « émerveillés » par ces prisonniers à la rigueur impeccable, presque effroyable, défilant dans les rues de la petite ville voisine en chantant, en allemand bien sûr, et à la demande de la population, des chants martiaux, des chants… nazis ! Ces images qui demeurent traduisent la seconde richesse du livre.

Daniel Costelle nous incite à ouvrir la boîte de Pandore des prisonniers de guerre de la Seconde Guerre mondiale. Car, après tout, puisque la guerre fut mondiale, il y eut des prisonniers de guerre sur tous les fronts, dans toutes les armées et probablement dans presque tous les pays. Mais combien furent-ils ? Comment furent-ils traités ? Y furent-ils dans le respect des accords internationaux ou furent-ils abandonnés au bon vouloir des vainqueurs du moment ?

S'il est délicat de répondre à ces questions, il en est une, la plus importante, à laquelle il semble qu'il ne sera jamais répondu avec précision : combien y eut-il de prisonniers de guerre entre 1939 et 1945 ? Pourquoi ? Parce qu'il exista, tout au long de la guerre, une géographie du malheur pour les prisonniers de guerre. Une géographie qui découpa le monde en zones de non-droit dans lesquelles ils moururent par millions dans l'indifférence la plus totale, et des zones dans lesquelles les conventions internationales, principalement la Convention de Genève de 1929 sur les prisonniers de guerre, furent relativement, parfois scrupuleusement, respectées. Prenons un exemple. Lorsqu'on consulte la documentation officielle américaine, on y découvre, comme l'a montré Daniel Costelle, le nombre exact et l'identité des soldats allemands qui furent incarcérés sur le territoire américain, on a également accès au nombre et à l'identité de tous les Américains qui furent emprisonnés en Allemagne. La comptabilité est ici d'une précision exemplaire. Mais si l'on cherche à connaître le nombre des prisonniers de guerre faits par les Allemands sur le front de l'Est, ou celui des prisonniers faits par les Japonais en Chine à partir de 1937, les écarts entre les estimations les plus basses et les plus élevées se chiffrent en centaines de milliers, voire en millions ! Au bilan, les études les plus récentes nous orientent vers une fourchette qui situerait approximativement le nombre des prisonniers de guerre de la Seconde Guerre mondiale entre 18 et 20 millions. Pour pouvoir aller plus loin, comme nous l'avons déjà évoqué, il eût fallu que tous les belligérants aient adhéré à la Convention de Genève de 1929 sur les prisonniers de guerre – et qu'ils l'aient, ensuite, respectée. Ce qui ne fut pas le cas. Loin s'en faut.

En 1939, les préoccupations humanitaires semblaient pourtant à l'ordre du jour dans la plupart des États considérés comme modernes ou se prétendant tels. La prise de conscience des nations se fondait sur un constat plus que centenaire. La guerre idéologique, inaugurée par la France révolutionnaire, puis la révolution industrielle née en Grande-Bretagne avaient changé le visage de la guerre. Devenue « totale » dans les dernières années du XVIIIe siècle, elle n'épargnait plus personne. Elle faisait dorénavant s'affronter des armées comptant des dizaines de milliers, des centaines de milliers puis des millions d'êtres humains. Et le vaincu laissait à la merci du vainqueur des prisonniers en nombre toujours plus grand. Seuls les *usages de la guerre*, c'est-à-dire, en d'autres termes, le *droit coutumier*, s'imposaient en théorie aux belligérants. Sans pouvoir, à aucun moment, les contraindre. Les guerres du XIXe siècle montrèrent les limites de ce système hérité du passé et déconnecté des réalités nouvelles. Un Suisse, Henri Dunant, fut à l'origine de cette prise de conscience internationale. Ayant constaté *de visu*, lors de la bataille de Solferino (1859), l'état d'abandon dans lequel étaient laissés les blessés sur le champ de bataille, il œuvra à la création d'un Comité international qui entendait les secourir et qui prit, en 1876, le nom de « Comité international de la Croix-Rouge », aujourd'hui plus connu sous l'acronyme CICR. Henri Dunant reçut en 1901, concomitamment avec un Français, Frédéric Passy, fondateur de la Ligue internationale de la paix, le premier prix Nobel de la paix. Quelques années plus tard, en 1907, la seconde conférence de La Haye remit sur le métier la question des lois et coutumes de la guerre. Le texte final consacra dix-sept de ses cinquante et un articles à la définition et au traitement des prisonniers de guerre. Ce qui représentait un progrès notoire. Il spécifiait, par exemple, que les prisonniers de guerre devaient être « traités avec humanité », que « le gouvernement au pouvoir duquel [ils] se trouvaient était chargé de leur entretien » dans des conditions identiques à celles réservées à leurs propres soldats et que « après la conclusion de la paix, le rapatriement des prisonniers de guerre s'effectuerait dans le plus bref délai possible ».

Ces conditions demeuraient encore caractéristiques, dans leur esprit et dans leur formulation, des usages du XIXe siècle. Elles ne résistèrent que difficilement à l'épreuve de la Grande Guerre et des conflits qui suivirent, guerre civile russe, guerre polono-bolchevique, etc. Ne désarmant pas face à la guerre, les nations avides de paix après les souffrances endurées se remirent au travail. Elles se réunirent en juillet 1929 à Genève afin de reprendre, de perfectionner et surtout de préciser les avancées aussi notoires que notoirement insuffisantes des conférences de La Haye. Les avancées dans la rédaction des textes relatifs aux prisonniers de guerre, qui nous intéressent ici, furent manifestes. Elles furent malheureusement négligeables en ce qui concerne les prisonniers civils qui demeurèrent régis par le Règlement de La Haye bien que la Grande Guerre en ait clairement mis en évidence les limites. L'idée centrale qui jaillit de la conférence de juillet 1929 était pourtant géniale par sa simplicité. Elle consistait en la décision d'établir un texte qui définirait de façon précise et exhaustive le régime qui devrait, en cas de guerre, être appliqué par tous les États signataires à « leurs » prisonniers de guerre. Ils la résumèrent en une proposition limpide, reprise dans plusieurs articles de la Convention, selon laquelle « du point de vue matériel, le traitement des prisonniers de guerre devait être comparable à celui des troupes de dépôt de cette Puissance ». Ils posèrent également, en droit international, les bases juridiques de l'action du CICR et de ses relations avec les belligérants en temps de guerre afin que ceux-ci puissent agir directement ou à travers des délégations locales, au profit des prisonniers.

La Convention de Genève connut pourtant un échec retentissant, dont personne ne pouvait, bien évidemment, anticiper les conséquences lorsqu'il survint en 1929 : l'Union soviétique et le Japon refusèrent d'en ratifier le texte. Une des conséquences de ce refus fut, d'emblée, identifiée. Si ni l'Union soviétique ni le Japon n'étaient tenus par une convention qu'ils n'avaient pas signée, toutes les autres nations signataires étaient, en droit, déliées de leur engagement vis-à-vis de ces deux États. Ce qui n'eut dans l'immédiat aucune conséquence autre que politique. La guerre changea tout. La non-ratification de la Convention de 1929 par l'URSS et le Japon eut dès lors des conséquences humaines désastreuses qui mirent en évidence l'existence, à l'échelle de la planète entière, de cette géographie de la souffrance pour les prisonniers de guerre précédemment évoquée. Leur sort fut adouci dans les pays qui respectèrent les engagements pris à Genève. Il fut terrifiant dans deux aires géographiques distinctes, l'Est européen et l'Extrême-Orient. En 1938 le CICR, inquiet de l'évolution générale du monde, marqué par une propagation apparemment sans fin des régimes totalitaires ainsi que par le retour, ou la menace d'un retour proche, de la guerre, décida d'anticiper, afin de ne pas être pris au dépourvu. Il mit sur pied, au cours du mois de septembre, peu avant les accords de Munich qui auraient pu se terminer par une guerre européenne, une Commission des œuvres de guerre qui reçut la mission d'envisager et de préparer l'engagement du CICR en cas de guerre.

La guerre éclata sur le continent européen en septembre de l'année suivante et le déni d'humanité commença entre le 1er et le 17 du même mois, lorsque l'Allemagne puis l'Union soviétique agressèrent la Pologne. Il se poursuivit lorsque la Finlande fut à son tour attaquée par la seule Union soviétique en novembre. Il prit une dimension nouvelle, proprement inimaginable, lorsque l'Union soviétique fut envahie par l'Allemagne nazie en juin 1941. Au cours de cette période, l'Est européen devint, puis demeura jusqu'à la fin de la guerre, et dans une certaine mesure dans les années qui suivirent, un espace de non-droit pour les prisonniers de guerre. Ils y souffrirent, sans limite, des effets conjugués de l'antagonisme séculaire entre Slaves et Germains, et de la haine inextinguible entre les deux idéologies exterminatrices du siècle.

La situation ne semblait pourtant pas si désastreuse que cela au début du mois de septembre. Dès le déclenchement de la guerre, le CICR avait activé son Agence centrale des prisonniers de guerre et ouvert des délégations chez les belligérants et chez les Neutres indirectement impliqués par la guerre. La délégation installée en Allemagne compta bientôt une trentaine de personnes, ce qui était une réussite manifeste étant donné la nature du régime. Mais ce qui fut aussi rapidement insuffisant en raison de la vitesse des victoires du Reich dont les camps de prisonniers virent affluer, dès l'automne 1939, quelque 600 000 prisonniers de guerre polonais. Tout s'envenima lorsque le CICR tenta d'obtenir de Moscou le droit d'envoyer sur place au moins un délégué afin de s'assurer, après le 17 septembre, du sort réservé aux prisonniers polonais par l'Armée rouge. Le gouvernement soviétique refusa. Il lui préféra la création par Lavrenti Beria d'un Directorat pour les prisonniers de guerre contrôlé par le NKVD qui reçut la mission de s'occuper, dans un premier temps, des quelque 250 000 militaires polonais capturés par l'Armée rouge. Environ 170 000 furent rapidement libérés et presque 45 000 livrés aux Allemands. Ceux qui demeurèrent entre les mains du NKVD, environ 40 000 hommes, furent soumis aux travaux forcés. Presque 26 000 d'entre eux furent, sur ordre du Politburo signé de Joseph Staline et de ses principaux acolytes, exécutés par les agents du NKVD au cours du printemps 1940 dans ce que la mémoire collective a retenu sous le nom de « massacre de Katyn ».

Après avoir une nouvelle fois refusé la présence de délégués du CICR lors de la guerre d'hiver contre la Finlande (décembre 1939-mars 1940), le gouvernement soviétique adopta une posture plus diplomatique lorsque son territoire fut envahi par la Wehrmacht en juin 1941. Il accepta le principe de la présence d'une délégation du CICR... sous réserve d'une réciprocité allemande. Mais Hitler avait, sur la question, un point de vue particulier et des idées définitives. Considérant les Slaves comme des sous-hommes, il ordonna explicitement que même les usages et les coutumes de la guerre ne soient pas pris en considération vis-à-vis des Soviétiques. De son côté, Staline décréta que tout soldat de l'Armée rouge qui se rendrait serait *de jure* considéré comme traître à la patrie soviétique. Dès lors, l'argument, fort diplomatique, du refus – par l'autre – du principe de réciprocité fut utilisé par les deux États totalitaires pour s'opposer à toute immixtion de quiconque dans le sort réservé aux prisonniers de guerre. L'échec du CICR fut ici total et la souffrance des hommes absolue. Dans les deux camps, les prisonniers de guerre moururent de froid, de faim, d'épuisement, de manque de soins et de maltraitances. Ce qui n'affecta jamais Hitler et ce qui satisfit Staline qui estimait que plus le sort réservé par les Allemands aux soldats soviétiques faits prisonniers serait terrifiant, plus ils hésiteraient à se rendre, préférant mourir les armes à la main plutôt que sous les coups de leurs geôliers. Pour quels résultats ? Dans son livre *Les Bourreaux volontaires de Hitler. Les Allemands ordinaires et l'Holocauste* (Le Seuil, 1997), Daniel Jonah Goldhagen estime que 2,8 millions de prisonniers de guerre soviétiques moururent, souvent de faim, en moins de huit mois entre 1941 et 1942. Quant au nombre total des prisonniers de guerre soviétiques morts, il est estimé par Peter Calvocoressi et Guy Wint, dans *Total War* (Pantheon Books, 1972), à environ 3,5 millions sur un total de 5,5 millions capturés par les Allemands. Lorsque l'Armée rouge reprit l'initiative, elle fit à son tour des prisonniers allemands par milliers, par dizaines puis par centaines de milliers. Environ 3,2 millions de soldats allemands furent capturés. L'historien S. P. MacKenzie estimait, en 1994, que plus d'un million d'entre eux étaient morts.

Lorsque le Japon entra dans la Seconde Guerre mondiale en décembre 1941, il avait déjà acquis une certaine « expérience » dans le traitement des prisonniers de guerre lors de l'invasion de la Mandchourie en 1931 puis depuis son entrée en guerre contre la Chine en 1937. Les malheureusement célèbres massacres de

Nankin de 1937-1938 au cours desquels les soldats japonais tuèrent environ 300 000 Chinois, prisonniers de guerre ou simples civils, ne laissaient rien augurer de bon.

En fait le Japon adopta, à partir de décembre 1941, une attitude de principe vis-à-vis des prisonniers de guerre qui rappelait, dans une certaine mesure, celle de l'Allemagne. Elle sembla même, un temps, plus bienveillante puisque le gouvernement japonais autorisa la présence de délégués du CICR sur son sol, à Shanghai et à Hong Kong, et indiqua à Genève qu'il n'excluait pas, toutes choses égales par ailleurs, d'appliquer les règles édictées par la Convention de 1929. Tout en se réservant la définition des modalités pratiques. Il refusa néanmoins la présence de délégués partout ailleurs dans sa nouvelle « sphère de coprospérité ». Ce refus fut appliqué à la lettre. Ce qui ne fut pas sans conséquence pour les représentants du CICR. Ainsi, comme l'écrit Marcel Junod dans *Le Troisième Combattant* (Payot, 1963), « le docteur Matthaeus Vischer et son épouse, délégués [du CICR] à Bornéo, furent accusés d'espionnage pour s'être efforcés de porter assistance aux prisonniers de guerre, [puis], après un simulacre de procès, ils furent condamnés par un tribunal de la marine japonaise et décapités ».

Dans la pratique, le Japon fonda sa démarche vis-à-vis des prisonniers de guerre sur sa conception de l'honneur militaire, à l'exclusion de tout autre principe. Le code de l'honneur interdisait à un soldat de se rendre, ce qui était infamant. À la guerre il n'y avait d'autre issue pour un soldat que la victoire ou la mort. La reddition étant une souillure que seule la mort pouvait laver, le prisonnier de guerre était *ipso facto* un lâche qui ne méritait pas de vivre. La conséquence coulait de source. Les prisonniers furent traités dans un mépris total de leur humanité parce qu'ils étaient, par essence, méprisables. L'attitude du Japon varia peu selon la nationalité des prisonniers, à l'exception notoire des prisonniers de guerre chinois. Ainsi le gouvernement japonais décida-t-il, en 1937, avec l'accord de l'empereur, que ni la Convention de Genève ni celle de La Haye ne s'appliquaient aux prisonniers de guerre chinois. Les Chinois furent ceux qui souffrirent le plus, même si les chiffres sont, en ce qui les concerne, encore plus difficiles à établir que pour tout autre peuple. Il est aujourd'hui encore difficile, peut-être impossible, d'évaluer le nombre de soldats chinois qui furent capturés par les Japonais entre 1937 et 1945. Les pertes militaires chinoises sont estimées à environ 3,5 millions, et les prisonniers libérés en 1945 seraient, sans aucune précision possible, de l'ordre de quelques centaines, voire, selon certaines sources, de moins d'une centaine. Les prisonniers de guerre britanniques furent environ 50 000. Parmi eux, environ 12 500 périrent, soit 25 %. Ce taux de mortalité atteignit 33 % pour les prisonniers américains, soit environ 7 000 décès pour 22 000 prisonniers, et un maximum de 34 % pour les prisonniers australiens, soit quelque 7 500 morts sur 22 000 prisonniers. À titre de comparaison, les Américains virent environ 94 000 soldats être faits prisonniers sur le théâtre d'opérations européen, mais seulement 1 121, d'après les sources officielles américaines, décédèrent en camp de prisonniers, soit de l'ordre de 1,2 %. L'attitude japonaise vis-à-vis des prisonniers de guerre fut, sur un point particulier, ahurissante. Alors que les cas de cannibalisme dans les camps de prisonniers mourant de faim avaient existé, il apparut clairement, à la suite des témoignages recueillis lors des procès de l'après-guerre et des travaux de Yuki Tanaka publiés dans *Hidden Horrors, Japanese War Crimes in World War II* (Westview Press, 1997), que le cannibalisme fut pratiqué sur des prisonniers de guerre par les soldats japonais, et pas uniquement de « simples soldats » puisque au moins l'un d'eux, Yoshio Tachibana, qui fut jugé pour avoir pratiqué le cannibalisme sur un pilote américain, était lieutenant général.

En marge de ces situations extrêmes, qui furent malheureusement celles de la grande majorité des prisonniers de guerre pendant la Seconde Guerre mondiale, les États belligérants signataires de la Convention de Genève respectèrent, parfois scrupuleusement, parfois de loin, les engagements qu'ils avaient pris. Ils furent tous contraints, sauf les États-Unis, par le caractère exceptionnel de la guerre, laquelle était plus « mondiale » encore que la Première du nom. Les contraintes de la guerre totale placèrent les belligérants devant un dilemme : comment accorder aux prisonniers de guerre ce que les effets de la guerre, en termes de durée, d'intensité, de rationnement, de soins, etc. ne permettaient plus de donner aux populations civiles ? Hormis le cas des prisonniers polonais de 1939 et avant le traitement de celui des Soviétiques en 1941-1942, l'Allemagne eut par exemple, de façon tout à fait imprévue, à s'occuper – c'est-à-dire à loger et à nourrir – de plus de 2 millions de prisonniers de guerre français, belges, néerlandais et britanniques à partir de l'été 1941, et ce jusqu'à la fin de la guerre, même si ce chiffre varia avec l'arrivée de nouveaux prisonniers, mais aussi les libérations, les morts… Ainsi, sur les 225 000 soldats belges internés en Allemagne en octobre 1940 (145 000 Flamands et 80 000 Wallons), 79 000 prisonniers de guerre flamands furent, selon les chiffres établis par Jacques de Launay et Jacques Offergeld (*La Vie quotidienne des Belges sous l'Occupation*, Bruxelles, Paul Legrain, 1982), libérés dans le cadre de la « Flamenpolitik » du Reich. Par ailleurs, 12 476 furent renvoyés chez eux car malades, 1 698 moururent et 770 parvinrent à s'évader. Il restait encore dans les camps allemands, en mai 1945, 67 591 Belges. Face à cet afflux de prisonniers du Reich, le CICR chercha à augmenter l'effectif de sa délégation allemande. Le gouvernement allemand refusa catégoriquement. Tout comme il refusa d'ailleurs l'ouverture d'une délégation en Pologne et aux Pays-Bas occupés. Il n'empêche. Partout où il le put, le CICR s'efforça de remplir, au profit des prisonniers auxquels il avait accès, trois missions essentielles. Il entreprit de centraliser tous les renseignements qu'il parvenait à obtenir afin de conférer à chaque prisonnier une sorte d'« état civil virtuel » qui lui permettait d'exister. Son fichier central comptait 36 millions de fiches en 1947. Il permit ensuite au CICR d'informer les familles qui apprenaient ainsi grâce à lui qu'un être cher potentiellement considéré par l'autorité militaire de son pays d'origine comme « disparu » était bel et bien vivant. Ce qui se traduisit par l'envoi et la réception de 120 millions de lettres. Le CICR maintint enfin un lien administratif officiel entre les États ennemis, jouant le rôle d'intermédiaire et de conciliateur là où le dialogue n'était plus possible. Il y parvint en augmentant régulièrement les effectifs de sa maison mère de Genève qui comptait ainsi en 1945 presque 4 000 agents dont « 2 585 pour la seule Agence centrale des prisonniers de guerre », d'après ses propres archives. Hors de Suisse, et partout où il put installer des délégations ou envoyer des missions, le CICR rendit visite aux prisonniers. Il disposait pour cela, en 1945, de 76 délégations permanentes comptant 179 délégués assistés par du personnel recruté sur place. Les conditions dans lesquelles ces visites étaient effectuées étaient parfois sérieuses, transparentes, parfois complètement truquées. Le CICR parvint néanmoins à en effectuer environ 13 000 entre 1939 et 1948. Il tenta également de subvenir matériellement aux besoins des prisonniers qui souvent manquaient de tout et dont la situation se dégradait régulièrement au rythme de la guerre qui se prolongeait, et ce même dans les camps les plus respectueux des conventions. L'aide, scrupuleusement gérée, dépendait des fonds propres du CICR, des fonds attribués par les États concernés par le sort de leurs prisonniers, voire des prisonniers de leurs alliés, et par les dons. Le CICR ne les attribuait que s'il disposait des moyens nécessaires pour s'assurer de la bonne remise à leurs destinataires. Ce que les Allemands lui refusèrent par exemple lorsque les Américains tentèrent de soulager le sort des prisonniers soviétiques. Les prisonniers les mieux lotis furent ici les Américains et les Britanniques qui reçurent en moyenne un colis de cinq kilogrammes par semaine et par homme. Les prisonniers des autres nations signataires de la Convention de

Genève reçurent en moyenne un colis de cinq kilogrammes tous les dix jours. Au total le CICR estime avoir distribué pendant la guerre plus de 90 millions de colis pour un poids total de plus de 400 000 tonnes.

Lorsque la guerre se termina, tous les belligérants auraient dû, dans le respect aussi bien de la Convention de Genève que de celle de La Haye, libérer le plus vite possible et dans les meilleures conditions possibles leurs prisonniers : « La captivité de guerre n'a qu'un seul but : empêcher un soldat ennemi de reprendre les armes. Aussi son prolongement ne se justifie-t-il plus par aucune exigence militaire, sitôt que la guerre est en fait terminée. D'où le principe, consacré par le droit international, d'organiser, aussitôt que possible après la cessation des hostilités, le rapatriement des prisonniers de guerre qui ne sont pas réclamés par la justice. » Il n'en fut rien. Nous avons vu avec Daniel Costelle que les prisonniers allemands redoutaient par-dessus tout, après avoir quitté les États-Unis, d'être livrés à la France où ils étaient utilisés à la reconstruction et surtout au déminage. Rappelons ici que le déminage fut effectué en France par un peu plus de 3 000 volontaires français et presque 50 000 prisonniers de guerre allemands sur les 500 000 prisonniers allemands « affectés à la France pour des travaux d'intérêt public ». Ils détruisirent entre 1945 et 1947 environ 13 millions d'engins, et environ 2 000 y laissèrent leur vie, contre environ 500 Français.

En définitive ce livre nous aide à comprendre le monde dans lequel nous vivons. Il nous aide à comprendre la nature ambiguë de l'homme confronté à la guerre sous toutes ses formes et à toutes les époques. Une nature humaine qui prétend avoir horreur de la guerre, mais que la guerre fascine dangereusement. Ce livre – les témoignages qu'il contient, les réflexions qu'il suscite – est, après *La Traque des nazis* et *Apocalypse*, une nouvelle étape dans l'œuvre d'Isabelle Clarke et Daniel Costelle. Une œuvre qui a un sens, celui de nous aider à nous souvenir du passé, c'est-à-dire de notre passé, sachant que nous ne sommes, depuis lors, devenus ni plus sages ni plus méchants, mais peut-être un peu plus méfiants, un peu moins crédules. Ce qui est déjà beaucoup…

Annexe

Convention relative au traitement des prisonniers de guerre. Genève, 27 juillet 1929

Introduction

Les dispositions concernant le traitement des prisonniers de guerre furent codifiées pour la première fois dans les Règlements de La Haye de 1899 et 1907. Au cours de la Première Guerre mondiale, ces dispositions se révélèrent insuffisantes et imprécises. Ces lacunes et défauts purent être surmontés grâce aux accords spéciaux conclus entre les belligérants à Berne en 1917 et 1918. En 1921, la Conférence internationale de la Croix-Rouge tenue à Genève exprima le vœu qu'une convention spéciale concernant le traitement des prisonniers soit adoptée. Le Comité international de la Croix-Rouge prépara un projet de convention qui fut soumis à la Conférence diplomatique de Genève de 1929.

La Convention ne remplace pas les dispositions des Règlements de La Haye ; elle les complète seulement. Les nouvelles dispositions les plus importantes concernent l'interdiction des mesures de représailles et de peines collectives à l'égard des prisonniers de guerre, l'introduction de dispositions concernant l'organisation du travail des prisonniers, le droit des prisonniers de guerre à désigner des représentants vis-à-vis des autorités militaires et des Puissances protectrices, et l'organisation du contrôle exercé par les Puissances protectrices.

La Convention de Genève concernant le traitement des prisonniers de guerre de 1929 fut remplacée par la troisième Convention de Genève du 12 août 1949. La Convention de 1929 n'a plus d'application en conséquence de l'adhésion universelle aux Conventions de Genève de 1949.

Texte intégral

(Liste des Parties Contractantes)

reconnaissant que, dans le cas extrême d'une guerre, il sera du devoir de toute Puissance d'en atténuer, dans la mesure du possible, les rigueurs inévitables et d'adoucir le sort des prisonniers de guerre ; désireux de développer les principes qui ont inspiré les conventions internationales de La Haye, en particulier la Convention concernant les lois et coutumes de la guerre et le Règlement qui y est annexé ; ont résolu de conclure une Convention à cet effet, et ont nommé pour leurs Plénipotentiaires, savoir : (Liste des Plénipotentiaires) Lesquels, après s'être communiqué leurs pleins pouvoirs, trouvés en bonne et due forme, sont convenus de ce qui suit :

TITRE I. DISPOSITIONS GÉNÉRALES

ARTICLE PREMIER

La présente Convention s'appliquera, sans préjudice des stipulations du titre VII :

1) à toutes les personnes visées par les articles Ier, 2 et 3 du Règlement annexé à la Convention de La Haye concernant les lois et coutumes de la guerre sur terre, du 18 octobre 1907, et capturées par l'ennemi ;

2) à toutes les personnes appartenant aux forces armées des parties belligérantes, capturées par l'ennemi au cours d'opérations de guerre maritimes ou aériennes, sous réserve des dérogations que les conditions de cette capture rendraient inévitables. Toutefois, ces dérogations ne devront pas porter atteinte aux principes fondamentaux de la présente Convention ; elles prendront fin dès le moment où les personnes capturées auront rejoint un camp de prisonniers de guerre.

ARTICLE 2

Les prisonniers de guerre sont au pouvoir de la Puissance ennemie, mais non des individus ou des corps de troupe qui les ont capturés.

Ils doivent être traités, en tout temps, avec humanité et être protégés notamment contre les actes de violence, les insultes et la curiosité publique.

Les mesures de représailles à leur égard sont interdites.

ARTICLE 3

Les prisonniers de guerre ont droit au respect de leur personnalité et de leur honneur. Les femmes seront traitées avec tous les égards dus à leur sexe.

Les prisonniers conservent leur pleine capacité civile.

ARTICLE 4

La Puissance détentrice des prisonniers de guerre est tenue de pourvoir à leur entretien.

Des différences de traitement entre les prisonniers ne sont licites que si elles se basent sur le grade militaire, l'état de santé physique ou psychique, les aptitudes professionnelles ou le sexe de ceux qui en bénéficient.

TITRE II. DE LA CAPTURE

ARTICLE 5

Chaque prisonnier de guerre est tenu de déclarer, s'il est interrogé à ce sujet, ses véritables noms et grade, ou bien son numéro matricule.

Dans le cas où il enfreindrait cette règle, il s'exposerait à une restriction des avantages accordés aux prisonniers de sa catégorie.

Aucune contrainte ne pourra être exercée sur les prisonniers pour obtenir des renseignements relatifs à la situation de leur armée ou de leur pays. Les prisonniers qui refuseront de répondre ne pourront être ni menacés, ni insultés, ni exposés à des désagréments ou désavantages de quelque nature que ce soit.

Si, en raison de son état physique ou mental, un prisonnier est dans l'incapacité d'indiquer son identité, il sera confié au service de santé.

ARTICLE 6

Tous les effets et objets d'usage personnel – sauf les armes, les chevaux, l'équipement militaire et les papiers militaires – resteront en la possession des prisonniers de guerre, ainsi que les casques métalliques et les masques contre les gaz.

Les sommes dont sont porteurs les prisonniers ne pourront leur être enlevées que sur l'ordre d'un officier et après que leur montant aura été constaté. Un reçu en sera délivré. Les sommes ainsi enlevées devront être portées au compte de chaque prisonnier.

Les pièces d'identité, les insignes de grade, les décorations et les objets de valeur ne pourront être enlevés aux prisonniers.

TITRE III. DE LA CAPTIVITÉ

SECTION I. DE L'ÉVACUATION DES PRISONNIERS DE GUERRE

ARTICLE 7

Dans le plus bref délai possible après leur capture, les prisonniers de guerre seront évacués sur des dépôts situés dans une région assez éloignée de la zone de combat pour qu'ils se trouvent hors de danger.

Ne pourront être maintenus, temporairement, dans une zone dangereuse que les prisonniers qui, en raison de leurs blessures ou de leurs maladies, courraient de plus grands risques à être évacués qu'à rester sur place.

Les prisonniers ne seront pas inutilement exposés au danger, en attendant leur évacuation d'une zone de combat.

L'évacuation à pied des prisonniers ne pourra se faire normalement que par étapes de 20 kilomètres par jour, à moins que la nécessité d'atteindre les dépôts d'eau et de nourriture n'exige de plus longues étapes.

ARTICLE 8

Les belligérants sont tenus de se notifier réciproquement toute capture de prisonniers dans le plus bref délai possible, par l'intermédiaire des bureaux de renseignements, tels qu'ils sont organisés à l'article 77. Ils sont également tenus de s'indiquer mutuellement les adresses officielles auxquelles les correspondances des familles peuvent être adressées aux prisonniers de guerre.

Aussitôt que faire se pourra, tout prisonnier devra être mis en mesure de correspondre lui-même avec sa famille, dans les conditions prévues aux articles 36 et suivants.

En ce qui concerne les prisonniers capturés sur mer, les dispositions du présent article seront observées aussitôt que possible après l'arrivée au port.

SECTION II. DES CAMPS DE PRISONNIERS DE GUERRE

ARTICLE 9

Les prisonniers de guerre pourront être internés dans une ville, forteresse ou localité quelconque, avec l'obligation de ne pas s'en éloigner au-delà de certaines limites déterminées. Ils pourront également être internés dans des camps clôturés ;

ils ne pourront être enfermés ou consignés que par mesure indispensable de sûreté ou d'hygiène, et seulement pendant la durée des circonstances qui nécessitent cette mesure.

Les prisonniers capturés dans des régions malsaines ou dont le climat est pernicieux pour les personnes venant des régions tempérées seront transportés, aussitôt que possible, sous un climat plus favorable.

Les belligérants éviteront, autant que possible, de réunir dans un même camp des prisonniers de races ou de nationalités différentes.

Aucun prisonnier ne pourra, à quelque moment que ce soit, être renvoyé dans une région où il serait exposé au feu de la zone de combat, ni être utilisé pour mettre par sa présence certains points ou certaines régions à l'abri du bombardement.

Chapitre premier. De l'installation des camps

ARTICLE 10

Les prisonniers de guerre seront logés dans des bâtiments ou dans des baraquements présentant toutes garanties possibles d'hygiène et de salubrité.

Les locaux devront être entièrement à l'abri de l'humidité, suffisamment chauffés et éclairés. Toutes les précautions devront être prises contre les dangers d'incendie.

Quant aux dortoirs : surface totale, cube d'air minimum, aménagement et matériel de couchage, les conditions seront les mêmes que pour les troupes de dépôt de la Puissance détentrice.

Chapitre 2. De la nourriture et de l'habillement des prisonniers de guerre

ARTICLE 11

La ration alimentaire des prisonniers de guerre sera équivalente en quantité et qualité à celle des troupes de dépôt.

Les prisonniers recevront, en outre, les moyens de préparer eux-mêmes les suppléments dont ils disposeraient.

De l'eau potable en suffisance leur sera fournie. L'usage du tabac sera autorisé. Les prisonniers pourront être employés aux cuisines.

Toutes mesures disciplinaires collectives portant sur la nourriture sont interdites.

ARTICLE 12

L'habillement, le linge et les chaussures seront fournis aux prisonniers de guerre par la Puissance détentrice. Le remplacement et les réparations de ces effets devront être assurés régulièrement. En outre, les travailleurs devront recevoir une tenue de travail partout où la nature du travail l'exigera.

Dans tous les camps seront installées des cantines où les prisonniers pourront se procurer, aux prix du commerce local, des denrées alimentaires et des objets usuels.

Les bénéfices procurés par les cantines aux administrations des camps seront utilisés au profit des prisonniers.

Chapitre 3. De l'hygiène dans les camps

ARTICLE 13

Les belligérants seront tenus de prendre toutes les mesures d'hygiène nécessaires pour assurer la propreté et la salubrité des camps et pour prévenir les épidémies.

Les prisonniers de guerre disposeront, jour et nuit, d'installations conformes aux règles de l'hygiène et maintenues en état constant de propreté.

En outre, et sans préjudice des bains et douches dont les camps seront pourvus dans la mesure du possible, il sera fourni aux prisonniers pour leurs soins de propreté corporelle une quantité d'eau suffisante.

Ils devront avoir la possibilité de se livrer à des exercices physiques et de bénéficier du plein air.

ARTICLE 14

Chaque camp possédera une infirmerie, où les prisonniers de guerre recevront les soins de toute nature dont ils pourront avoir besoin. Le cas échéant, des locaux d'isolement seront réservés aux malades atteints d'affections contagieuses.

Les frais de traitement, y compris ceux des appareils provisoires de prothèse, seront à la charge de la Puissance détentrice.

Les belligérants seront tenus de remettre, sur demande, à tout prisonnier traité une déclaration officielle indiquant la nature et la durée de sa maladie, ainsi que les soins reçus.

Il sera loisible aux belligérants de s'autoriser mutuellement, par voie d'arrangements particuliers, à retenir dans les camps des médecins et infirmiers chargés de soigner leurs compatriotes prisonniers.

Les prisonniers atteints d'une maladie grave ou dont l'état nécessite une intervention chirurgicale importante devront être admis, aux frais de la Puissance détentrice, dans toute formation militaire ou civile qualifiée pour les traiter.

ARTICLE 15

Des inspections médicales des prisonniers de guerre seront organisées au moins une fois par mois. Elles auront pour objet le contrôle de l'état général de santé et de l'état de propreté, ainsi que le dépistage des maladies contagieuses, notamment de la tuberculose et des affections vénériennes.

Chapitre 4. Des besoins intellectuels et moraux des prisonniers de guerre

ARTICLE 16

Toute latitude sera laissée aux prisonniers de guerre pour l'exercice de leur religion, y compris l'assistance aux offices de leur culte, à la seule condition de se conformer aux mesures d'ordre et de police prescrites par l'autorité militaire.

Les ministres d'un culte, prisonniers de guerre, quelle que soit la dénomination de ce culte, seront autorisés à exercer pleinement leur ministère parmi leurs coreligionnaires.

ARTICLE 17

Les belligérants encourageront le plus possible les distractions intellectuelles et sportives organisées par les prisonniers de guerre.

Chapitre 5. De la discipline intérieure des camps

ARTICLE 18

Chaque camp de prisonniers de guerre sera placé sous l'autorité d'un officier responsable.

Outre les marques extérieures de respect prévues par les règlements en vigueur dans leurs armées à l'égard de leurs nationaux, les prisonniers de guerre devront le salut à tous les officiers de la Puissance détentrice.

Les officiers prisonniers de guerre ne seront tenus de saluer que les officiers de grade supérieur ou égal de cette Puissance.

ARTICLE 19

Le port des insignes de grade et des décorations sera autorisé.

ARTICLE 20

Les règlements, ordres, avertissements et publications de toute nature devront être communiqués aux prisonniers de guerre dans une langue qu'ils comprennent. Le même principe sera appliqué aux interrogatoires.

Chapitre 6. Dispositions spéciales concernant les officiers et assimilés

ARTICLE 21

Dès le début des hostilités, les belligérants seront tenus de se communiquer réciproquement les titres et les grades en usage dans leurs armées respectives, en vue d'assurer l'égalité de traitement entre les officiers et assimilés de grades équivalents.

Les officiers et assimilés prisonniers de guerre seront traités avec les égards dus à leur grade et à leur âge.

ARTICLE 22

En vue d'assurer le service des camps d'officiers, des soldats prisonniers de guerre de la même armée, et autant que possible parlant la même langue, y seront détachés, en nombre suffisant, en tenant compte du grade des officiers et assimilés.

Ceux-ci se procureront leur nourriture et leurs vêtements sur la solde qui leur sera versée par la Puissance détentrice. La gestion de l'ordinaire par les officiers eux-mêmes devra être favorisée de toute manière.

Chapitre 7. Des ressources pécuniaires des prisonniers de guerre

ARTICLE 23

Sous réserve d'arrangements particuliers entre les Puissances belligérantes, et notamment de ceux prévus à l'article 24, les officiers et assimilés prisonniers de guerre recevront de la Puissance détentrice la même solde que les officiers de grade correspondant dans les armées de cette Puissance, sous condition, toutefois, que cette solde ne dépasse pas celle à laquelle ils ont droit dans les armées du pays qu'ils ont servi. Cette solde leur sera versée intégralement, une fois par mois si possible, et sans qu'il puisse être fait aucune déduction pour des dépenses incombant à la Puissance détentrice, alors même qu'elles seraient en leur faveur.

Un accord entre les belligérants fixera le taux du change applicable à ce paiement ; à défaut de pareil accord, le taux adopté sera celui en vigueur au moment de l'ouverture des hostilités.

Tous les versements effectués aux prisonniers de guerre à titre de solde devront être remboursés, à la fin des hostilités, par la Puissance qu'ils ont servie.

ARTICLE 24

Dès le début des hostilités, les belligérants fixeront d'un commun accord le montant maximum d'argent comptant que les prisonniers de guerre des divers grades et catégories seront autorisés à conserver par-devers eux. Tout excédent retiré ou retenu à un prisonnier sera, de même que tout dépôt d'argent effectué par lui, porté à son compte, et ne pourra être converti en une autre monnaie sans son assentiment.

Les soldes créditeurs de leurs comptes seront versés aux prisonniers de guerre à la fin de leur captivité.

Pendant la durée de celle-ci, des facilités leur seront accordées pour le transfert de ces sommes, en tout ou partie, à des banques ou à des particuliers dans leur pays d'origine.

Chapitre 8. Du transfert des prisonniers de guerre

ARTICLE 25

À moins que la marche des opérations militaires ne l'exige, les prisonniers de guerre malades et blessés ne seront pas transférés tant que leur guérison pourrait être compromise par le voyage.

ARTICLE 26

En cas de transfert, les prisonniers de guerre seront avisés au préalable officiellement de leur nouvelle destination ; ils seront autorisés à emporter leurs effets personnels, leur correspondance et les colis arrivés à leur adresse.

Toutes dispositions utiles seront prises pour que la correspondance et les colis adressés à leur ancien camp leur soient transmis sans délai.

Les sommes déposées au compte des prisonniers transférés seront transmises à l'autorité compétente du lieu de leur nouvelle résidence.

Les frais causés par les transferts seront à la charge de la Puissance détentrice.

SECTION III. DU TRAVAIL DES PRISONNIERS DE GUERRE

Chapitre premier. Généralités

ARTICLE 27

Les belligérants pourront employer comme travailleurs les prisonniers de guerre valides, selon leur grade et leurs aptitudes, à l'exception des officiers et assimilés.

Toutefois, si des officiers ou assimilés demandent un travail qui leur convienne, celui-ci leur sera procuré dans la mesure du possible.

Les sous-officiers prisonniers de guerre ne pourront être astreints qu'à des travaux de surveillance, à moins qu'ils ne fassent la demande expresse d'une occupation rémunératrice.

Les belligérants seront tenus de mettre, pendant toute la durée de la captivité, les prisonniers de guerre victimes d'accidents du travail au bénéfice des dispositions applicables aux travailleurs de même catégorie selon la législation de la Puissance détentrice. En ce qui concerne les prisonniers de guerre auxquels ces dispositions légales ne pourraient être appliquées en raison de la législation de cette Puissance, celle-ci s'engage à recommander à son corps législatif toutes mesures propres à indemniser équitablement les victimes.

Chapitre 2. De l'organisation du travail

ARTICLE 28

La Puissance détentrice assumera l'entière responsabilité de l'entretien, des soins, du traitement et du paiement des salaires des prisonniers de guerre travaillant pour le compte de particuliers.

ARTICLE 29

Aucun prisonnier de guerre ne pourra être employé à des travaux auxquels il est physiquement inapte.

ARTICLE 30

La durée du travail journalier des prisonniers de guerre, y compris celle du trajet d'aller et de retour, ne sera pas excessive et ne devra, en aucun cas, dépasser celle admise pour les ouvriers civils de la région employés au même travail. Il sera accordé à chaque prisonnier un repos de vingt-quatre heures consécutives chaque semaine, de préférence le dimanche.

Chapitre 3. Du travail prohibé

ARTICLE 31

Les travaux fournis par les prisonniers de guerre n'auront aucun rapport direct avec les opérations de la guerre. En particulier, il est interdit d'employer des prisonniers à la fabrication et au transport d'armes ou de munitions de toute nature, ainsi qu'au transport de matériel destiné à des unités combattantes.

En cas de violation des dispositions de l'alinéa précédent, les prisonniers ont la latitude, après exécution ou commencement d'exécution de l'ordre, de faire présenter leurs réclamations par l'intermédiaire des hommes de confiance dont les fonctions sont prévues aux articles 43 et 44, ou, à défaut d'homme de confiance, par l'intermédiaire des représentants de la Puissance protectrice.

ARTICLE 32

Il est interdit d'employer des prisonniers de guerre à des travaux insalubres ou dangereux.

Toute aggravation des conditions du travail par mesure disciplinaire est interdite.

Chapitre 4. Des détachements de travail

ARTICLE 33

Le régime des détachements de travail devra être semblable à celui des camps de prisonniers de guerre, en particulier en ce qui concerne les conditions hygiéniques, la nourriture, les soins en cas d'accident ou de maladie, la correspondance et la réception des colis.

Tout détachement de travail relèvera d'un camp de prisonniers. Le commandant de ce camp sera responsable de l'observation, dans le détachement de travail, des dispositions de la présente Convention.

Chapitre 5. Du salaire

ARTICLE 34

Les prisonniers de guerre ne recevront pas de salaire pour les travaux concernant l'administration, l'aménagement et l'entretien des camps.

Les prisonniers employés à d'autres travaux auront droit à un salaire à fixer par des accords entre les belligérants.

Ces accords spécifieront également la part que l'administration du camp pourra retenir, la somme qui appartiendra au prisonnier de guerre et la manière dont cette somme sera mise à sa disposition pendant la durée de sa captivité. En attendant la conclusion desdits accords, la rétribution du travail des prisonniers sera fixée selon les normes ci-dessous :

a) Les travaux faits pour l'État seront payés d'après les tarifs en vigueur pour les militaires de l'armée nationale exécutant les mêmes travaux, ou, s'il n'en existe pas, d'après un tarif en rapport avec les travaux exécutés.

b) Lorsque les travaux ont lieu pour le compte d'autres administrations publiques ou pour des particuliers, les conditions en seront réglées d'accord avec l'autorité militaire.

Le solde restant au crédit du prisonnier lui sera remis à la fin de sa captivité. En cas de décès, il sera transmis par la voie diplomatique aux héritiers du défunt.

SECTION IV. DES RELATIONS DES PRISONNIERS DE GUERRE AVEC L'EXTÉRIEUR

ARTICLE 35

Dès le début des hostilités, les belligérants publieront les mesures prévues pour l'exécution des dispositions de la présente section.

ARTICLE 36

Chacun des belligérants fixera périodiquement le nombre des lettres et des cartes postales que les prisonniers de guerre des diverses catégories seront autorisés à expédier par mois, et notifiera ce nombre à l'autre belligérant. Ces lettres et cartes seront transmises par la poste suivant la voie la plus courte. Elles ne pourront être retardées ni retenues pour motifs de discipline.

Dans le délai maximum d'une semaine après son arrivée au camp et de même en cas de maladie, chaque prisonnier sera mis en mesure d'adresser à sa famille une carte postale l'informant de sa capture et de l'état de sa santé. Lesdites cartes postales seront transmises avec toute la rapidité possible et ne pourront être retardées d'aucune manière.

En règle générale, la correspondance des prisonniers sera rédigée dans la langue maternelle de ceux-ci. Les belligérants pourront autoriser la correspondance en d'autres langues.

ARTICLE 37

Les prisonniers de guerre seront autorisés à recevoir individuellement des colis postaux contenant des denrées alimentaires et d'autres articles destinés à leur ravitaillement ou à leur habillement. Les colis seront remis aux destinataires contre quittance.

ARTICLE 38

Les lettres et envois d'argent ou de valeurs, ainsi que les colis postaux destinés aux prisonniers de guerre ou expédiés par eux, soit directement, soit par l'intermédiaire des bureaux de renseignements prévus à l'article 77, seront affranchis de toutes taxes postales, aussi bien dans les pays d'origine et de destination que dans les pays intermédiaires.

Les dons et secours en nature destinés aux prisonniers seront pareillement affranchis de tous droits d'entrée et autres, ainsi que des taxes de transport sur les chemins de fer exploités par l'État.

Les prisonniers pourront, en cas d'urgence reconnue, être autorisés à expédier des télégrammes, contre paiement des taxes usuelles.

ARTICLE 39

Les prisonniers de guerre seront autorisés à recevoir individuellement des envois de livres, qui pourront être soumis à la censure.

Les représentants des Puissances protectrices et des sociétés de secours dûment reconnues et autorisées pourront envoyer des ouvrages et des collections de livres aux bibliothèques des camps de prisonniers. La transmission de ces envois aux bibliothèques ne pourra être retardée sous prétexte de difficultés de censure.

ARTICLE 40

La censure des correspondances devra être faite dans le plus bref délai possible. Le contrôle des envois postaux devra, en outre, s'effectuer dans des conditions propres à assurer la conservation des denrées qu'ils pourront contenir et, si possible, en présence du destinataire ou d'un homme de confiance dûment reconnu par lui.

Les interdictions de correspondance édictées par les belligérants, pour des raisons militaires ou politiques, ne pourront avoir qu'un caractère momentané et devront être aussi brèves que possible.

ARTICLE 41

Les belligérants assureront toutes facilités pour la transmission des actes, pièces ou documents destinés aux prisonniers de guerre ou signés par eux, en particulier des procurations et des testaments.

Ils prendront les mesures nécessaires pour assurer, en cas de besoin, la légalisation des signatures données par les prisonniers.

SECTION V. DES RAPPORTS DES PRISONNIERS DE GUERRE AVEC LES AUTORITÉS

Chapitre premier. Des plaintes des prisonniers de guerre à raison du régime de la captivité

ARTICLE 42

Les prisonniers de guerre auront le droit de faire connaître aux autorités militaires sous le pouvoir desquelles ils se trouvent leurs requêtes concernant le régime de captivité auquel ils sont soumis.

Ils auront également le droit de s'adresser aux représentants des Puissances protectrices pour leur signaler les points sur lesquels ils auraient des plaintes à formuler à l'égard du régime de la captivité.

Ces requêtes et réclamations devront être transmises d'urgence.

Même si elles sont reconnues non fondées, elles ne pourront donner lieu à aucune punition.

Chapitre 2. Des représentants des prisonniers de guerre

ARTICLE 43

Dans toute localité où se trouveront des prisonniers de guerre, ceux-ci seront autorisés à désigner des hommes de confiance chargés de les représenter vis-à-vis des autorités militaires et des Puissances protectrices.

Cette désignation sera soumise à l'approbation de l'autorité militaire.

Les hommes de confiance seront chargés de la réception et de la répartition des envois collectifs. De même, au cas où les prisonniers décideraient d'organiser entre eux un système d'assistance mutuelle, cette organisation serait de la compétence des hommes de confiance. D'autre part, ceux-ci pourront prêter leurs offices aux prisonniers pour faciliter leurs relations avec les sociétés de secours mentionnées à l'article 78.

Dans les camps d'officiers et assimilés, l'officier prisonnier de guerre le plus ancien dans le grade le plus élevé sera reconnu comme intermédiaire entre les autorités du camp et les officiers et assimilés prisonniers. À cet effet, il aura la faculté de désigner un officier prisonnier pour l'assister en qualité d'interprète au cours des conférences avec les autorités du camp.

ARTICLE 44

Lorsque les hommes de confiance seront employés comme travailleurs, leur activité comme représentants des prisonniers de guerre devra être comptée dans la durée obligatoire du travail.

Toutes facilités seront accordées aux hommes de confiance pour leur correspondance avec les autorités militaires et avec la Puissance protectrice. Cette correspondance ne sera pas limitée.

Aucun représentant des prisonniers ne pourra être transféré sans que le temps nécessaire lui ait été laissé pour mettre ses successeurs au courant des affaires en cours.

Chapitre 3. Des sanctions pénales à l'égard des prisonniers de guerre

I. Dispositions générales

ARTICLE 45

Les prisonniers de guerre seront soumis aux lois, règlements et ordres en vigueur dans les armées de la Puissance détentrice.

Tout acte d'insubordination autorisera à leur égard les mesures prévues par ces lois, règlements et ordres.

Demeurent réservées, toutefois, les dispositions du présent chapitre.

ARTICLE 46

Les prisonniers de guerre ne pourront être frappés par les autorités militaires et les tribunaux de la Puissance détentrice d'autres peines que celles qui sont prévues pour les mêmes faits à l'égard des militaires des armées nationales.

À identité de grade, les officiers, sous-officiers ou soldats prisonniers de guerre subissant une peine disciplinaire ne seront pas soumis à un traitement moins favorable que celui prévu, en ce qui concerne la même peine, dans les armées de la Puissance détentrice.

Sont interdites toute peine corporelle, toute incarcération dans des locaux non éclairés par la lumière du jour et, d'une manière générale, toute forme quelconque de cruauté.

Sont également interdites les peines collectives pour des actes individuels.

ARTICLE 47

Les faits constituant une faute contre la discipline, et notamment la tentative d'évasion, seront constatés d'urgence ; pour tous les prisonniers de guerre, gradés ou non, les arrêts préventifs seront réduits au strict minimum.

Les instructions judiciaires contre les prisonniers de guerre seront conduites aussi rapidement que le permettront les circonstances ; la détention préventive sera restreinte le plus possible.

Dans tous les cas, la durée de la détention préventive sera déduite de la peine infligée disciplinairement ou judiciairement, pour autant que cette déduction est admise pour les militaires nationaux.

ARTICLE 48

Les prisonniers de guerre ne pourront, après avoir subi les peines judiciaires ou disciplinaires qui leur auront été infligées, être traités différemment des autres prisonniers.

Toutefois, les prisonniers punis à la suite d'une tentative d'évasion pourront être soumis à un régime de surveillance spécial, mais qui ne pourra comporter la suppression d'aucune des garanties accordées aux prisonniers par la présente Convention.

ARTICLE 49

Aucun prisonnier de guerre ne peut être privé de son grade par la Puissance détentrice.

Les prisonniers punis disciplinairement ne pourront être privés des prérogatives attachées à leur grade. En particulier, les officiers et assimilés qui subiront des peines entraînant privation de liberté ne seront pas placés dans les mêmes locaux que les sous-officiers ou hommes de troupe punis.

ARTICLE 50

Les prisonniers de guerre évadés qui seraient repris avant d'avoir pu rejoindre leur armée ou quitter le territoire occupé par l'armée qui les a capturés ne seront passibles que de peines disciplinaires.

Les prisonniers qui, après avoir réussi à rejoindre leur armée ou à quitter le territoire occupé par l'armée qui les a capturés, seraient de nouveau faits prisonniers ne seront passibles d'aucune peine pour leur fuite antérieure.

ARTICLE 51

La tentative d'évasion, même s'il y a récidive, ne sera pas considérée comme une circonstance aggravante dans le cas où le prisonnier de guerre serait déféré aux tribunaux pour des crimes ou délits contre les personnes ou contre la propriété commis au cours de cette tentative.

Après une évasion tentée ou consommée, les camarades de l'évadé qui auront coopéré à l'évasion ne pourront encourir de ce chef qu'une punition disciplinaire.

ARTICLE 52

Les belligérants veilleront à ce que les autorités compétentes usent de la plus grande indulgence dans l'appréciation de la question de savoir si une infraction commise par un prisonnier de guerre doit être punie disciplinairement ou judiciairement.

Il en sera notamment ainsi lorsqu'il s'agira d'apprécier des faits connexes à l'évasion ou à la tentative d'évasion.

Un prisonnier ne pourra, à raison du même fait ou du même chef d'accusation, être puni qu'une seule fois.

ARTICLE 53

Aucun prisonnier de guerre frappé d'une peine disciplinaire, qui se trouverait dans les conditions prévues pour le rapatriement, ne pourra être retenu pour la raison qu'il n'a pas subi sa peine.

Les prisonniers à rapatrier qui seraient sous le coup d'une poursuite pénale pourront être exclus du rapatriement jusqu'à la fin de la procédure, et, le cas échéant, jusqu'à l'exécution de la peine ; ceux qui seraient déjà détenus en vertu d'un jugement pourront être retenus jusqu'à la fin de leur détention.

Les belligérants se communiqueront les listes de ceux qui ne pourront être rapatriés pour les motifs indiqués à l'alinéa précédent.

2. Peines disciplinaires

ARTICLE 54

Les arrêts sont la peine disciplinaire la plus sévère qui puisse être infligée à un prisonnier de guerre.

La durée d'une même punition ne peut dépasser trente jours.

Ce maximum de trente jours ne pourra pas davantage être dépassé dans le cas de plusieurs faits dont un prisonnier aurait à répondre disciplinairement au moment où il est statué à son égard, que ces faits soient connexes ou non.

Lorsqu'au cours ou après la fin d'une période d'arrêts, un prisonnier sera frappé d'une nouvelle peine disciplinaire, un délai de trois jours au moins séparera chacune des périodes d'arrêts, dès que l'une d'elles est de dix jours ou plus.

ARTICLE 55

Sous réserve de la disposition faisant l'objet du dernier alinéa de l'article 11, sont applicables, à titre d'aggravation de peine, aux prisonniers de guerre punis disciplinairement les restrictions de nourriture admises dans les armées de la Puissance détentrice.

Toutefois, ces restrictions ne pourront être ordonnées que si l'état de santé des prisonniers punis le permet.

ARTICLE 56

En aucun cas, les prisonniers de guerre ne pourront être transférés dans les établissements pénitentiaires (prisons, pénitenciers, bagnes, etc.) pour y subir des peines disciplinaires.

Les locaux dans lesquels seront subies les peines disciplinaires seront conformes aux exigences de l'hygiène. Les prisonniers punis seront mis à même de se tenir en état de propreté.

Chaque jour, ces prisonniers auront la faculté de prendre de l'exercice ou de séjourner en plein air pendant au moins deux heures.

ARTICLE 57

Les prisonniers de guerre punis disciplinairement seront autorisés à lire et à écrire, ainsi qu'à expédier et à recevoir des lettres.

En revanche, les colis et les envois d'argent pourront n'être délivrés aux destinataires qu'à l'expiration de la peine. Si les colis non distribués contiennent des denrées périssables, celles-ci seront versées à l'infirmerie ou à la cuisine du camp.

ARTICLE 58

Les prisonniers de guerre punis disciplinairement seront autorisés, sur leur demande, à se présenter à la visite médicale quotidienne. Ils recevront les soins jugés nécessaires par les médecins et, le cas échéant, seront évacués sur l'infirmerie du camp ou sur les hôpitaux.

ARTICLE 59

Réserve faite de la compétence des tribunaux et des autorités militaires supérieures, les peines disciplinaires ne pourront être prononcées que par un officier muni de pouvoirs disciplinaires en sa qualité de commandant de camp ou de détachement, ou par l'officier responsable qui le remplace.

3. Poursuites judiciaires

ARTICLE 60

Lors de l'ouverture d'une procédure judiciaire dirigée contre un prisonnier de guerre, la Puissance détentrice en avertira aussitôt qu'elle pourra le faire, et toujours avant la date fixée pour l'ouverture des débats, le représentant de la Puissance protectrice.

Cet avis contiendra les indications suivantes :

a) état civil et grade du prisonnier ;

b) lieu de séjour ou de détention ;

c) spécification du ou des chefs d'accusation, avec mention des dispositions légales applicables.

S'il n'est pas possible de donner dans cet avis l'indication du tribunal qui jugera l'affaire, celle de la date d'ouverture des débats et celle du local où ils auront lieu, ces indications seront fournies ultérieurement au représentant de la Puissance protectrice, le plus tôt possible, et en tout cas trois semaines au moins avant l'ouverture des débats.

ARTICLE 61

Aucun prisonnier de guerre ne pourra être condamné sans avoir eu l'occasion de se défendre.

Aucun prisonnier ne pourra être contraint de se reconnaître coupable du fait dont il est accusé.

ARTICLE 62

Le prisonnier de guerre sera en droit d'être assisté par un défenseur qualifié de son choix et de recourir, si c'est nécessaire, aux offices d'un interprète compétent. Il sera avisé de son droit, en temps utile avant les débats, par la Puissance détentrice.

À défaut d'un choix par le prisonnier, la Puissance protectrice pourra lui procurer un défenseur. La Puissance détentrice remettra à la Puissance protectrice, sur la demande de celle-ci, une liste de personnes qualifiées pour présenter la défense.

Les représentants de la Puissance protectrice auront le droit d'assister aux débats de la cause.

La seule exception à cette règle est celle où les débats de la cause doivent rester secrets dans l'intérêt de la sûreté de l'État. La Puissance détentrice en préviendrait la Puissance protectrice.

ARTICLE 63

Un jugement ne pourra être prononcé à la charge d'un prisonnier de guerre que par les mêmes tribunaux et suivant la même procédure qu'à l'égard des personnes appartenant aux forces armées de la Puissance détentrice.

ARTICLE 64

Tout prisonnier de guerre aura le droit de recourir contre tout jugement rendu à son égard, de la même manière que les individus appartenant aux forces armées de la Puissance détentrice.

ARTICLE 65

Les jugements prononcés contre les prisonniers de guerre seront immédiatement communiqués à la Puissance protectrice.

ARTICLE 66

Si la peine de mort est prononcée contre un prisonnier de guerre, une communication exposant en détail la nature et les circonstances de l'infraction sera adressée, au plus tôt, au représentant de la Puissance protectrice, pour être transmise à la Puissance dans les armées de laquelle le prisonnier a servi.

Le jugement ne sera pas exécuté avant l'expiration d'un délai d'au moins trois mois à partir de cette communication.

ARTICLE 67

Aucun prisonnier de guerre ne pourra être privé du bénéfice des dispositions de l'article 42 de la présente Convention à la suite d'un jugement ou autrement.

TITRE IV. DE LA FIN DE LA CAPTIVITÉ

SECTION I. DU RAPATRIEMENT DIRECT ET DE L'HOSPITALISATION EN PAYS NEUTRE

ARTICLE 68

Les belligérants seront tenus de renvoyer dans leur pays, sans égard au grade ni au nombre, après les avoir mis en état d'être transportés, les prisonniers de guerre grands malades et grands blessés.

Des accords entre les belligérants fixeront en conséquence, aussitôt que possible, les cas d'invalidité ou de maladie entraînant le rapatriement direct, ainsi que les cas entraînant éventuellement l'hospitalisation en pays neutre. En attendant que ces accords soient conclus, les belligérants pourront se référer à l'accord-type annexé, à titre documentaire, à la présente Convention.

ARTICLE 69

Dès l'ouverture des hostilités, les belligérants s'entendront pour nommer des commissions médicales mixtes. Ces commissions seront composées de trois membres, dont deux appartenant à un pays neutre et un désigné par la Puissance détentrice ; l'un des médecins du pays neutre présidera. Ces commissions médicales mixtes procéderont à l'examen des prisonniers malades ou blessés et prendront toutes décisions utiles à leur égard.

Les décisions de ces commissions seront prises à la majorité et exécutées dans le plus bref délai.

ARTICLE 70

Outre ceux qui auront été désignés par le médecin du camp, les prisonniers de guerre suivants seront soumis à la visite de la commission médicale mixte mentionnée à l'article 69, en vue de leur rapatriement direct ou de leur hospitalisation en pays neutre :

a) les prisonniers qui en feront la demande directement au médecin du camp ;

b) les prisonniers qui seront présentés par les hommes de confiance prévus à l'article 43, ceux-ci agissant de leur propre initiative ou à la demande des prisonniers eux-mêmes ;

c) les prisonniers qui auront été proposés par la Puissance dans les armées de laquelle ils ont servi ou par une association de secours dûment reconnue et autorisée par cette Puissance.

ARTICLE 71

Les prisonniers de guerre victimes d'accidents du travail, exception faite des blessés volontaires, seront mis, en ce qui concerne le rapatriement ou éventuellement l'hospitalisation en pays neutre, au bénéfice des mêmes dispositions.

ARTICLE 72

Pendant la durée des hostilités et pour des raisons d'humanité, les belligérants pourront conclure des accords en vue du rapatriement direct ou de l'hospitalisation en pays neutre des prisonniers de guerre valides ayant subi une longue captivité.

ARTICLE 73

Les frais de rapatriement ou de transport dans un pays neutre des prisonniers de guerre seront supportés, à partir de la frontière de la Puissance détentrice, par la Puissance dans les armées de laquelle ces prisonniers ont servi.

ARTICLE 74

Aucun rapatrié ne pourra être employé à un service militaire actif.

SECTION II. DE LA LIBÉRATION ET DU RAPATRIEMENT À LA FIN DES HOSTILITÉS

ARTICLE 75

Lorsque les belligérants concluront une convention d'armistice, ils devront, en principe, y faire figurer des stipulations concernant le rapatriement des prisonniers de guerre. Si des stipulations à cet égard n'ont pas pu être insérées dans cette convention, les belligérants se mettront néanmoins, le plus tôt possible, en rapport à cet effet. Dans tous les cas, le rapatriement des prisonniers s'effectuera dans le plus bref délai après la conclusion de la paix.

Les prisonniers de guerre qui seraient sous le coup d'une poursuite pénale pour un crime ou un délit de droit commun pourront toutefois être retenus jusqu'à la fin de la procédure et, le cas échéant, jusqu'à l'expiration de la peine. Il en sera de même de ceux condamnés pour un crime ou délit de droit commun.

D'entente entre les belligérants, des commissions pourront être instituées dans le but de rechercher les prisonniers dispersés et d'assurer leur rapatriement.

TITRE V. DU DÉCÈS DES PRISONNIERS DE GUERRE

ARTICLE 76

Les testaments des prisonniers de guerre seront reçus et dressés dans les mêmes conditions que pour les militaires de l'armée nationale.

On suivra également les mêmes règles en ce qui concerne les pièces relatives à la constatation des décès.

Les belligérants veilleront à ce que les prisonniers de guerre décédés en captivité soient enterrés honorablement et à ce que les tombes portent toutes indications utiles, soient respectées et convenablement entretenues.

TITRE VI. DES BUREAUX DE SECOURS ET DE RENSEIGNEMENTS CONCERNANT LES PRISONNIERS DE GUERRE

ARTICLE 77

Dès le début des hostilités, chacune des Puissances belligérantes, ainsi que les Puissances neutres qui auront recueilli des belligérants, constitueront un bureau officiel de renseignements sur les prisonniers de guerre se trouvant sur leur territoire.

Dans le plus bref délai possible, chacune des Puissances belligérantes informera son bureau de renseignements de toute capture de prisonniers effectuée par ses armées, en lui donnant tous renseignements d'identité dont elle dispose permettant d'aviser rapidement les familles intéressées, et en lui faisant connaître les adresses officielles auxquelles les familles pourront écrire aux prisonniers.

Le bureau de renseignements fera parvenir d'urgence toutes ces indications aux Puissances intéressées, par l'entremise, d'une part, des Puissances protectrices et, d'autre part, de l'agence centrale prévue à l'article 79.

Le bureau de renseignements, chargé de répondre à toutes les demandes qui concernent les prisonniers de guerre, recevra des divers services compétents toutes les indications relatives aux internements et aux mutations, aux mises en liberté sur parole, aux rapatriements, aux évasions, aux séjours dans les hôpitaux, aux décès, ainsi que les autres renseignements nécessaires pour établir et tenir à jour une fiche individuelle pour chaque prisonnier de guerre.

Le bureau portera sur cette fiche, dans la mesure du possible et sous réserve des dispositions de l'article 5 : le numéro matricule, les nom et prénoms, la date et le lieu de naissance, le grade et le corps de troupe de l'intéressé, le prénom du père et le nom de la mère, l'adresse de la personne à aviser en cas d'accident, les blessures, la date et le lieu de la capture, de l'internement, des blessures, de la mort, ainsi que tous autres renseignements importants.

Des listes hebdomadaires contenant tous les nouveaux renseignements susceptibles de faciliter l'identification de chaque prisonnier seront transmises aux Puissances intéressées.

La fiche individuelle du prisonnier de guerre sera remise après la conclusion de la paix à la Puissance qu'il aura servie.

Le bureau de renseignements sera en outre tenu de recueillir tous les objets d'usage personnel, valeurs, correspondances, carnets de solde, signes d'identité, etc., qui auront été délaissés par les prisonniers de guerre rapatriés, libérés sur parole, évadés ou décédés, et de les transmettre aux pays intéressés.

ARTICLE 78

Les sociétés de secours pour les prisonniers de guerre, régulièrement constituées selon la loi de leur pays, et ayant pour objet d'être les intermédiaires de l'action charitable, recevront de la part des belligérants, pour elles et pour leurs agents dûment accrédités, toute facilité, dans les limites tracées par les nécessités militaires, pour accomplir efficacement leur tâche d'humanité. Les délégués de ces sociétés pourront être admis à distribuer des secours dans les camps, ainsi qu'aux lieux d'étape des prisonniers rapatriés, moyennant une permission personnelle délivrée par l'autorité militaire et en prenant l'engagement, par écrit, de se soumettre à toutes les mesures d'ordre et de police que celle-ci prescrirait.

ARTICLE 79

Une agence centrale de renseignements sur les prisonniers de guerre sera créée en pays neutre. Le Comité international de la Croix-Rouge proposera aux Puissances intéressées, s'il le juge nécessaire, l'organisation d'une telle agence.

Cette agence sera chargée de concentrer tous les renseignements, intéressant les prisonniers, qu'elle pourra obtenir par les voies officielles ou privées ; elle les transmettra le plus rapidement possible au pays d'origine des prisonniers ou à la Puissance qu'ils auront servie.

Ces dispositions ne devront pas être interprétées comme restreignant l'activité humanitaire du Comité international de la Croix-Rouge.

ARTICLE 80

Les bureaux de renseignements jouiront de la franchise de port en matière postale, ainsi que de toutes exemptions prévues à l'article 38.

TITRE VII. DE L'APPLICATION DE LA CONVENTION À CERTAINES CATÉGORIES DE CIVILS

ARTICLE 81

Les individus qui suivent les forces armées sans en faire directement partie, tels que les correspondants, les reporters de journaux, les vivandiers, les fournisseurs, qui tomberont au pouvoir de l'ennemi et que celui-ci jugera utile de détenir, auront droit au traitement des prisonniers de guerre, à condition qu'ils soient munis d'une légitimation de l'autorité militaire des forces armées qu'ils accompagnaient.

TITRE VIII. DE L'EXÉCUTION DE LA CONVENTION

SECTION I. DISPOSITIONS GÉNÉRALES

ARTICLE 82

Les dispositions de la présente Convention devront être respectées par les Hautes Parties Contractantes en toutes circonstances.

Au cas où, en temps de guerre, un des belligérants ne serait pas partie à la Convention, ses dispositions demeureront néanmoins obligatoires entre les belligérants qui y participent.

ARTICLE 83

Les Hautes Parties Contractantes se réservent le droit de conclure des conventions spéciales sur toutes questions relatives aux prisonniers de guerre qu'il leur paraîtrait opportun de régler particulièrement.

Les prisonniers de guerre resteront au bénéfice de ces accords jusqu'à l'achèvement du rapatriement, sauf stipulations expresses contraires contenues dans les susdits accords ou dans des accords ultérieurs, ou également sauf mesures plus favorables prises par l'une ou l'autre des Puissances belligérantes à l'égard des prisonniers qu'elles détiennent.

En vue d'assurer l'application, de part et d'autre, des stipulations de la présente Convention, et de faciliter la conclusion des conventions spéciales prévues ci-dessus, les belligérants pourront autoriser, dès le début des hostilités, des réunions de représentants des autorités respectives chargées de l'administration des prisonniers de guerre.

ARTICLE 84

Le texte de la présente Convention et des conventions spéciales prévues à l'article précédent sera affiché, autant que possible dans la langue maternelle des prisonniers de guerre, à des emplacements où il pourra être consulté par tous les prisonniers.

Le texte de ces conventions sera communiqué, sur leur demande, aux prisonniers qui se trouveraient dans l'impossibilité de prendre connaissance du texte affiché.

ARTICLE 85

Les Hautes Parties Contractantes se communiqueront par l'intermédiaire du Conseil fédéral suisse les traductions officielles de la présente Convention, ainsi que les lois et règlements qu'elles pourront être amenées à adopter pour assurer l'application de la présente Convention.

SECTION II. DE L'ORGANISATION DU CONTRÔLE

ARTICLE 86

Les Hautes Parties Contractantes reconnaissent que l'application régulière de la présente Convention trouvera une garantie dans la possibilité de collaboration des Puissances protectrices chargées de sauvegarder les intérêts des belligérants ; à cet égard, les Puissances protectrices pourront, en dehors de leur personnel diplomatique, désigner des délégués parmi leurs propres ressortissants ou parmi les ressortissants d'autres Puissances neutres. Ces délégués devront être soumis à l'agrément du belligérant auprès duquel ils exerceront leur mission.

Les représentants de la Puissance protectrice ou ses délégués agréés seront autorisés à se rendre dans toutes les localités, sans aucune exception, où sont internés des prisonniers de guerre. Ils auront accès dans tous les locaux occupés par des prisonniers et pourront s'entretenir avec ceux-ci, en règle générale sans témoin, personnellement ou par l'intermédiaire d'interprètes.

Les belligérants faciliteront dans la plus large mesure possible la tâche des représentants ou des délégués agréés de la Puissance protectrice. Les autorités militaires seront informées de leur visite.

Les belligérants pourront s'entendre pour admettre que des personnes de la propre nationalité des prisonniers soient admises à participer aux voyages d'inspection.

ARTICLE 87

En cas de désaccord entre les belligérants sur l'application des dispositions de la présente Convention, les Puissances protectrices devront, dans la mesure du possible, prêter leurs bons offices aux fins de règlement du différend.

À cet effet, chacune des Puissances protectrices pourra, notamment, proposer aux belligérants intéressés une réunion de représentants de ceux-ci, éventuellement sur un territoire neutre convenablement choisi. Les belligérants seront tenus de donner suite aux propositions qui leur seront faites dans ce sens. La Puissance protectrice pourra, le cas échéant, soumettre à l'agrément des Puissances en cause une personnalité appartenant à une Puissance neutre ou une personnalité déléguée par le Comité international de la Croix-Rouge, qui sera appelée à participer à cette réunion.

ARTICLE 88

Les dispositions qui précèdent ne font pas obstacle à l'activité humanitaire que le Comité international de la Croix-Rouge pourra déployer pour la protection des prisonniers de guerre, moyennant l'agrément des belligérants intéressés.

SECTION III. DISPOSITIONS FINALES

ARTICLE 89

Dans les rapports entre Puissances liées par la Convention de La Haye concernant les lois et coutumes de la guerre sur terre, qu'il s'agisse de celle du 29 juillet 1899 ou de celle du 18 octobre 1907, et qui participent à la présente Convention, celle-ci complétera le chapitre II du Règlement annexé aux susdites Conventions de La Haye.

ARTICLE 90

La présente Convention, qui portera la date de ce jour, pourra, jusqu'au 1er février 1930, être signée au nom de tous les pays représentés à la Conférence qui s'est ouverte à Genève le 1er juillet 1929.

ARTICLE 91

La présente Convention sera ratifiée aussitôt que possible.

Les ratifications seront déposées à Berne.

Il sera dressé du dépôt de chaque instrument de ratification un procès-verbal dont une copie, certifiée conforme, sera remise par le Conseil fédéral suisse aux Gouvernements de tous les pays au nom de qui la Convention aura été signée ou l'adhésion notifiée.

ARTICLE 92

La présente Convention entrera en vigueur six mois après que deux instruments de ratification au moins auront été déposés.

Ultérieurement, elle entrera en vigueur pour chaque Haute Partie Contractante six mois après le dépôt de son instrument de ratification.

ARTICLE 93

À partir de la date de sa mise en vigueur, la présente Convention sera ouverte aux adhésions données au nom de tout pays au nom duquel cette Convention n'aura pas été signée.

ARTICLE 94

Les adhésions seront notifiées par écrit au Conseil fédéral suisse et produiront leurs effets six mois après la date à laquelle elles lui seront parvenues.

Le Conseil fédéral suisse communiquera les adhésions aux Gouvernements de tous les pays au nom de qui la Convention aura été signée ou l'adhésion notifiée.

ARTICLE 95

L'état de guerre donnera effet immédiat aux ratifications déposées et aux adhésions notifiées par les Puissances belligérantes avant ou après le début des hostilités. La communication des ratifications ou adhésions reçues des Puissances en état de guerre sera faite par le Conseil fédéral suisse par la voie la plus rapide.

ARTICLE 96

Chacune des Hautes Parties Contractantes aura la faculté de dénoncer la présente Convention. La dénonciation ne produira ses effets qu'un an après que la notification en aura été faite par écrit au Conseil fédéral suisse. Celui-ci communiquera cette notification aux Gouvernements de toutes les Hautes Parties Contractantes.

La dénonciation ne vaudra qu'à l'égard de la Haute Partie Contractante qui l'aura notifiée.

En outre, cette dénonciation ne produira pas ses effets au cours d'une guerre dans laquelle serait impliquée la Puissance dénonçante. En ce cas, la présente Convention continuera à produire ses effets, au-delà du délai d'un an, jusqu'à la conclusion de la paix et, en tout cas, jusqu'à ce que les opérations du rapatriement soient terminées.

ARTICLE 97

Une copie certifiée conforme de la présente Convention sera déposée aux archives de la Société des Nations par les soins du Conseil fédéral suisse. De même, les ratifications, adhésions et dénonciations qui seront notifiées au Conseil fédéral suisse seront communiquées par lui à la Société des Nations.

EN FOI DE QUOI les Plénipotentiaires susnommés ont signé la présente Convention.

FAIT à Genève, le vingt-sept juillet mil neuf cent vingt-neuf, en un seul exemplaire, qui restera déposé dans les archives de la Confédération suisse et dont des copies, certifiées conformes, seront remises aux Gouvernements de tous les pays invités à la Conférence.

(Signatures)

Annexe à la convention relative au rapatriement des prisonniers de guerre du 27 août 1929

I. PRINCIPES DIRECTEURS POUR LE RAPATRIEMENT DIRECT ET L'HOSPITALISATION EN PAYS NEUTRE

A. RAPATRIEMENT DIRECT

Seront rapatriés directement :

1° Les malades et blessés dont, d'après les prévisions médicales, la curabilité en une année n'est pas présumable, leur état exigeant un traitement, et leur aptitude intellectuelle ou corporelle paraissant avoir subi une diminution considérable ;

2° Les malades et blessés incurables dont l'aptitude intellectuelle ou corporelle paraît avoir subi une diminution considérable ;

3° Les malades et blessés guéris dont l'aptitude intellectuelle ou corporelle paraît avoir subi une diminution considérable.

B. HOSPITALISATION EN PAYS NEUTRE

Seront hospitalisés :

1° Les malades et blessés dont la guérison est présumable dans le délai d'un an, cette guérison apparaissant comme plus sûre et plus rapide si les malades et blessés sont mis au bénéfice des ressources qu'offre le pays neutre que si leur captivité proprement dite est prolongée ;

2° Les prisonniers de guerre dont la santé intellectuelle ou physique paraît, d'après les prévisions médicales, menacée sérieusement par le maintien en captivité, tandis que l'hospitalisation en pays neutre pourrait probablement les soustraire à ce risque.

C. RAPATRIEMENT DES HOSPITALISÉS EN PAYS NEUTRE

Seront rapatriés les prisonniers de guerre hospitalisés en pays neutre qui appartiennent aux catégories suivantes :

1° Ceux dont l'état de santé se présente comme étant ou devenant tel qu'ils rentrent dans les catégories des rapatriables pour raisons de santé ;

2° Les guéris dont l'aptitude intellectuelle ou physique paraît avoir subi une diminution considérable.

II. PRINCIPES SPÉCIAUX POUR LE RAPATRIEMENT DIRECT OU L'HOSPITALISATION EN PAYS NEUTRE

A. RAPATRIEMENT

Seront rapatriés :

1° Tous les prisonniers de guerre atteints, à la suite de lésions organiques, des altérations suivantes, effectives ou fonctionnelles : perte de membre, paralysie, altérations articulaires ou autres, pour autant que le défect est d'au moins un pied ou une main, ou qu'il équivaut à la perte d'un pied ou d'une main ;

2° Tous les prisonniers de guerre blessés ou lésés dont l'état est tel qu'il fait d'eux des infirmes dont on ne peut pas, médicalement, prévoir la guérison dans le délai d'un an ;

3° Tous les malades dont l'état est tel qu'il fait d'eux des infirmes dont on ne peut pas, médicalement, prévoir la guérison dans le délai d'un an.

À cette catégorie appartiennent en particulier :

a) Les tuberculoses progressives d'organes quelconques qui, d'après les prévisions médicales, ne peuvent plus être guéries ou au moins considérablement améliorées par une cure en pays neutre ;

b) Les affections non tuberculeuses des organes respiratoires présumées incurables (ainsi, avant tout, l'emphysème pulmonaire fortement développé avec ou sans bronchite, les dilatations bronchiques, l'asthme grave, les intoxications par les gaz, etc.) ;

c) Les affections chroniques graves des organes de la circulation (par exemple : les affections valvulaires avec tendances aux troubles de compensation, les affections relativement graves du myocarde, du péricarde et des vaisseaux, en particulier les anévrismes inopérables des gros vaisseaux, etc.) ;

d) Les affections chroniques graves des organes digestifs ;

e) Les affections chroniques graves des organes urinaires et sexuels, avant tout, par exemple : tous les cas de néphrites chroniques confirmées avec séméiologie complète, et tout particulièrement lorsqu'il existe déjà des altérations cardiaques et vasculaires ; de même les pyélites et cystites chroniques, etc. ;

f) Les maladies chroniques graves du système nerveux central et périphérique : ainsi, avant tout, la neurasthénie et l'hystérie graves, tous les cas incontestables d'épilepsie, le Basedow grave, etc. ;

g) La cécité des deux yeux, ou celle d'un œil lorsque la vision de l'autre reste inférieure à 1 malgré l'emploi de verres correcteurs ; La diminution de l'acuité visuelle au cas où il est impossible de la ramener par la correction à l'acuité de 1/2 pour un œil du moins ; Les autres affections oculaires rentrant dans la présente catégorie (glaucome, iritis, choroïdite, etc.) ;

h) La surdité totale bilatérale, ainsi que la surdité totale unilatérale au cas où l'oreille incomplètement sourde ne perçoit plus la voix parlée ordinaire à un mètre de distance ;

i) Tous les cas incontestables d'affections mentales ;

k) Les cas graves d'intoxication chronique par les métaux ou par d'autres causes (saturnisme, hydrargyrisme, morphinisme, cocaïnisme, alcoolisme, intoxication par les gaz, etc.) ;

l) Les affections chroniques des organes locomoteurs (arthrite déformante, goutte, rhumatismes avec altérations décelables cliniquement), à la condition qu'elles soient graves ;

m) Tous les néoplasmes malins, s'ils ne sont pas justiciables d'interventions opératoires relativement bénignes sans danger pour la vie de l'opéré ;

n) Tous les cas de malaria avec altérations organiques appréciables (augmentation chronique importante du volume du foie, de la rate, cachexie, etc.) ;

o) Les affections cutanées chroniques graves, pour autant que leur nature ne constitue pas une indication médicale d'hospitalisation en pays neutre ;

p) Les avitaminoses graves (béribéri, pellagra, scorbut chronique).

B. HOSPITALISATION

Les prisonniers de guerre doivent être hospitalisés s'ils sont atteints des affections suivantes :

1° Toutes les formes de tuberculose d'organes quelconques, si, d'après les connaissances médicales actuelles, elles peuvent être guéries, ou du moins considérablement améliorées par les méthodes applicables en pays neutre (altitude, traitement dans les sanatoria, etc.) ;

2° Toutes les formes – nécessitant un traitement – d'affections des organes respiratoires, circulatoires, digestifs, génito-urinaires, nerveux, des organes des sens, des appareils locomoteurs et cutanés, à condition, toutefois, que ces formes d'affections n'appartiennent pas aux catégories prescrivant le rapatriement direct, ou qu'elles ne soient pas des maladies aiguës proprement dites ayant une tendance à la guérison franche. Les affections envisagées dans ce paragraphe sont celles qui offrent par l'application des moyens de cure disponibles en pays neutre des chances de guérison réellement meilleures pour le patient que si celui-ci était traité en captivité.

Il y a lieu de considérer tout spécialement les troubles nerveux dont les causes efficientes ou déterminantes sont les événements de la guerre ou de la captivité même, comme la psychasthénie des prisonniers de guerre et autres cas analogues.

Tous les cas de ce genre dûment constatés doivent être hospitalisés, pour autant que leur gravité ou leurs caractères constitutionnels n'en font pas des cas de rapatriement direct.

Les cas de psychasthénie des prisonniers de guerre qui ne sont pas guéris après trois mois d'hospitalisation en pays neutre ou qui, après ce délai, ne sont pas manifestement en voie de guérison définitive, devront être rapatriés ;

3° Tous les cas de blessures, de lésions et leurs conséquences qui offrent des chances de guérison meilleures en pays neutre qu'en captivité, à condition que ces cas ne soient pas, ou bien justiciables du rapatriement direct, ou bien insignifiants ;

4° Tous les cas de malaria dûment constatés et ne présentant pas d'altérations organiques décelables cliniquement (augmentation de volume chronique du foie, de la rate, cachexie, etc.), si le séjour en pays neutre offre des perspectives particulièrement favorables de guérison définitive ;

5° Tous les cas d'intoxication (en particulier par les gaz, les métaux, les alcaloïdes) pour lesquels les perspectives de guérison en pays neutre sont spécialement favorables.

Seront exclus de l'hospitalisation :

1° Tous les cas d'affections mentales dûment constatées ;

2° Toutes les affections nerveuses organiques ou fonctionnelles réputées incurables ;

(Ces deux catégories appartiennent à celles donnant droit au rapatriement direct.)

3° L'alcoolisme chronique grave ;

4° Toutes les affections contagieuses dans la période où elles sont transmissibles (maladies infectieuses aiguës, syphilis primaire et secondaire, trachome, lèpre, etc.).

III. OBSERVATIONS GÉNÉRALES

Les conditions fixées ci-dessus doivent, d'une façon générale, être interprétées et appliquées dans un esprit aussi large que possible.

Cette largeur d'interprétation doit être appliquée particulièrement aux états névropathiques ou psychopathiques causés ou déterminés par les événements de la guerre ou de la captivité même (psychasthénie des prisonniers de guerre), ainsi qu'aux cas de tuberculose à tous les degrés.

Il va de soi que les médecins de camp et les commissions médicales mixtes peuvent se trouver en présence d'une foule de cas non mentionnés parmi les exemples donnés sous chiffre II, ou de cas ne s'adaptant pas à ces exemples. Les exemples mentionnés ci-dessus ne sont donnés que comme exemples typiques ; une liste analogue d'exemples d'altérations chirurgicales n'a pas été établie parce que, abstraction faite des cas incontestables par leur nature même (amputations), il est difficile de dresser une liste de types particuliers ; l'expérience a démontré qu'un exposé de ces cas particuliers n'était pas sans inconvénients dans la pratique.

On résoudra tous les cas ne s'adaptant pas exactement aux exemples cités, en s'inspirant de l'esprit des principes directeurs ci-dessus.

États parties

Afrique du Sud, Allemagne, Argentine, Australie, Autriche, Belgique, Bolivie, Brésil, Bulgarie, Canada, Chili, Chine, Colombie, Danemark, Égypte, El Salvador, Espagne, Estonie, États-Unis d'Amérique, Fidji, France, Grèce, Hongrie, Inde, Indonésie, Irak, Israël, Italie, Jordanie, Lettonie, Liechtenstein, Lituanie, Mexique, Monaco, Myanmar, Norvège, Nouvelle-Zélande, Pakistan, Papouasie-Nouvelle-Guinée, Pays-Bas, Philippines, Pologne, Portugal, Roumanie, Royaume-Uni, Serbie (République de), Slovaquie, Suède, Suisse, Tchécoslovaquie, Thaïlande, Turquie, Venezuela.

Sources

Hans Werner RICHTER, *Die Geschlagenen*, Munich, 1949. *Les Vaincus*, traduction française de Henri et M. Thies, Paris, Pierre Horay/Éditions de Flore, 1950.

Kendal BURT et James LEASOR, *The One that Got Away* (*Le seul qui s'évada*), traduction française de Jean Gravrand, Paris, Presses de La Cité, 1957.

Jérôme VAILLANT, *Un journal allemand face à l'après-guerre : « Der Ruf » 1945-1949*. Thèse de doctorat de troisième cycle, Université de Paris X-Nanterre, 1973.

Henri MICHEL, *La Seconde Guerre mondiale*, Paris, Presses universitaires de France, 1969.

Paul CARELL, *Afrika Korps*, traduction française de François Ponthier, Paris, Robert Laffont, 1960.

Lieutenant-colonel George C. LEWIS et capitaine John MEWHA, *History of Prisoner of War Utilization by the United States Army, 1776-1945*, Washington, Department of the Army, 1955.

Kurt W. BÖHME, *Geist und Kultur der deutschen Kriegsgefangenen im Westen*, tome XIV : *Zur*

Geschichte der deutschen Kriegsgefangenen des Zweiten Weltkrieges, Munich, Verlag Ernst und Werner Gieseking, 1968.

Martin TOLLEFSON, « Ennemy Prisoners of War », in *Iowa Law Review*, vol. 32, 1946.

Sydney B. FAY (Harvard University), « German prisoners of War », in *Current History*, mars 1945.

Jake W. SPIDLE, « Axis Invasion of the American West : POWs in New Mexico, 1942-1946 », in *New Mexico Historical Review*, Albuquerque, University of New Mexico, 1974.

John Brown MASON, « German Prisoners of War in the United States », in *The American Journal of International Law*, 1945.

Hans HABE, « America through Goebbel's Eyes », in *American Mercury*, février 1943.

James H. POWERS, « What to do with German Prisoners », in *The Atlantic Monthly*, novembre 1944.

J. Edgar HOOVER, « Enemies at Large », in *The American Magazine*, avril 1944, et différents articles dans : *Newsweek, The New Yorker, Time, Life, New Statesman and Nation, New York Times, New York Herald, New York Post, Philadelphia Inquirer, Philadelphia Daily News, Washington Post, Atlantic Monthly, Monthly Labor Review, American Magazine*, 1940-1946.

Archives du Comité international de la Croix-Rouge
Service historique de l'armée des États-Unis
National Archives, Library of Congress, Washington DC
Politisches Archiv des Auswärtigen Amtes, Bonn
Bundesarchiv, Coblence
Deutsches Literaturarchiv, Marbach
Institut d'Histoire contemporaine, Munich
Bayrische Staatsbibliothek, Munich

Remerciements

Nous remercions pour leur aide :

Department of Defense, Washington DC ;
Éditions Pierre Horay ;
Heinz Pächter, historien, New York ;
Detmar Frinke, historien, Washington ;
Peter Khiss, *New York Times* ;
Le professeur Helmut Kuhn, Munich ;
Robert Bauer, Washington DC ;
Laurent Marti, CICR, Genève ;
François Bugnon, CICR, Genève ;
Thomas Marlier, Paris.

Interviews (1975) et documentation : Hermine Schick

Nous avions remercié, à l'époque, pour leur témoignage :

Carl Amery, Munich ;
Dankwart von Arnim, Nuremberg ;

Werner Baecker, New York ;
Willibald Bergmann, Nuremberg ;
Ernst von Bressensdorf, Starnberg ;
Friedrich Ebert, Fürth ;
Walter F., Düren ;
Hans Edwin Gurn, Munich ;
Alfons Heilmann, Röthenbach ;
Friedrich Homann, Coblence ;
Joachim Jaworski, Tutzing ;
Tilman Kiwe, Munich ;
Fritz Lempp, Munich ;
Horst L., Bonn ;
Horst Günter Mund, Munich ;
Hans Niedermeier, Krailling ;
Heinrich Severloh, Metzingen ;
Wolfgang Verlohr, Harlaching ;
Werner Wappler, Munich ;
Jürgen Wattenberg, Lübeck ;
Günter Wedekind, Munich ;
Franz Wischnewski, Stockdorf ;

et tout particulièrement :
M. Hans Werner Richter.

Nous saluons leur mémoire aujourd'hui.

Table des matières

Composé par Facompo
à Lisieux, Calvados

Imprimé en France par

BRODARD & TAUPIN

à La Flèche (Sarthe)
en septembre 2013

POCKET – 12, avenue d'Italie – 75627 Paris Cedex 13

N° d'impression : 3001515
Dépôt légal : octobre 2013
S23406/01